शिक्षा में अनुसंधान

Prof. R.P. Singh (1932-2015) retired from the NCERT where he was, at the time of retirement, Chairman, Education Research and Innovations Committee, a MHRD Committee to support educational research; Head Dept of Teacher Education and looked after all the Journals of the NCERT. A Senior Fulbright Fellow he held his Masters and doctoral degrees from the University of London. His books had won him awards both in Education and History.

Prof. Noushad Husain (b. 1974) is Principal in Maulana Azad National Urdu University, College of Teacher Education, Asansol (West Bengal), is the author/ editor of numerous books and books' chapters, articles, and professional papers on different aspects of Education.

शिक्षा में अनुसंधान

(Research in Education)

राजेन्द्रपाल सिंह
नौशाद हुसैन

SHIPRA
SHIPRA

Rs. 895

ISBN: 978-93-88691-20-8

First Published in India in 2019

शिक्षा में अनुसंधान

Shiksha Mein Anusandhan

Published by:

SHIPRA PUBLICATIONS

LG 18-19, Pankaj Central Market

I.P. Ext., Patparganj, Delhi 110092, India

Tel.: +91 11 2223 5152/6152, 9650028065

E-mail: info@shiprapublication.com

www.shiprapublication.com

आमुख

आदिकाल से ही मानव ने अपने चारों ओर विद्यमान परिस्थितियों और वातावरण को समझने का प्रयास किया है। जीवन को सहज बनाने के लिए मनुष्य ने अपनी आवश्यकताओं की पूर्ति हेतु नई खोज तथा आविष्कार किए हैं। इन्हीं अनुकूल आवश्यकताओं की पूर्ति के लिए वह निरन्तर जाने–अनजाने शोध या अनुसन्धान कार्यों में संलग्न रहा है। कालांतर में इसकी एक निश्चित प्रविधि विकसित हो गई, जिसे शोध की संज्ञा दी जाने लगी।

व्यापक अर्थ में अनुसंधान किसी भी क्षेत्र में 'ज्ञान की खोज करना' या 'विधिवत गवेषणा' करना होता है। अनुसन्धान में वैज्ञानिक विधि का सहारा लेते हुए जिज्ञासा का समाधान करने की कोशिश की जाती है।

भारत को विकसित राष्ट्र बनाने के लिए शिक्षा के क्षेत्र में अनुसंधान कार्य की आवश्यकता है। अनुसंधान एक उद्देश्यपूर्ण और सविचार प्रक्रिया है। इसका उद्देश्य ज्ञान को बढ़ाना और उसे परिमार्जित कर उपयोगी बनाना है।

शिक्षा के अनेक संबंधित क्षेत्र एवं विषय हैं, जैसे–शिक्षा का इतिहास, शिक्षा का समाजशास्त्र, शिक्षा का मनोविज्ञान, शिक्षा–दर्शन, शिक्षण–विधियाँ, शिक्षा–तकनीकी, अध्यापक एवं छात्र, मूल्यांकन, मार्गदर्शन, शिक्षा के आर्थिक आधार, शिक्षा प्रबंधन, शिक्षा की मूलभूत समस्याएं आदि। शिक्षा के इन सभी क्षेत्रों में बदलते हुए परिवेश एवं परिवर्तित परिस्थितियों के अनुकूल वर्तमान ज्ञान के सत्यापन एवं वैधता परीक्षण की निरन्तर आवश्यकता हमेशा रहती है। यह कार्य शिक्षा में अनुसंधान के द्वारा ही सम्पन्न हो सकता है।

प्रस्तुत पुस्तक प्रो. राजेन्द्र पाल सिंह ने लिखी जिसको उनके निधन के उपरान्त उनकी धर्मपत्नी श्रीमती विमला सिंह के प्रयत्न से प्रकाशक ने अपडेट करने का अवसर मुझे प्रदान किया। इसके लिए मैं उनका आभार प्रकट करता हूँ। मैं प्रो. रेनू गुप्ता, शारदा विश्वविद्यालय, ग्रे. नोएडा, और डॉ. एच.एल. खत्री, एस.सी.ई.आर.टी., दिल्ली का इस कार्य में सहयोग के लिए धन्यवादी हूँ।

02.04.2019

प्रोफेसर नौशाद हुसैन
प्राचार्य
College of Education
MANUU, Asansol

दो शब्द

आज से लगभग 12 वर्ष पूर्व रुहेलखण्ड विश्वविद्यालय के उच्च शिक्षा संस्थान (IASE) में एम.एड. के छात्रों को अनुसंधान विषय पर पढ़ाने का अवसर मिला तो स्वयं भारतीय शिक्षा पर शोध का विचार आया। यह स्मरण करने पर ज्ञात हुआ कि आजादी के बाद शिक्षा में पहली पीएच.डी. की डिग्री बम्बई विश्वविद्यालय ने 1955 में दी, क्योंकि इससे पूर्व अमरीका अथवा इंग्लैण्ड में ही दी जाती थी। आज भी यह डिग्री अधिकांश भारतीय विदेशों में ही प्राप्त करना चाहते हैं। मुझे लगा कि इस रोचक विषय पर एक पुस्तक लिखनी चाहिए। यह प्रस्तुत पुस्तक उसी प्रेरणा का परिणाम है।

गत 56 वर्षों में अनुसंधानकर्ताओं की संख्या में अभूतपूर्व वृद्धि हुई है। साथ ही भारत सरकार की अपनी संस्थायें भी इस क्षेत्र में रुचि लेने लगी हैं। उदाहरण के लिए, राष्ट्रीय शैक्षिक योजना एवं प्रशासन विश्वविद्यालय एवं राष्ट्रीय शैक्षिक अनुसंधान एवं प्रशिक्षण परिषद् आदि संस्थायें मानव संसाधन विकास मंत्रालय, भारत सरकार की नीति निर्धारण सहायता हेतु आंकड़े और तथ्य एकत्र करती रहती हैं। साथ ही विश्वविद्यालयों में शोधकर्ताओं की एक लम्बी पंक्ति अथवा समूह उभर आया है।

शोध/एजूकेशन इयर बुक/इयर बुक ऑफ रिसर्च इन एजूकेशन एम. बी. बुच के व्यक्तिगत प्रयास से प्रारम्भ होकर द्वितीय सर्वेक्षण से राष्ट्रीय शैक्षिक अनुसंधान एवं प्रशिक्षण परिषद् (NCERT) द्वारा वित्तपोषित (Financed) होकर संस्थागत रूप में परिणत हो गया। व्यक्तिगत मैत्री संबंधों से प्राप्त आलेख धीरे–धीरे पहचान से परे अपरिचित शैक्षिक/व्यावसायिक योगदानकर्ताओं (Professional Contributors) तक विस्तार पा गये जो कि तृतीय सर्वेक्षण से ही दृष्टिगत हो जाता है। इस सर्वेक्षण का राष्ट्रीय शैक्षिक अनुसंधान एवं प्रशिक्षण परिषद् द्वारा वित्तपोषित तथा मुद्रित–प्रकाशित होना तथा नियंत्रण अन्य संस्था के हाथ में होना राष्ट्रीय औदार्य तथा भारत के राष्ट्रीय संस्थाओं की चरित्र की उदारता का सूचक है जहां न कोई जवाबदेही है और न कोई स्पष्ट उद्देश्य या नीति, मात्र वरद हस्तनीति है। संपादक मंडल व सलाहकारों की दीर्घ सूची उनकी भूमिका/योगदान/विशेषज्ञता के बारे में शायद ही कोई प्रकाश डालती है। आलेखदाताओं की विशेषज्ञता से पाठकों से अधिक संभवतः संपादक– सलाहकार समूह परिचित हों। मानव संसाधन विकास मंत्रालय संभवतः इस विषय में जानकार हो सकता है। शायद यह मंत्रालय प्रदत्त एक्सटेंशन (extension) है या कि तथाकथित बड़े नामों की या शिक्षा माफिया के नामों की सूची है।

शोध पत्रिकाओं (Journals) की चर्चा करें तो राष्ट्रीय शैक्षिक योजना एवं प्रशासन संस्थान (वर्तमान NUEPA) की अंग्रेजी पत्रिका ने प्रारम्भ से ही

अंतर्राष्ट्रीय मानदंड वाली अपनी उत्कृष्टता को आज तक बनाये रखा है, जबकि उनकी हिन्दी पत्रिका बहुत पीछे है।

1970 से 1990 के दौरान राष्ट्रीय शैक्षिक अनुसंधान एवं प्रशिक्षण की पत्रिकाओं के उद्‌देश्य स्पष्ट किये गये। एक ही विभाग में होते हुए भी ये गुणवत्ता व समयबद्धता के सूचक रहे। आज अनेक विभागों/विभागाध्यक्षों/संपादकों के उपरान्त भी कोई भी पत्रिका अपने ही पिछले अंकों के आस–पास न तो गुणवत्ता में है और न समयबद्धता में। अब यह सरकारी काम–काज की गति से चलती है।

विश्वविद्यालय अनुदान आयोग की हिन्दी पत्रिका गुणवत्ता में मध्यम पायदान पर है। यह आयोग के चेयरमैन के ऑफिस से संचालित होती है।

'यूनिवर्सिटी न्यूज' एसोसियेशन ऑफ इण्डियन यूनिवर्सिटीज (AIU) अन्तर्राष्ट्रीय पाठक तक जाने वाली साप्ताहिक पत्रिका (weekly journal) है जो समयबद्धता में सबसे अग्रिम पंक्ति में है। संपादक से अधिक प्रशासन की पकड़ में आने पर गुणवत्ता का नकारात्मक रूप से प्रभावित होना स्वाभाविक ही है।

एक समय राजस्थान शिक्षा बोर्ड का 'नया शिक्षक' उच्च स्तर पर जा कर गिर पड़ने की कहानी कहता है। (थानवी का वह दौर कहां है?)

पत्रिका की गुणवत्ता पढ़े–लिखे, कलम के धनी, दृढ़, प्रतिबद्ध व कुशल संपादक पर निर्भर करती है। आज अनेकों पत्रिकाएं हर दिन प्रारंभ हो रही हैं। इनमें एडूट्रैक्स (Edutracks) कुछ उम्मीद जगाता है।

अन्य विषयों की भाँति शिक्षा पर भी शोध को जाँचने–परखने के तौर–तरीकों पर भी विश्वविद्यालय अनुदान आयोग का ध्यान गया और उसने इस क्षेत्र में काफी काम किया। आजकल तो शोध और शोध ग्रंथों की शिक्षा के क्षेत्र में कमी दिखाई नहीं देती। इन सब पर एक विहंगम दृष्टि डालने की अत्यन्त आवश्यकता है क्योंकि इस कारण अनेक प्रश्न आ खड़े हुये हैं और अधिकांश विद्वत समाज के पास जानकारी नहीं है। पहला प्रश्न तो यही है कि भारत में शोध की परम्परा कितनी पुरानी है और यूरोप या अमरीका की तुलना में हम कहाँ हैं?

सच बात तो यह है कि शिक्षा के क्षेत्र में यूरोप में यूनान ही एकमात्र ऐसा देश है जिसमें उच्च शिक्षा के क्षेत्र में भी काफी काम हुआ। इसका प्रमाण प्लेटो की रिपब्लिक और अरस्तू के अनेक शोध हैं जिनमें 'द थ्योरी ऑफ गोल्डन मीन' तथा 'पोलिटिक' है। उस युग में यूनान में सुकरात ने भी जन्म लिया और उसके शिष्य प्लेटो ने एकेडमी खोली, और प्लेटो के शिष्य अरस्तू ने लगभग सत्रह विषयों में शोध ग्रन्थ लिखे।

सच बात तो यह है कि उच्च शिक्षा के प्रत्येक क्षेत्र में सुकरात, प्लेटो तथा अरस्तू का नाम लिया जाता है। आज उच्च शिक्षा के क्षेत्र में इन तीनों का नाम लिये बिना आगे बढ़ना असम्भव है। यहाँ तक कि रोम की शिक्षा परम्परा इन तीनों चिन्तकों से काफी गहराई से प्रभावित है। यूरोप में विश्वविद्यालयों की स्थापना दसवीं शताब्दी से प्रारम्भ होती है। सर्वप्रथम पेरिस विश्वविद्यालय की स्थापना हुई, इस परम्परा को इंग्लैण्ड ने ग्यारहवीं शताब्दी में ऑक्सफोर्ड और कैम्ब्रिज की स्थापना करके आगे बढ़ाया, तत्पश्चात जर्मनी भी इस दौर में सम्मिलित हो गया। यह वह दिन थे जब साम्राज्यवाद का उद्‌भव हुआ तथा यूरोप एक नये युग में

प्रवेश कर बैठा। तब से आज तक यूरोप और अमरीका उत्तरोत्तर प्रगति कर रहे हैं तथा शीर्ष पर बने हुए हैं।

शिक्षा में शोध तो हो रहे हैं, किन्तु शोध की दिशा में अपेक्षाकृत विकास दिखाई नहीं पड़ता। इसके कई कारण हैं। यद्यपि शोध किसी राष्ट्र का एकाधिकार कभी नहीं था, किंतु आज शोध के क्षेत्र में नवीन कीर्तिमान पश्चिमी विकसित राष्ट्रों में ही स्थापित हो रहे हैं। इसका यह अर्थ नहीं कि अन्य राष्ट्रों में शोध नहीं हो रहे, किन्तु इन शोधों के आधार पर राष्ट्रीय प्रगति अथवा विकास की गति अन्य राष्ट्रों में इतनी स्पष्ट दिखाई नहीं देती जितनी कि पश्चिम के विकसित राष्ट्रों में।

हम सभी जानते है कि शोध की विधि प्रायः सभी जगहों पर एक सी है किन्तु शोध परिणामों की उपादेयता और उसे परखने की लालसा जितनी उन्नत राष्ट्रों में है उतनी अन्य देशों में देखने को नहीं मिलती। हमारे यहाँ शोधकर्ताओं के अपने संगठन भी लगभग नहीं हैं और धनाभाव, स्वस्थ शोध परम्पराओं का अभाव एवं भ्रष्टाचार भी शोध की प्रगति में बाधक हैं। ऐसा उन्नत राष्ट्रों में नहीं है।

ऐसी कई स्थितियाँ हैं जहाँ उन्नत और विकासशील देशों में आपसी अन्तर स्पष्ट हैं। भारत सरकार के अतिरिक्त व्यापक स्तर पर शोध करवाने की इच्छा अन्य निजी अथवा समाजसेवी संस्थाओं अथवा विश्वविद्यालयों में कम ही देखने को मिलती है। वास्तव में शोध के बिना जीवन दूभर हो जायेगा। आज जो कुछ हम अपने चारों ओर विकास देख रहे हैं वह किसी न किसी रूप में शोध–परिणाम आश्रित है।

विश्वविद्यालय अनुदान आयोग की कृपा से आज हमारे विश्वविद्यालयों में आने वाले नये शिक्षकों को शोध एक अनिवार्य योग्यता प्राप्त करना आवश्यक हो गया है। अभी तक यह स्पष्ट नहीं हुआ है कि शोध के लिए किस प्रकार की पुस्तक का पढ़ना अनिवार्य होगा। वैसे अंग्रेजी में शोध की पुस्तकों का कोई अभाव नहीं है। जहाँ एक ओर अनुसंधान के सामान्य घटकों (विषयों) पर पुस्तकों की कोई कमी नहीं है वहीं प्रत्येक ज्ञान–विज्ञान पर अनेक ग्रंथ उपलब्ध हैं। इस संदर्भ में भारतीय परंपरा युगों पुरानी है। वेद का प्रत्येक शब्द, विचार, सूचना आदि सहस्त्रों वर्ष पुराने हैं और उनकी विशेष बात यह है कि यदि वेद को ठीक से समझ कर पढ़ा जाय तो शोध के प्रत्येक भाग अथवा विशेषता का ज्ञान हमें सहज ही हो जायेगा। एक तो हमारा वेद–ज्ञान अधूरा और अज्ञान पर आधारित है और हमने पाश्चात्य ज्ञान को इतना गौरव प्रदान कर रखा है कि हम यह समझना ही नहीं चाहते कि आज का ज्ञान वेद प्रदत्त ज्ञान तक पहुंचा ही नहीं।

हमें यह याद रखना होगा कि ज्ञान के अनन्त रूप अपने चरम पर वेदों में उपलब्ध हैं जिनमें आगे जाना आज तक सम्भव नहीं हो पाया है। उदाहरण के लिए, आज के सर्वाधिक परिचित क्षेत्र सर्वप्रथम वेदों में ही पाये गये। जैसे–मौखिक अंकगणित, ज्यामित, ट्रिग्नोमेट्री (Trignometry), औषधियाँ, संगीत, खगोल शास्त्र, सौर मंडल का जन्म, वर्ष, दिन, महीने, समय–मापन, ब्रह्माण्ड का जन्म, भाषा, स्वर–व्यंजन, प्रकृति आदि का ज्ञान हमें सर्वप्रथम वेद ने ही दिया। आज भी हम वर्ष, महीने, दिन, प्रहर, पशु–पक्षियों के नाम, जन्म–मरण, संस्कार आदि की चर्चा का आधार वेद को ही पाते हैं। अथर्ववेद के बिना प्रत्येक बीमारी और उनकी औषधि की जानकारी सम्भव नहीं है और उसी में शोध के तरीके, फल–फूल–वनस्पति, उपचार आदि के विषय में दिया गया है और उसी के कारण

आज हम अरबों रुपये यूरोप से कमा रहे हैं। यदि सामवेद में संगीत की लय, ताल आदि दी गयी है जिनसे हटकर किसी प्रकार का संगीत ही संभव नहीं है तो पशुओं, पक्षियों, शासन के तरीके, अच्छा शासक क्या है आदि की जानकारी का स्रोत ऋग्वेद है। वेद सम्पूर्ण ज्ञान के स्रोत हैं। यहाँ तक कि उनसे हटकर हम कुछ नहीं जान सकते। वेद अच्छाइयों और बुराइयों दोनों के विषय में समान रूप से ज्ञान देते हैं। (पढ़िये, मेरी पुस्तक 'शिक्षा और वेद' *Education in the Vedas*)। संक्षेप में, समस्त ज्ञान का स्रोत वेद में उपलब्ध है।

कहने का अर्थ है कि शोध की परम्परा मूलतः भारतीय है, इसलिए हमें सर्वप्रथम अपनी शोध परम्परा की ओर दृष्टि डालना अनिवार्य है और भारतीय शोध प्रबंध के मानदंडों की तुलना पाश्चात्य पुस्तकों में दिये गये सर्वोच्च और उत्कृश्ट पदों से करनी चाहिए और यदि वह उनसे श्रेष्ठ सिद्ध हों तो उन्हीं पदों पर चलना चाहिए और उन्हीं का प्रसार भी करना चाहिए।

वेदों में दिया गया ज्ञान शोध आश्रित है और उसकी उपादेयता आज भी हमें मार्गदर्शन कराती है। योग, आयुर्वेद, राज्य–कर्म की अनेक विधाओं, शिक्षा शास्त्र, विज्ञान आदि की जो जानकारी वेदों में है, वह भी अनन्त काल के शोधों का ही परिणाम है। आज जब हम मिस्र के पिरामिडों को देखकर चमत्कृत होते हैं तो हमें समझना चाहिए कि अगणित शोधों के फलस्वरूप ही यह आकार उभर कर आया होगा। अनेक शोधकर्ताओं के अथक प्रयत्नों का ही यह परिणाम है कि वह नश्वर शरीर को भी हजारों साल सुरक्षित रख पाये।

आज भी वेद की परम्पराओं की श्रेष्ठता हम बता सकते हैं और उन्हीं के शुभ संदेशों पर आधारित उस ज्ञान का एक परिचय तथा उदाहरण मैं देने जा रहा हूँ।

विश्वविद्यालय अनुदान आयोग की कृपा से हम भारतीय परम्परा को आगे ला रहे हैं। इस परम्परा को आज के परिप्रेक्ष्य में उदाहरण दिया जा रहा है।

विषयो विषयश्चैव पूर्वपक्ष स्तथोत्तरम्।
निर्णयश्चेति पंचाग शास्त्राधिकरणं स्मृतम्।।

अर्थात्
शास्त्र के पाँच अंग होते हैं–

1. विषय संदेह (समस्या अथवा Problem)
2. विषय स्थापना (पूर्व ज्ञान अथवा पहले की जानकारी)
3. पूर्व पक्ष (आपत्तियाँ अर्थात् Objections)
4. उत्तर पक्ष (इनके उत्तर अथवा समाधान)
5. निर्णय अथवा निष्कर्ष अर्थात् समाधान

यह शोध प्रबन्ध की पंचपदी है जो कुमारिल भट्ट ने शोधार्थियों हेतु सातवीं सदी (Seventh Century A.D.) में लिखी।

मैंने पाठकों की संतुष्टि के लिए दो पाश्चात्य विद्वानों से बात की और पाया कि कुमारिल भट्ट की पंच–पदी किन्हीं अर्थों में आज के पाश्चात्य पंडितों से कमजोर नहीं है। थियोडोर केपलो (Theodore Caplow) तथा कार्लो लस्त्रूसी (Carlo Lastrucci) के शोध के पदों की तुलना में कुमारिल भट्ट के पद अधिक पुराने तथा अधिक केन्द्रित हैं।

प्रस्तुत पुस्तक शिक्षा में अनुसंधान की प्रक्रिया से पाठक का परिचय कराती है। इस प्रकाशन से पूर्व यह अपने संक्षिप्त रूप में मैकमिलन द्वारा (1980) भी प्रकाशित हो चुकी है किन्तु किसी कारणवश यह बिक्री के लिए बाजार में कभी नहीं आई। इसलिये मेरी ओर से इसका प्रकाशन सर्वथा नया है।

शोध हमारी संस्कृति का आधार है। इसलिये प्रत्येक व्यक्ति को शोध करने की विधियों का ज्ञान आवश्यक है।

प्रस्तुत पुस्तक इसी दिशा में एक प्रश्न है। इसमें न केवल शोध की विधियों से परिचय कराया गया है वरन् सर्वसाधारण लोगों की इसमें रुचि उत्पन्न कराने का प्रयास किया गया है। आशा है सुधी पाठक इस प्रयत्न का इसी दृष्टि से मूल्यांकन करेंगे।

22.09.2012

राजेन्द्र पाल सिंह
Former Head of Department of Teacher Education
NCERT, New Delhi

अनुक्रम

1

अनुसंधानः परिभाषा, महत्व और उद्देश्य
(Research: Definition, Importance and Objectives)

वर्तमान युग में विज्ञान और तकनीकी की निरंतर प्रगति के कारण अनुसंधान के क्षेत्र में बहुत प्रगति हुई है। आज के जीवन को अधिक सुखमय बनाने के लिए भी यह आवश्यक हो गया है कि मनुष्य अपने जीवन के चारों ओर हो रहे कार्यों और उपयोग में लाई जाने वाली चीज़ों के विषय में निरंतर कुछ न कुछ खोज करता रहे। उदाहरण के लिए, राजनीतिशास्त्र, इतिहास, मानव विज्ञान, या समाजशास्त्र को लें; इनमें भी मूल्यों के परिवर्तन के कारण पुराने मूल्यों के वर्गीकरण और नए मूल्यों की खोज की आवश्यकता महसूस की जा रही है। विश्वविद्यालय अनुदान आयोग के द्वारा अभी पिछले कुछ वर्षों में शिक्षा व्यवस्था में परिवर्तन के लिए अनुसंधान करना अनिवार्य कर दिये जाने से भी अनुसंधान कार्य में प्रगति हुई है। कई विश्वविद्यालयों ने एम.फिल. तथा पीएच.डी. के कोर्स प्रारम्भ किये हैं। इसलिए यह आवश्यक है कि अनुसंधानकर्ताओं को अनुसंधान की परिभाषा और उसके प्रारूप से परिचित कराया जाए।

कारण–कार्य श्रृंखला अथवा कार्य-कारण श्रृंखला के सहारे ज्ञात से अज्ञात की ओर बढ़ने की प्रक्रिया को अनुसंधान कहा जाता है। अनुसंधान जीवमात्र की स्वाभाविक प्रक्रिया है। तुच्छ से तुच्छ कीट भी अपनी घ्राणेंद्रिय के सहारे खाद्य पदार्थ की प्राप्ति के लिए अनुसंधान करता है किन्तु यह शक्ति मनुष्य में बहुत बलवती तथा उन्नत है। यह कोई रहस्य नहीं है, यह मनुष्य की जिज्ञासा का साधारण परिणाम है। प्रगति की ओर अग्रसर होने के लिए अनुसंधान एक माध्यम है। कहना न होगा कि आज के मानव की चतुर्दिक प्रगति की आधारशिला निरंतर अनुसंधान पर आधारित है। जीवन का प्रमुख आकर्षण नवीनता है। हम नए से नए संसाधनों से अपना जीवन सुखी बनाना चाहते है। अनुसंधान इस दिशा में हमारा प्रमुख सहायक है।

अनुसंधान मनुष्य की स्वाभाविक वृत्ति है, इसलिए यह आश्चर्य की बात नहीं कि इसके विषय में प्राचीन भारतीय मनीषी अपना मत प्रकट कर चुके हैं। हम आगे देखेंगे कि उनके दिये हुए अनुसंधान के पद (Steps) हमारे आधुनिक शिक्षाशास्त्रियों द्वारा स्वतंत्र रूप से पता लगाए पद (Steps) से मिलते-जुलते हैं।

अनुसंधान आधुनिक युग में मुख्य रूप से पाश्चात्य देशों में किये गये। प्लेटो और अरस्तू के युग से भी पहले यूनान में अनुसंधान हुए। प्रारम्भ में अनुसंधान कुछ

ही विषयों तक सीमित थे किंतु यदि 20वीं शताब्दी को सर्वतोमुखी अनुसंधान की शती कहा जाए तो अनुचित न होगा।

अनुसंधान और अध्ययन दोनों से ही हमें नए विषयों, नए संबंधों और नए समाधानों का ज्ञान होता है। किन्तु दोनों एक-दूसरे से भिन्न हैं। अनुसंधान का उद्देश्य जानकारी प्राप्त करना, उसे सुदृढ़ करना और पुनः उसे और अधिक सूक्ष्मता प्रदान करना है। हम अनुसंधान इसलिए करते हैं कि हमें विभिन्न चरों (variables) के पास्परिक संबंधों को परिभाषित करने और उनकी व्याख्या करने के लिए अपेक्षाकृत अधिक उपयुक्त संप्रत्ययात्मक आदर्शों (conceptional modes) की आवश्यकता होती है अथवा हम कारण-प्रभाव (causes & effect) की अंतःक्रिया को निश्चित स्वरूप और दिशा प्रदान करना चाहते हैं।

अनुसंधान किसे कहते है? संप्रत्यय, चिंतन और विज्ञान की ही भांति अनुसंधान की भी परिभाषा देने के प्रयत्न हुए हैं। इन प्रयत्नों में अनुसंधान के विभिन्न पदों (Steps) का विश्लेषण करने के प्रयत्नों की अपेक्षा इनकी परिभाषा देने के अधिक प्रयास हुए हैं।

अनुसंधान की परिभाषायें (Definitions of Research)

जार्ज जे. मुले

"शैक्षिक समस्याओं के समाधान के लिए व्यवस्थित रूप में बौद्धिक ढंग से वैज्ञानिक विधि के प्रयोग तथा अर्थापन को 'अनुसंधान कहते हैं। इसके विपरीत यदि किसी व्यवस्थित अध्ययन के द्वारा शिक्षा में विकास किया जाय तो उसे शैक्षिक अनुसंधान कहते हैं।"

मेकग्रेथ तथा वाटसन

"अनुसंधान एक प्रक्रिया है, जिससे खोज प्रविधि का प्रयोग किया जाता है, जिसके निष्कर्षों की उपयोगिता हो, ज्ञान वृद्धि की जाय, प्रगत्ति के लिए प्रोत्साहित करे, समाज के लिए सहायक हो तथा मनुष्य को अधिक प्रभावशाली बना सकें। समाज तथा मनुष्य अपनी समस्याओं को प्रभावशाली ढंग से हल कर सकें।"

जॉन० डब्लू० बैस्ट

"अनुसंधान अधिक औपचारिक, व्यवस्थित, तथा गहन प्रक्रिया है जिसमे वैज्ञानिक विधि विश्लेषण को प्रयुक्त किया जाता है। अनुसंधान में व्यवस्थित स्वरूप को सिम्मिलित किया जाता है जिसके फलरूप निष्कर्ष निकाले जाते हैं और उनका औपचारिक आलेख तैयार किया जाता है।

डब्लू० एस० मुनरो

"अनुसंधान की परिभाषा समस्या के अध्ययन विधि के रूप में की जा सकती है जिसके समाधान आंशिक तथा पूर्ण रूप में तथ्यों एवं प्रदत्तों

पर आधारित होते हैं। शोध कार्यों में तथ्य-कथनों, विचारों, ऐतिहासिक तथ्यों, आलेखों पर आधारित होते हैं, प्रदत्त प्रयोगों तथा परीक्षाओं की सहायता से एकत्रित किये जाते है। शैक्षिक अनुसंधानों का अन्तिम उद्देश्य यह होता है कि सिद्धान्तों की शैक्षिक क्षेत्र में क्या उपयोगिता है। प्रदत्तों का संकलन तथा व्यवस्थित शोध कार्य नहीं है अपितु एक प्राथमिक आवश्यकता है।''

रेडमेन एवं मोरी

''नवीन ज्ञान की प्राप्ति के लिए व्यवस्थित प्रयास ही अनुसंधान है।''

पी० एम० कुक०

''अनुसंधान किसी समस्या के प्रति ईमानदारी एवं व्यापक रूप में समझदारी के साथ की गई खोज है, जिसमें तथ्यों, सिद्धान्तों तथा अर्थों की जानकारी की जाती है। अनुसंधान की उपलब्धि तथा निष्कर्ष प्रामाणिक तथा पुष्टियोग्य होते हैं जिससे ज्ञान में वृद्धि होती है।''

एल० वी० तथा रेडमैन ने रोमांस ऑफ रिसर्च में कहा है,

''शोध या अनुसंधान नवीन ज्ञान प्राप्त करने के लिए एक व्यवस्थित प्रयास है''।

सी०सी० क्रोफोर्ड का कहना है,

''अनुसंधान किसी समस्या के अच्छे समाधान के लिए क्रमबद्ध तथा विशुद्ध चिंतन एवं विशिष्ट उपकरणो के प्रयोग की एक विधि है।''

डॉ० एम० वर्मा०

''अनुसंधान एक बौद्धिक प्रक्रिया है जो नए ज्ञान को प्रकाश में लाती है अथवा पुरानी त्रुटियों एवं भ्रांत धारणाओं का परिमार्जन करती है।''

सी० एफ० केटरिंग के शब्दों में–

अनुसंधान एक ऊँचा शब्द है जो तमाम लोगों को भयभीत करता है। ऐसा नहीं होना चाहिए। यह तो आसान बात है। वास्तव में यह और कुछ नहीं बल्कि मस्तिष्क की एक अवस्था है–परिवर्तन के प्रति एक मित्रतापूर्ण और स्वागतपूर्ण मनोवृत्ति हैः परिवर्तन की प्राप्ति के लिए बाहर जाना–न कि उसके स्वयं आने की प्रतीक्षा करना। व्यावहारिक व्यक्तियों के लिए अनुसंधान अधिक अच्छी तरह कार्य का प्रयत्न है न कि चुप बैठने का। किसी भी कार्य के लिए अनुसंधानात्मक मस्तिष्क का प्रयोग किया जा सकता है, चाहे वह व्यक्तिगत कार्य हो, बड़ा अथवा छोटा व्यवसाय। यह आत्मतुष्ट मस्तिष्क की अपेक्षा समस्या-समाधानकर्ता मस्तिष्क है। यह डोलता मस्तिष्क नहीं वरन स्थिर मस्तिष्क है। यह 'भविष्य' का मस्तिष्क है न कि 'भूत' का।

इसी प्रकार शिक्षा के क्षेत्र में भी अनुसंधान की परिभाषा दी गई है। शिकागो विश्वविद्यालय के कुलपति आर.एम. हचिंस का कथन हैः यदि केवल अनुसंधान के नाम पर आंकड़े एकत्रित किए जाएं तो उनका एक विश्वविद्यालय में कोई महत्व

नहीं है। यदि अनुसंधान नियमों के विकास, विस्तार और परिष्कार के रूप में हो और साथ ही इन प्रक्रियाओं में इंद्रियानुभाविक सामग्री का संकलन और प्रयोग किया जाय तो वह विश्वविद्यालय के मुख्य कार्यों में से एक होगा, जिसमें इसके सभी प्राध्यापकों को लग जाना चाहिए।

वेब्स्टर न्यू इंटरनेशनल डिक्शनरी के अनुसार अनुसंधान 'तथ्यों और नियमों की खोज के लिए की जाने वाली एक सचेत और आलोचनात्मक पूछताछ या परीक्षा, किसी चीज़ का पता लगाने के लिए मेहनत के साथ की जाने वाली एक जांच-पड़ताल है।' मिशिगन विश्वविद्यालय के क्लाफर्ड वुडी का कथन है कि इस परिभाषा से यह स्पष्ट हो जाता है कि अनुसंधान सिर्फ तथ्यों की खोज करने वाला एक प्रयत्न नहीं है वरन यह खोज काफी समय तक चलने वाली, उत्कृष्ट एवं उद्देश्यपूर्ण खोज है। साथ ही इस परिभाषा से यह भी स्पष्ट है कि इसके लिए जिस विधि का प्रयोग किया जाता है, वह विधि आलोचनात्मक चिंतन की विधि होती है। इसमें समस्या की परिभाषा, उपकल्पना का निर्माण, आंकड़ों का संकलन, व्याख्या, निष्कर्ष और निष्कर्षों की जांच इत्यादि वे सभी पद होते हैं जो किसी विधि को वैज्ञानिक बनाते हैं।

बेस्ट के मतानुसार अनुसंधान विश्लेषण की एक नियमित, विधिबद्ध तथा गहन वैज्ञानिक प्रणाली है। अनुसंधान में प्रायः नियमित ढांचा काम में लाया जाता है। और अंत में उसमें प्रयुक्त नियमों का निर्णय अथवा परिणाम के सहित लेखा-जोखा देना होता है। श्रीमती यंग के शब्दों में: अनुसंधान बौद्धिक अनुशासन, अन्वेषण तथा विश्लेषण पर आधारित होता है। यह विश्लेषण परस्पर संबद्ध सामाजिक तथ्यों के क्रम का हुआ करता है। सामाजिक अनुसंधान का उद्देश्य विश्व के तथ्यों का एक निश्चित तर्कमय स्पष्टीकरण करना, विशेष रूप से सुनिर्धारित अनुक्रम तथा परंपरा का पता लगाना, क्रमबद्ध सामान्यीकृत ज्ञान का सुधार करना और सामाजिक जीवन को परिभाषा देने में समर्थ माने जाने वाले किन्तु पुराने पड़े हुए सामान्यीकृत ज्ञान का पुनः निरीक्षण करना है।

एक अन्य स्थान पर श्रीमती यंग ने कहा है कि सामाजिक अनुसंधान की परिभाषा हम नए तथ्यों की खोज, पुराने तथ्यों का सत्यापन, उनकी क्रमबद्धताओं तथा अंतर्संबंधों, कार्य-कारण, व्याख्याओं तथा उन्हें नियंत्रित करने वाले स्वाभाविक नियमों की विधिवत खोज के रूप में कर सकते हैं। शिक्षा में अनुसंधान इसी परिभाषा के व्यापक अर्थों में आता है।

इन परिभाषाओं की व्याख्या के आधार पर हम अनुसंधान की विशेषताओं के विषय में कुछ जानकारी प्राप्त कर सकते हैं। अनुसंधान में नवीन ज्ञान तथा सामग्री मौलिक सूत्रों से एकत्र की जाती है। ज्ञात सामग्री के रूपांतरण या पुनर्गठन मात्र को ही अनुसंधान नहीं कहा जा सकता। वह तो प्राप्त साधारण सिद्धान्तों पर बल देता है। वह ज्ञान निश्चित समूहों तथा स्थितियों से भिन्न होता है तथा ध्यानपूर्वक नमूनों द्वारा समूचे अनुसंधान क्षेत्र की छोटे-छोटे समूहों में देखी जाने वाली विशेषताओं का अनुमान करता है। अनुसंधान एक सूक्ष्म, नियमित तथा युक्तियुक्त जांच होता है। अनुसंधाता अपने विषय से संबंधित उपलब्ध संपूर्ण सामग्री से तो परिचित होता ही है, वह तद्विषयक, उचित सामग्री तथा निश्चित

साधनों को ध्यान में रखकर तथ्य एकत्र करता है, लिखता है और समस्त को एकत्र करने में उन साधनों का प्रयोग करता है, जो प्रमाण उचित ठहराए जा सकते हैं। कभी-कभी इस प्रकार के उपकरणों की रचना वह स्वयं कर लेता है। यह वह केवल उन दशाओं में ही करता है जब अन्य उपकरण उपलब्ध न हों। अनुसंधाता प्रत्यक्ष से ऊपर उठने का प्रयास करता है और सामग्री के वर्गीकरण, शैली, हिसाब, नमूनों की तैयारी तथा यांत्रिक साधनों आदि के विषय में पूर्ण सावधान रहते हुए वस्तु के अंतःसाक्षात्कार का प्रयास करता है।

अनुसंधान की प्रकृति (Nature of Research)

इन परिभाषाओं से ही शोध की प्रकृति का ज्ञान होता है जिसका बिन्दुवार विवरण निम्नलिखित है:

- शोध एक अनोखी प्रक्रिया है जो ज्ञान के प्रकाश और प्रसार में सहायक होता है।
- इसके द्वारा या तो किसी नये तथ्य, सिद्धान्त, विधि, या वस्तु की खोज की जाती है या फिर प्राचीन तथ्य, सिद्धान्त, विधि, या वस्तु में परिवर्तन किया जाता है।
- यह सुव्यवस्थित, बौद्धिक, तर्कपूर्ण तथा वस्तुनिष्ठ प्रक्रिया होती है।
- इसमें विभिन्न स्त्रोतों (प्राथमिक तथा द्वितीयक) से प्राप्त आंकड़ों का विश्लेषण किया जाता है, इसलिए चिंतन का महत्वपूर्ण स्थान होता है और पूर्वाग्रहों और रूढ़ियों की कोई गुंजाइश नहीं होती है।
- शोध के लिए वैज्ञानिक अभिकल्पों का प्रयोग किया जाता है।
- आंकड़े एकत्रित करने के लिए विश्वसनीय उपकरणों का प्रयोग किया जाता है।
- अनुसंधान द्वारा प्राप्त ज्ञान को सत्यापित किया जा सकता है।
- पूरी प्रक्रिया की सफलता के लिए व्यवस्थित तरीके से क्रमबद्ध चरणों से गुजरना होता है। इन क्रमबद्ध चरणों की व्यवस्था ही शोध का स्वरूप निर्धारक होता है।

अनुसधांन सदैव तर्कयुक्त तथा वस्तुनिष्ठ होता है और एकत्र सामग्री तथा उसके साधनों के औचित्य और उपयोगिता का हर दृष्टि से परीक्षण करता है। अनुसंधान में सामग्री का एकीकरण इस प्रकार किया जाता है कि उसके परिणाम तथा विषय को सरल एवं तर्कपूर्ण भाषा में प्रस्तुत किया जा सके।

यह कहना उचित नहीं कि वैज्ञानिक अनुसंधान सदा वैधानिक (Nomothetic) ही होता है अथवा उसे ऐसा ही होना चाहिए। अपनी प्रकृति के कारण वह केवल व्यक्ति विशेष से संबंधित नहीं हो सकता है। शिक्षाशास्त्रियों की दृष्टि में प्रत्येक बालक की समस्याओं के निवारणार्थ पृथक-पृथक अनुसंधान अपेक्षित है।

परिवर्तन के इस युग में हमारा एक सुनिश्चित प्रकार का कार्य कर पाना बहुत कठिन है। सामयिक अपेक्षाओं के कारण शिक्षा का स्वरूप बदलता और महत्व बढ़ता जा रहा है। शिक्षा सामाजिक प्रगति का साधन बन गई है। ऐसी दशा में

शिक्षा में अनुसंधान का महत्व और भी बढ़ जाता है। शिक्षा प्रारंभिक लिखाई, पढ़ाई, और जोड़ बाकी के स्तर से न जाने कब की ऊपर उठ चुकी है। इसलिए शिक्षा संबंधी असंख्य समस्याओं का निवारण अनुसंधान के बिना असंभव है। इसके अतिरिक्त शिक्षा के क्षेत्र में प्रचलित मान्यताओं और परंपराओं की परख भी आवश्यक है। यह कार्य भी अनुसंधान द्वारा ही संभव है।

अनुसंधान के महत्व को स्पष्ट करने के लिए एक-दो उदाहरण काफी हैं। एक साधारण सी बात है कि कक्षा 9 में कौन-कौन से विषय होने चाहिए। बिना उस कक्षा के छात्रों की आवश्यकताओं, उनकी उम्र तथा उनके सामाजिक गठन को जाने हुए हम विषयों का चुनाव नहीं कर सकते। यह तो तानाशाही राज्यों में होता है कि एक ही प्रकार का पाठ्यक्रम सबके लिए देश भर में लागू कर दिया जाए। लोकतंत्र में तानाशाही शिक्षा पद्धति नहीं अपनाई जा सकती।

हमें अपनी राष्ट्रीय एवं क्षेत्रीय आवश्यकताओं के अनुरूप पाठ्यक्रम विकसित करने होंगे और इसलिए अनुसंधान आवश्यक होगा। अक्सर कहा जाता है: 'भारत में अंग्रेज़ी का स्तर गिर गया है। प्रश्न उठता है कौन सी अंग्रेज़ी का? मातृभाषा के रूप में पढ़ाई जाने वाली अंग्रेज़ी का या विदेशी भाषा के रूप में पढ़ाई जाने वाली अंग्रेज़ी का। यदि विदेशी भाषा में, तो जिन देशों में इसका यही स्तर है, तुलना करना अपेक्षित होगा। हो सकता है तब सामान्य रूप से मानी जाने वाली बातें भ्रामक सिद्ध हो जाएं। इस सम्बन्ध में अनुसंधान विशेष रूप से सहायक होते हैं।

इसका यह अर्थ नहीं कि अनुसंधान का महत्वपूर्ण कार्य समस्याओं या शंकाओं का निवारण मात्र है। अनुसंधान भविष्य के लिए मार्गदर्शन भी करता है। उदाहरण के लिए, अनुसंधान द्वारा यह ज्ञात किया जा सकता है कि भविष्य में भारत की शैक्षिक आवश्यकताएं क्या होंगी। किन्तु यहाँ यह अवश्य जान लेना होगा कि अनुसंधान द्वारा भविष्य का पूर्ण लेखा-जोखा प्रस्तुत नहीं किया जा सकता, संभावित स्थितियों का ही अनुमान किया जा सकता है।

वैज्ञानिक अनुसंधानों द्वारा हमारे समाज का रूप प्रायः जल्दी-जल्दी बदलता है। स्थितियों के बदलने पर शिक्षा में परिवर्तन लाने होते हैं। उदाहरण के लिए, रेडियो के स्थान पर टेलीविज़न या ट्रांजिस्टर के आ जाने पर सहस्रों व्यक्तियों को इन नए उपकरणों को बनाने, सुधारने के लिए प्रशिक्षित करने का कार्य-भार शिक्षा को लेना होगा। इसका अर्थ यह हुआ है कि जिन अंशों तक शिक्षा सुनिश्चित दिशा की ओर अपरिवर्तित रहती है, उन अंशों में अनुसंधान की सहायता से भविष्य की रूपरेखा निर्धारित की जा सकती है।

अनुसंधान अपने में एक प्रकार का प्रशिक्षण है। इसके द्वारा अनुसंधाता की बुद्धि को, चिंतन प्रक्रिया तथा सामग्री प्रस्तुतीकरण के तरीके को परिवर्तित किया जा सकता है। साधारणतया व्यक्ति बात करते समय अपने कहने के ढंग में अपने व्यक्तिगत अनुभवों को लाए बिना नहीं रहता। वे अनुभव प्रायः सीमित सामग्री के आधार पर प्राप्त किए होते हैं। दोनों बातें अनुसंधाता में होना उसके लिए हानिप्रद हो सकता है। इसलिए उसे अपने व्यक्तिगत जीवन में सीमित सामग्री के आधार पर प्राप्त अनुभवों को और वैयक्तिक (पूर्वाग्रहों) विशेषताओं को दूर करने का प्रयत्न करना होता है।

अनुसंधान द्वारा हम वर्तमान को सुस्पष्टता से समझने का प्रयत्न कर सकते हैं। समाज की प्रत्येक वस्तु या मान्यता का रूप सदैव ही आज जैसा नहीं था। आज उसका रूप अमुक प्रकार का क्यों है, यह अनुसंधान हमें बताता है। अनुसंधान विज्ञान के क्षेत्र में हो या समाजशास्त्र के क्षेत्र में, उसका प्रमुख उद्देश्य वर्तमान पर प्रकाश डालना है। यहाँ तक कि मध्यकालीन युग की समस्याओं के समाधान हमारे वर्तमान को समझने में सहायक होते हैं। उदाहरण के लिए, अकबर के समकालीन व्यक्तियों के विषय में किया गया अनुसंधान उस समय के सामाजिक, आर्थिक या अन्य पहलू सम्मुख लाएगा। फलस्वरूप वर्तमान में प्रचलित बहुत सी बातों का उत्तर हमें उस ज्ञान के प्रकाश में मिल सकता है। विज्ञान के क्षेत्र में अनुसंधानों की क्रमबद्धता को आसानी से समझा जा सकता है। बिना न्यूटन के आइंस्टाइन की कल्पना असंभव है या इन दोनों के बिना डा॰ नार्लीकर कुछ नहीं कर सकते थे। फिर विज्ञान के क्षेत्र में समस्याओं के हल थोड़े समय के लिए तो सर्वमान्य हो ही सकते हैं। किन्तु समाजशास्त्र या शिक्षा के क्षेत्र में ऐसा नहीं होता। इन क्षेत्रों में अनुसंधान कभी भी कोई सर्वमान्य हल देने में समर्थ नहीं हो सकता या यों कहिए कि अंतिम हल इन क्षेत्रों की सीमा से परे है। किन्तु कुछ भी हो, वर्तमान के पहलुओं पर प्रकाश अनुसंधान द्वारा ही पड़ता है।

जो बात अन्य समाजशास्त्रों (social sciences) के लिए सत्य है वही शिक्षा में अनुसंधान पर भी लागू होती है। शिक्षा में अनुसंधान के दो प्रमुख उद्देश्य हैंः (1) सैद्धांतिक व (2) उपयोगितावादी। सैद्धांतिक उद्देश्य से अनुसंधान का तात्पर्य ज्ञानवर्धन मात्र है, अर्थात 'ज्ञान के लिए' है। वस्तुतः हम उन्हीं अनुसंधानों को सैद्धांतिक कहेंगे जिन्हें अनुसंधाता किसी भौतिक लाभ के लिए न करें। उदाहरण के लिए, 'बुनियादी शिक्षा तथा उस पर पाश्चात्य प्रभाव' अनुसंधान का एक ऐसा विषय है जो जीवन में कदाचित ही काम में आए, क्योंकि इसकी कोई व्यावहारिक उपयोगिता नहीं है। इसके कारण न तो बुनियादी शिक्षा में प्रगति होने जा रही है और न उसकी शिक्षा विधि में कोई परिवर्तन ही संभव है। फिर भी यह नहीं कहा जा सकता कि यह अनुसंधान अनुसंधाता को उपाधि दिलाने से अधिक कुछ भी नहीं। वस्तुतः यह निष्प्रयोजन नहीं। इसके माध्यम से हमें भारतीय बुनियादी शिक्षा की आत्मा के दर्शन होंगे। हमें यह ज्ञात हो जाएगा कि विदेशों में, विशेषकर अमरीका में, इसी प्रकार के विचार विद्वानों ने दिए हैं। इससे न केवल बुनियादी शिक्षादर्शन को बल मिलेगा, अपितु तुलनात्मक अध्ययन द्वारा इसके गुण-दोष भी हमारे सामने आ जाएंगे या कम से कम इतना तो स्पष्ट हो ही जाएगा कि किन अंशों में बुनियादी शिक्षा नितांत भारतीय है। यह ज्ञानवर्धन हमारे लिए अपरोक्ष रूप से लाभदायक सिद्ध हो सकता है।

अनुसंधान के उपयोगितावादी सिद्धांत से तात्पर्य यह है कि अनुसंधान द्वारा प्रस्तुत सामग्री के विश्लेषण के आधार पर प्राप्त निष्कर्षों से शिक्षा को लाभ पहुंचे। विलसन जी के अनुसार अनुसंधान का उद्देश्य मानवमात्र की सेवा करना है। अनवरत अनुसंधानों द्वारा ही किसी सभ्यता के दोषों और दुर्बलताओं को दूर किया जा सकता हैं। उदाहरण के लिए, हम शिक्षा में पाठ्यक्रम की समस्या को ही लेते हैं। पाठ्यक्रम किस प्रकार का होना चाहिए तथा अमुक पाठ्यक्रम द्वारा हम किस

उद्देश्य को प्राप्त करना चाहेंगे– यह अनुसंधान के अच्छे विषय हो सकते हैं। इन विषयों में अनुसंधान निश्चय ही बड़े उपयोगी हो सकते हैं।

अनुसंधान (शोध) के चरण (Steps in Research)

स्लूटर ने शोध के निम्नलिखित चरण बताये हैं:

- शोध विषय का चुनाव
- शोध समस्या को जानने ले लिए क्षेत्र का सर्वेक्षण
- सन्दर्भ ग्रन्थ सूची का निर्माण
- समस्या को परिभाषित या निर्मित करना
- समस्या के तत्वों का विभेदीकरण और रूपरेखा निर्माण
- आंकड़ों से प्रत्यक्ष या अप्रत्यक्ष संबंधों के आधार पर समस्या के तत्वों का वर्गीकरण
- समस्या के तत्वों के आधार पर आंकड़ों तथा प्रमाणों का निर्धारण
- वांछित आंकड़ों तथा या प्रमाणों की उपलब्धता का अनुमान लगाना
- समस्या के समाधान की जाँच करना
- आंकड़ों तथा सूचनाओं का संकलन
- आंकड़ों को विश्लेषण के लिए व्यवस्थित और नियमित करना
- आंकड़ों तथा प्रमाणों का विश्लेषण एवं विबेचना
- विवेचन प्रस्तुति के लिए आंकड़ों को व्यवस्थित करना
- उद्धरणों तथा सन्दर्भों का चयन एवं प्रयोग
- शोध प्रस्तुतीकरण के स्वरुप और शैली को विकसित करना

अन्य दृष्टिकोण से शोध के चरण निम्नवत होते हैं:

- शोध समस्या को परिभाषित करना
- शोध विषय पर प्रकाशित सामग्री की समीक्षा करना
- आध्ययन के विषय के ब्यापक दायरे और इकाई को तय करना
- प्रकल्पना का सूत्रीकरण एवं प्रवृत्तियों को बताना
- शोध विधियों एवं तकनीकों का चयन
- शोध का मानकीकरण
- मार्गदर्शी अध्ययन, सांख्यकीय व अन्य विधियों का प्रयोग
- शोध सामग्री इकट्ठा करना
- सामग्री का विश्लेषण
- व्याख्या करना और रिपोर्ट प्रस्तुत करना

राम आहूजा के अनुसार शोध के छः चरण निम्नवत होते हैं:

- अध्ययन समस्या का निर्धारण

- शोध प्रारूप तय करना
- निदर्शन की योजना
- आंकड़ा संकलन
- आंकड़ों का विश्लेषण (संपादन, संकेतन और सारणीकरण)
- प्रतिवेदन तैयार करना

सी आर कोठारी के अनुसार शोध के चरण निम्नवत होते हैं:

- शोध समस्या का निर्धारण
- गहन साहित्य सर्वेक्षण
- उपकल्पना का निर्माण
- शोध प्रारूप का निर्माण
- निदर्शन प्रारूप निर्धारण
- आंकड़ा संकलन
- प्रोजेक्ट का संपादन
- आंकड़ों का विश्लेषण
- उपकल्पनाओं का विश्लेषण
- सामान्यीकरण और विवेचन
- रिपोर्ट तैयार करना या
- परिणामों का प्रस्तुतीकरण या निष्कर्षों का औपचारिक लेखन

अनुसंधान के प्रकार (Types of Research)

कोई अनुसंधान किस प्रकार का होगा, यह इस बात पर निर्भर करता है कि अनुसंधाता ने किस समस्या का चयन किया है। समस्या के स्वरूप के साथ-साथ यह भी महत्वपूर्ण है कि अनुसंधाता ने किस विधि का उपयोग किया है। कारण यह है कि समस्या विशेष पर अनुसंधान करने के लिए यदि उचित व उपयुक्त विधि का प्रयोग न किया जाए तो उससे अनुसंधान की विश्वसनीयता पर प्रभाव अवश्य पड़ेगा।

कुछ अनुसंधान किसी एक व्यक्ति द्वारा स्वतंत्र रूप से किए जाते हैं और कुछ अनुसंधानों में कई व्यक्ति एक साथ मिलकर कार्य करते हैं। सामाजिक विज्ञानों में अधिकांश अनुसंधान व्यक्तियों के समूहों द्वारा किए जाते हैं, जबकि शिक्षा के क्षेत्र में व्यक्तिगत अनुसंधानों की संख्या अपेक्षाकृत अधिक है। कुछ लोगों का शिक्षा के क्षेत्र में प्रचुर योगदान रहा है। कुछ ऐसे व्यक्ति हैं जिन्होंने सिर्फ एक किन्तु अत्यधिक प्रभावशाली कार्य किया है या फिर एक विषय पर ही बहुत आंकड़ों का संकलन किया है। कुछ लोगों ने विभिन्न सिद्धांतों का प्रतिपादन किया, जबकि अन्य लोगों ने उनका प्रयोग किया। कुछ ने शिक्षा के क्षेत्र में काफी समय से प्रचलित उपागम का आश्रय लिया, जबकि अन्य लोगों ने नया दृष्टिकोण अपनाया। इस प्रकार व्यक्तिगत रूप से किए गए अनुसंधानों में भी दृष्टिकोण और प्रकृति की भिन्नता रही है।

यद्यपि सभी अनुसंधानों का उद्देश्य नई जानकारी प्राप्त करना और वर्तमान समस्याओं का समाधान करना होता है, तथापि प्रत्येक अनुसंधान में उसके विभिन्न पहलुओं में से किसी पहलू पर अपेक्षाकृत अधिक जोर दिया जाता है। इस प्रकार अनुसंधान के उद्देश्यानुसार निम्न वर्गीकरण किया जा सकता है:

आधारभूत तथा अनुप्रयुक्त अनुसंधान (Basic and Applied Research)

ट्रैवर्स (1964) के अनुसार आधारभूत अनुसंधान से तात्पर्य उस अनुसंधान से है जो उपलब्ध वैज्ञानिक जानकारी में वृद्धि करता है। यह आवश्यक नहीं कि इस प्रकार के अनुसंधान से जो तथ्य या निष्कर्ष प्राप्त होते हैं उनका तात्कालिक प्रयोग किया जा सके। इसके विपरीत जब हमारे समक्ष कोई समस्या रहती है तो उस समस्या के तात्कालिक समाधान हेतु जो अनुसंधान किया जाता है उसे अनुप्रयुक्त अनुसंधान (Applied Research) कहते है। इस प्रकार के अनुसंधान में वैज्ञानिक जानकारी की वृद्धि प्रमुख न होकर गौण होती है।

किड (1959) का कहना है कि आधारभूत और अनुप्रयुक्त अनुसंधान की उचित परिभाषा देना अधिक कठिन है। हम दो भिन्न-भिन्न प्रकार की परिभाषाएं दे सकते हैं: पहली जिसमें अनुसंधाता की प्रेरणा पर अपेक्षाकृत अधिक ज़ोर दिया जाता है और दूसरी जिसमें अनुसंधान के परिणाम पर अधिक ज़ोर दिया जाता है। आधारभूत समस्या में अनुसंधाता की रुचि और उत्सुकता प्रधान होती है, दूसरी में निष्कर्ष की व्यापकता और सार्थकता तथा वैज्ञानिक विचार और प्रक्रिया पर पड़ने वाला प्रभाव प्रमुख होता है। किड का विचार है कि आधारभूत अनुसंधान में अनुसंधाता को पाबंदियाँ लगानी होती हैं। इस प्रकार आधारभूत अनुसंधान में चीजों के बड़े परिसर (Range) की व्याख्या करने के लिए सामान्यीकरण (Generalization) करना होता है। इसके ठीक विपरीत अनुप्रयुक्त अनुसंधान द्वारा सूक्ष्म व्यावहारिक प्रश्नों का उत्तर पाने का प्रयास किया जाता है।

निष्कर्षप्रधान अनुसंधान और निर्णयप्रधान अनुसंधान (Conclusion Oriented and Decision Oriented Research)

क्रोनबैक और सूपेस (1969) जैसे कुछ शोधकर्ताओं ने आधारभूत और अनुप्रयुक्त अनुसंधान के स्थान पर निष्कर्षप्रधान (Conclusion oriented) और निर्णयप्रधान (Decision oriented) अनुसंधान शब्दों का प्रयोग किया है। आज के शिक्षाशास्त्री भी इन शब्दों के प्रयोग को वरीयता देते हैं। उनका विचार है कि सामान्यीकरण किए बिना या प्रत्येक क्रिया को मनोवैज्ञानिक प्रक्रिया में परिवर्तित किए बिना भी उनका अध्ययन किया जा सकता है। यों भी आधारभूत और अनुप्रयुक्त अनुसंधान का अंतर अब कम हो गया है।

निष्कर्षप्रधान अनुसंधान वे अनुसंधान हैं जिनमें प्राप्त निष्कर्ष वर्तमान समस्या का समाधान करने में सहायक होते हैं। मूल्यांकनात्मक अनुसंधान (Evaluative Research) का प्रयोग निर्णयप्रधान अनुसंधान के पर्याय के रूप में किया जाता है। किन्तु अर्थ में समान होते हुए भी ये दोनों एक–दूसरे से भिन्न हैं। यह आवश्यक नहीं है कि सभी अनुप्रयुक्त या सभी निर्णयप्रधान अनुसंधान मूल्यांकनात्मक हों ही। जब हम किसी कार्यक्रम के प्रभाव को जानना चाहते हैं तब हम निश्चित तरीकों से तत्संबंधी प्रदत्तों का संकलन और विश्लेषण करते हैं। तब यह मूल्यांकन अनुसंधान के विभिन्न चरणों पर हो सकता है। जब मूल्यांकन ऐसे चरण में किया जाए कि उसके अनुसार कार्यक्रम में परिवर्तन किया जा सके तब उसे प्रक्रियात्मक या

विकासोन्मुख मूल्यांकन (Formative Evaluation) कहा जाता है किंतु जब यही मूल्यांकन कार्यक्रम समाप्ति के बाद किया जाता है तब उसे संकलित मूल्यांकन (Summative Evalution) की संज्ञा दी जाती है।

इस प्रकार यह स्पष्ट है कि निष्कर्ष प्रधान अनुसंधान में अनुसंधाता जैसे-जैसे आगे बढ़ता जाता है वैसे-वैसे नए प्रश्न बना सकता है और अनुसंधान की अवधि में प्राप्त प्रायोगिक अंतर्दृष्टि से अपनी खोजबीन को नई दिशा प्रदान कर सकता है। इस प्रकार के अनुसंधान मुख्यतः शैक्षिक विषयों में किए जाते हैं। इसके ठीक विपरीत निर्णयप्रधान अनुसंधान में अनुसंधाता निर्णायक की आवश्यकताओं के अनुसार कार्य करता है, वह अनुसंधान के दौरान किसी भी प्रकार का परिवर्तन करने के लिए स्वतंत्र नहीं होता। इस प्रकार के अनुसंधान के अंतर्गत मूल्यांकनात्मक और सक्रियात्मक (operational) अनुसंधान, बड़े पैमाने पर व्यवस्थित ढंग से किया जाने वाला प्रदत्त संकलन और सर्वेक्षण के प्रयत्न आते हैं। वे अनुसंधान जिनका उद्‌देश्य नीति-निर्माता और शैक्षिक व्यवसाय में रहने वालों की किसी समस्या के समाधान में सहायता करना होता है, इसी वर्ग के अंतर्गत आते हैं।

क्रियात्मक अनुसंधान (Action Research)

क्रियात्मक अनुसंधान (Action Research) शब्द का प्रयोग आज से लगभग पैंसठ वर्ष पूर्व आज की अपेक्षा अधिक किया जाता था। यह एक प्रकार से निर्णयप्रधान अथवा मूल्यांकनात्मक अनुसंधान है किंतु दोनों में एक अंतर है। मूल्यांकनात्मक अनुसंधान में अनुसंधाता स्वयं अपने कार्य का मूल्यांकन नहीं करता वरन कोई दूसरा व्यक्ति, जो उस कार्य से किसी भी भांति संबन्धित नहीं है, कार्य का मूल्यांकन करता है। परंतु यदि ऐसी परियोजना का मूल्यांकन बाहरी एजेंसी द्वारा न किया जाकर उस परियोजना में कार्य करने वाले व्यक्तियों द्वारा किया जाता है तो वह क्रियात्मक अनुसंधान कहलाता है।

हम देख चुके हैं कि अनुसंधान का एक महत्वपूर्ण उद्‌देश्य वर्तमान पर प्रकाश डालना है। निस्संदेह यह उद्‌देश्य उपयोगिता पर आधारित है। नवीन तथ्यों की खोज तथा पुराने तथ्यों का सत्यापन करना प्रत्येक अनुसंधान का प्रमुख उद्‌देश्य रहता है। शिक्षा इस नियम से किसी भी रूप में परे नहीं है।

इस उपयोगितावादी सिद्धांत का संकीर्ण अर्थ भी लगाया जा सकता है। इसलिए अनुसंधान को इस संकीर्ण दायरे से अलग ही रखना चाहिए, अन्यथा हम प्रत्येक समस्या के निराकरण के लिए केवल हल ही ढूंढ़ते रह जाएंगे। स्मरण रहे कि किसी भी अनुसंधान द्वारा अंतिम हल नहीं निकाला जा सकता। इसलिए हमें अनुमान ही करना होगा कि अमुक परिस्थिति में किस हल को किस सीमा तक प्रयोग में लाना उचित होगा।

2

वैज्ञानिक चिंतन, अनुसंधान और अनुसंधाता (Scientific Thinking, Research and Researcher)

सत्य की खोज में मनुष्य पांच प्रकार के प्रमाण मानता आया है: (1) सामाजिक परंपराएं (2) अधिकारी वर्ग (3) स्वानुभव (4) न्यायसंगत सोचने का ढंग तथा (5) वैज्ञानिक खोज। गुड, बार और स्केट्स इन पांचों प्रमाणों को मनुष्य के चिंतन के विकास के समानांतर विकसित हुआ मानते हैं। सामाजिक परंपराओं से लेकर वैज्ञानिक खोज तक आ पहुंचना मनुष्य के बौद्धिक विकास के साक्षात प्रमाण हैं।

सामाजिक परंपराएं (Social Traditions)

आदिम काल से लेकर आज तक मनुष्य प्राय: अपने कार्य सामाजिक परंपराओं के अनुरूप ही करता आया है। जो बातें हमें प्राय: अपनी सूझ-बूझ से करनी चाहिए वह भी परंपरा के कारण हम स्वीकार कर लेते हैं। इन बातों में सम्मिलित हैं – खाना, पीना, वेशभूषा, भाषा, जीवन-यापन का ढंग तथा कामकाज। हम इस बात को एक अन्य प्रकार से भी कह सकते हैं। हम उन बातों को मान लेते हैं जिनके न मानने पर हमें शायद काफी समय खर्च करने पर भी वैसे अच्छे और समान साधन न मिलें। इस प्रकार हम काफी समय ही नहीं बचाते वरन् समाज में एकाकी भी नहीं रहते। किन्तु इनका हमें बहुत बड़ा मूल्य चुकाना होता है। यदि हम बिना सोचे-समझे परंपराओं से धार्मिक चिंतन या जीवन-यापन के तरीके लेंगे (और प्राय: हम यही करते हैं) तो हम अपने बौद्धिक तथा वैयक्तिक विकास में अनजाने-अनचाहे बाधक बन जाएंगे। खेद की बात है कि आज भी हम रूढ़ियों और परंपराओं को बिना उसकी उपयोगिता का विचार किए, मानते चले जा रहे हैं। किन्तु यह भी हमें स्वीकार करना होगा कि प्रत्येक व्यक्ति इतना बुद्धिमान नहीं हो सकता कि वह अपने लिए उचित तरीके सोच ले। परंपराओं तथा रूढ़ियों में विश्वास करने पर लोगों को अपने अज्ञान, बुद्धिहीनता तथा अन्य दुर्बलताओं को छिपाने का अवसर मिल जाता है।

अधिकारी वर्ग (Officials Group)

आवश्यकता के क्षणों में हम धर्माधिकारियों, विद्वानों, दार्शनिकों, वैज्ञानिकों की राय मानते हैं। इस राय को मानने में भी हमारी स्वयं की चिंतन प्रक्रिया निहित नहीं

होती। हम दूसरों के अनुभवों के सहारे ही अपना कार्य करते हैं। यह ढंग पहले से अच्छा है, किन्तु. त्रुटिमुक्त नहीं है।

स्वानुभव (Self Experiences)

मनुष्य को जीवन में कभी–कभी कष्ट उठाने पड़ते हैं। यदि किसी दुःख से मिलता–जुलता दुःख वह पहले भी उठा चुका हो, तो वह अपने स्वयं के अनुभव के बल पर उस कष्ट से मुक्ति पाना चाहेगा। उदाहरण के लिए, कंमर में दर्द होने पर मनुष्य सिर के दर्द की दवा को प्रयोग में ला सकता है। किन्तु यह तरीका भी त्रुटिपूर्ण है। एक तो अनुभवों की अपनी सीमा होती है, फिर सदैव ही कष्टों में भी समानता नहीं होती। कहना उचित होगा कि स्वानुभव कोई वैज्ञानिक ढंग नहीं है।

तर्क विधि (Logical Method)

अरस्तू द्वारा तैयार की गई और मध्यकालीन विद्वानों द्वारा उन्नत की गई तर्क विधि मनुष्य की बुद्धि के विकास की एक सीमा है। इस विधि के द्वारा हम एक विशेष बात को सामान्य बात के अंतर्गत लाते हैं। उदाहरण के लिए,

1. प्रत्येक व्यक्ति मरता है।
2. राम व्यक्ति है।
3. इसलिए राम मरेगा।

किंतु इस विधि का प्रयोग, साधारण व्यक्तियों ने ही नहीं विद्वानों तक ने सदैव ही उचित रूप से नहीं किया। कभी–कभी तो यह विधि 'बहस के लिए ही अपनाई गई। इस विधि की सबसे बड़ी कमी यह रही है कि इसके पूर्व–पक्ष तथा उत्तर–पक्ष सदैव ही मान्य नहीं होते। फिर भी इन्हें मानना ही होता है अन्यथा इस विधि का प्रयोग असंभव है। जैसेः

1. भैंस काली होती है।
2. लोहा काला है।
3. इसलिए लोहा भैंस है।

फिर भी इसमें संदेह नहीं कि अतीत में इस विधि के प्रयोग के कारण हमें प्रगति में सहायता मिली है और आज भी हम इसका यदा–कदा प्रयोग करते हैं।

वैज्ञानिक खोज (Scientific Research)

वैज्ञानिक विधि बुद्धि के विकास की अंतिम कड़ी है। इस विधि के बिना हम आज किसी भी स्तर पर काम नहीं कर सकते। इस विधि में आगमन–निगमन चिंतन का तरीका अपनाया जाता है। इसमें ज्ञात से अज्ञात की ओर बढ़ना या आंशिक रूप से अज्ञात से ज्ञात की ओर जाना होता है। दूसरे शब्दों में, आंशिक या अस्पष्ट

विशेष तथ्यों से सामान्य सिद्धांतों पर पहुंचना या ठीक इसका उल्टा करना आगमन–निगमन चिंतन का तरीका है। यद्यपि इस विधि में कुछ दोष हैं। किन्तु वास्तव में ये दोष विधि के नहीं, विधि को काम में लाने वालों के हैं। शिक्षा हो या ज्ञान का अन्य कोई क्षेत्र, इस विधि का प्रयोग आज के जगत की सामान्य बात है।

गुड, बार और स्केट्स ने वैज्ञानिक विधि की ये विशेषताएं बताई हैं:

(1) विज्ञान तथ्यों पर आधारित है।

(2) विज्ञान विश्लेषण द्वारा जटिल समस्याओं को समझनें का प्रयत्न करता है।

(3) विज्ञान में उपकल्पना (Hypothesis) का प्रयोग होता है।

(4) विज्ञान में वस्तुनिष्ठता (Objectivity) होती है।

(5) विज्ञान में किसी वस्तु के मापन के लिए बिल्कुल ठीक मापन के तरीके अपनाने होते हैं।

(6) विज्ञान सामग्री के विश्लेषण में परिमाणात्मक विधि का प्रयोग करता है।

वैज्ञानिक विधि में तथ्यों को एकत्र किया जाता है। उदाहरण के लिए, किसी एक समस्या को लीजिए और उस पर समस्त वैज्ञानिक विधि को घटित कीजिए। छात्रों में अनुशासनहीनता शिक्षा क्षेत्र की एक प्रमुख समस्या है। वैज्ञानिक विधि के प्रयोग से हम इसके समस्त पहलुओं पर सामग्री एकत्र करेंगे। हम बहुत सी उपकल्पनाएं बनाएंगे और विश्लेषण द्वारा देखेंगे कि कौन सी उपकल्पना ठीक थी। जैसे–अनुशासनहीनता ग्रामों की अपेक्षा नगरों में अधिक है, निर्धनों की अपेक्षा धनी वर्ग के बच्चे अधिक अनुशासनहीन होते हैं, एकलिंगीय छात्रों के पढ़ाने वाले स्कूलों में यह समस्या अधिक होती हैं, घने बसे क्षेत्रों में यह अधिक व्यापक है और इसका ज़ोर माध्यमिक तथा कालेज के छात्रों में अधिक है। इस विधि में हम अपनी स्वयं की इच्छा या रुचि के अनुसार ही सामग्री एकत्रित नहीं करेंगे। सामग्री संकलन उपकल्पना के आधार पर होगा। हो सकता है हमारी समस्त उपकल्पनाएं ही झूठी पड़ जाएं। सामग्री को जुटाने के तरीके तथा उसके प्रस्तुत करने के तरीके संख्यात्मक भाषा में होंगे। अर्थात् हमें यह देखना होगा कि विश्लेषण कितने प्रतिशत तथ्यों पर आधारित है।

वुल्फ महोदय का कथन है कि वैज्ञानिक चिंतन की आधारशिला कार्य-कारण की सार्वभौमिकता के विश्वास पर आश्रित है। अर्थात् वैज्ञानिक को केवल घटना ही नहीं उसके कारण भी बताने होते हैं। उपर्युक्त समस्या को ही लीजिए–अनुशासनहीनता व्याप्त है, यह तो एक मानी हुई बात है। किंतु क्यों है? यह बताना भी वैज्ञानिक का कार्य है। वैज्ञानिक शब्द से हमारा तात्पर्य उन सभी व्यक्तियों से है जो तथ्यों के विश्लेषण में वस्तुनिष्ठता तथा गणितात्मकता अपनाते हैं। उनके लिए यह आवश्यक नहीं कि वे प्रयोगशाला में ही कार्य करते हों।

विज्ञान और दर्शन के क्षेत्र में चिंतन अंतिम सत्य की खोज के लिए होता है। अंतिम सत्य किसी भी स्थान अथवा समय में अपना स्वरूप नहीं बदलता। विज्ञान के क्षेत्र में हम साधारण जानकारी द्वारा एक निष्कर्ष निकालते हैं। वह निष्कर्ष उपकल्पना बन जाता है। इस उपकल्पना को जब हम और अधिक विस्तार से

जांचते हैं तब हम किसी सिद्धांत तक पहुंच जाते हैं, क्योंकि कोई भी उपकल्पना तब तक सिद्धांत का रूप धारण नहीं कर सकती जब तक कि अन्य और तथ्यों के आधार पर हम उसे परख न लें। इस प्रकार विज्ञान में हम इस सिद्धांत के द्वारा वास्तविक अनुभव से तथ्यों तक पहुंचते हैं और ये तथ्य ही सिद्धांत को सिद्ध करते हैं अथवा उसका अनुमोदन करते हैं, आगे चलकर दर्शन के क्षेत्र में हम इन्हीं तथ्यों को 'वैज्ञानिक तथ्य' कहते हैं।

यहाँ यह जान लेना आवश्यक है कि वैज्ञानिक सत्य दर्शन के क्षेत्र की प्रथम सीढ़ी है। दर्शन के क्षेत्र में सत्य सामयिक भी होता है और वह वस्तु-विशेष के सन्दर्भ में सत्य और असत्य दोनों का रूप धारण कर सकता है। इसलिए यह सत्य अंतिम सत्य तक पहुंचने का माध्यम मात्र है। एक उदाहरण द्वारा हम वैज्ञानिक सत्य और दार्शनिक सत्य दोनों के स्वरूप को स्पष्ट करेंगे। जब हम एक नीबू का प्रयोग करते हैं तब कई चीज़ें एकदम उभरकर हमारे सामने आती हैं, जैसे नीबू के छिलके का रंग, उसका आकार और उसके रस का स्वाद। यह मात्र एक नीबू द्वारा जाना गया तथ्य है, इसलिए यह कहना बहुत मुश्किल है कि प्रत्येक नीबू ऐसा ही होता है अथवा प्रत्येक नीबू का यही स्वाद होगा। यह निष्कर्ष है कि एक नीबू खट्टा होता है, उसका रंग पीला या हरा होता है, उसका आकार गोल होता है। हमारा यह निष्कर्ष हमारे अनुभव पर आधारित है। यह अनुभव आगे के लिए परिकल्पना का स्वरूप धारण कर लेता है और तब हम कह सकते हैं कि सारे नीबू खट्टे होते हैं, गोल होते हैं और वह हरे या पीले होते हैं। अथवा जब हम नीबू को सामूहिक रूप में देखेंगे या परखेंगे तब एक सिद्धांत निकलेगा कि हमारी अनुभवाधारित जानकारी ठीक थी और तब यह विज्ञान के क्षेत्र में सत्य का स्वरूप धारण कर लेगा।

अगली प्रक्रिया जिसे हम दर्शन के क्षेत्र की पहली सीढ़ी मानते हैं, इसी तथ्य से प्रारम्भ होगी। अब हमें खोज करनी होगी कि क्या भिन्न-भिन्न देशों, स्थानों अथवा जलवायु में नीबू भिन्न-भिन्न प्रकार के तो नहीं होते? हो सकता है 'नीबू जाति' जैसी चीज़ पूरी तरह वहाँ पर लागू न हो। और यदि भिन्न-भिन्न स्थानों पर भी हमारी जांच का परिणाम पूर्ववत रहे अर्थात् नीबू का आकार, स्वाद और स्वरूप वही हो जो हमारा वैज्ञानिक अनुभव था, तो यह तथ्य एक वैज्ञानिक सत्य बन जाएगा, जो दर्शन के क्षेत्र में दूसरी सीढ़ी होगी। दर्शन के क्षेत्र में तीसरी और अंतिम सीढ़ी अंतिम सत्य है। भिन्न-भिन्न स्थानों और अनुभवों के परीक्षण पर आधारित वैज्ञानिक सत्य जब काल और विज्ञान के क्षेत्र से ऊपर उठकर सदैव के लिए सत्य का स्वरूप धारण कर लेता है, तब वह 'अंतिम सत्य' हो जाता है। अंतिम सत्य जाति, काल और आकार–इन सारे सत्यों से परे एक जानकारी पर आधारित होता है जिसका परीक्षण हम जब चाहें तब कर सकते हैं।

यह आवश्यक नहीं कि विज्ञान के क्षेत्र का तथ्य और दर्शन के क्षेत्र का अंतिम सत्य सदैव एक ही हो। वे अलग-अलग भी हो सकते हैं। दर्शन के क्षेत्र का सत्य बहुत बार हमारी जानकारी अर्थात् इंद्रियानुभूत तथ्यों से कहीं अलग भी हो सकता है और वह मात्र चिंतन की अंतिम सीढ़ी के रूप में जाना जाता है।

यहाँ यह उल्लेख करना अनुचित न होगा कि वैज्ञानिक चिंतन या अनुसंधान पाश्चात्य सभ्यता की ही विशेषता नहीं है। हां, यह अवश्य है कि वे काफी समय से इस पद्धति को प्रयोग में ला रहे हैं और उन्होंने प्रगति भी की है। भारत में अनुसंधान के पदों के बारे में जानकारी हमें लगभग 1200 वर्ष पूर्व कुमारिल भट्ट के शब्दों में मिलती है:

विषयो विषयश्चैव पूर्वपक्षस्तथोत्तरम् ।
निर्णयश्चेति पंचांग शास्त्राधिकरणं स्मृतम्।।

अर्थात् प्रत्येक शास्त्र के पांच अधिकरण होते है: (1) विषय संदेह या समस्या, (2) विषय स्थापना, (3) पूर्व पक्ष– आपत्तियां, (4) उत्तर पक्ष – उन आपत्तियों के उचित उत्तर, तथा, (5) निर्णय या निष्कर्ष।

आज के अनुसंधान में इन्हीं अधिकरणों का प्रयोग होता है। विषय अथवा समस्या का होना पहली आवश्यकता है और उस समस्या के समाधान के लिए एक साध्यमान्यता का होना दूसरी। साध्यमान्यता या उपकल्पना एकत्रित सामग्री की कसौटी होगी। किंतु साध्यमान्यता या उपकल्पना को निर्णय मानना भूल होगी। यदि ऐसा किया तो अनुसंधान ही व्यर्थ होगा। सामग्री के समुचित विश्लेषण के पश्चात समस्या को ध्यान में रखते हुए, निर्णय पर पहुंचा जाता है। निर्णय साध्यमान्यता या उपकल्पना के प्रतिकूल भी हो तो भी चिंता नहीं करनी चाहिए, क्योंकि सत्य का ज्ञान उससे साक्षात्कार के पश्चात ही होता हैं। इस संपूर्ण पंचपदी का ही नाम अनुसंधान है।

पाश्चात्य विद्वानों के अनुसार वैज्ञानिक चिंतन के निम्न पद होंगे:

1. समस्या का होना तथा उसकी परिभाषा करना।
2. समस्या से संबंधित पूर्व अनुसंधानों या अन्य संबंधित सामग्री को एकत्र करना और उनका अध्ययन करना।
3. साध्यमान्यता या उपकल्पना का बनाना जो समस्या का थोड़े समय के लिए हल दिखाई पड़े और जिसके सहारे सामग्री एकत्र की जा सके।
4. साध्यमान्यता को सोचकर परखना, तथ्यों द्वारा उसका सत्यापन करना, उसकी तर्कसंगतता पर विचार करना।
5. सामग्री को एकत्र करना – गणितीय तरीकों से, निरीक्षण द्वारा या प्रयोगात्मक विधियों से।
6. सामग्री का विश्लेषण , वर्गीकरण तथा संक्षिप्तीकरण।
7. निष्कर्ष तथा सिद्धांत निरूपण।

निश्चय ही भारतीय पंचपदी में कोई अंतर नहीं है। सप्तपदी के विस्तृत अध्ययन से हमें यह ज्ञात होगा कि अनुसंधान के यह अनिवार्य पद किस प्रकार प्रयुक्त किए जाते हैं।

समस्या: एलबर्ट आइंस्टीन के मतानुसार समस्या का बनना उसके हल से प्रायः अधिक महत्वपूर्ण होता है। स्मरण रहे कि किसी समस्या का चुनाव सरल कार्य नहीं। यहाँ एक बात ध्यान में रखने की है कि अनुसंधान का विषय या

समस्या का चयन अनुसंधाता को स्वयं करना होता है। हम यहाँ यह मानकर चलते हैं कि अनुसंधाता योग्य व्यक्ति है और अपने अध्ययन के दौरान किसी समस्या पर आकर रुक गया है। इसलिए उसे उस समस्या के चुनाव में कोई कठिनाई नहीं है। किन्तु कभी-कभी योग्य से योग्य व्यक्ति अपनी समस्या के चुनाव के सम्बन्ध में निर्णय नहीं कर पाता। ऐसी स्थिति में किसी अनुभवी विद्वान की सलाह अपेक्षित होती है। इसका यह अर्थ नहीं कि अनुसंधाता 'समस्या' मांगता फिरे। कोहेन और नागेल का कथन है कि प्रत्येक व्यक्ति की समस्या से भेंट नहीं होती। यह तो केवल प्रखर वैज्ञानिक बुद्धि वालों को ही मिलती है और प्रायः ऐसी जगह जहाँ से कम योग्य व्यक्ति बिना संदेह के गुज़र जाते हैं।

फिर भी कम योग्य व्यक्तियों को हतोत्साहित नहीं होना चाहिए, क्योंकि परिश्रम से बड़े से बड़ा कार्य संभव है। अनुसंधाता को समस्या ढूंढ़ने के लिए किसी अच्छे पुस्तकालय में जाना चाहिए। उसे आधुनिक समस्याओं पर पत्र-पत्रिकाएं पढ़नी चाहिए। उसे चाहिए कि विषय से संबंधित अनुसंधानों के निष्कर्ष पढ़े और देखे कि क्या कोई साध्यमान्यता बिना परखे रह गई है। यदि हां, तो फिर उसे यह तय करना होगा कि वह उस कार्य को आगे करने के लिए तत्पर है या नहीं। इसके अतिरिक्त उसे निम्न प्रकार की पुस्तकें और पत्रिकाएं पढ़नी चाहिएः

1. अनुसंधान के सिद्धांत तथा विधियां,
2. एन्साइक्लोपीडिया आफ एजूकेशनल रिसर्च,
3. रिव्यू आफ एजूकेशनल रिसर्च,
4. दि जर्नल ऑफ एक्सपेरीमेंटल एजूकेशन,
5. क्लेकवेल सीरीज (डिजर्टैशन एब्जट्रैक्ट्स)।

विषय चयन की दृष्टि से पुस्तकालय में उसे अन्य बहुत सी सामग्री मिल सकती है। किसी भी समस्या से विषय को चुनने के लिए उसे स्वयं से पूछना चाहिए।

1. क्या इस क्षेत्र में मुझे रुचि है?
   (क) क्या यह रुचि मात्र बौद्धिक है?
   (ख) या यह रुचि किसी लाभ के कारण है – धन की प्राप्ति या अन्य लाभ?
2. क्या इसके परिणाम किसी विशेष व्यापारिक लाभ या उपयोगिता के होंगे?
   (क) क्या उनका लाभ किसी व्यापार को होगा?
   (ख) क्या उनसे किसी समाज को, सरकार को या अन्य लोगों को लाभ मिलेगा?
3. क्या इस क्षेत्र में कुछ कमियां हैं जिनको पूरा करना आवश्यक है?
4. क्या इस क्षेत्र को पुनः अध्ययन की आवश्यकता है?
5. क्या इस क्षेत्र में सत्यापित ज्ञान से अधिक ज्ञान देने की क्षमता है?
6. क्या इस क्षेत्र में किए गये कार्य का कोई तुरंत लाभ हो सकता है?

हमारे विचार से अनुसंधाता यदि स्वयं से किए गये उपर्युक्त प्रश्नों के ईमानदारी से उत्तर देकर कार्य करता है तो उसे सफलता अवश्य मिलेगी।

अनुसंधान की समस्या का लिखना (Statement of the Problem)

कई विषय बहुत ही सीमित क्षेत्र के लिए उपयुक्त रहते हैं तथा कई बड़े-बड़े क्षेत्रों के लिए। विषय को घटाना, बढ़ाना तथा उसे उचित शब्दों में लिख पाना एक कला है। उदाहरण के लिए, 'मुगल युग में प्रारंभिक शिक्षा' विषय को कई प्रकार से अनुसंधान का विषय बनाया जा सकता है। यद्यपि यह सत्य है कि निम्नलिखित प्रत्येक दशा में विषय का बल बदल जाएगा:

1. मुगल युग में शिक्षा प्रणाली विशेषकर प्रारंभिक शिक्षा, लिखते समय आरंभिक अध्यायों में शिक्षा की सभी सीढ़ियों (स्तरों) का वर्णन करना होगा। केवल अंत में प्रारंभिक शिक्षा पर कुछ अध्याय होंगे।
2. मुगलकालीन शिक्षा की आवश्यकताएं तथा उनकी पूर्ति में प्रारंभिक शिक्षा के महत्व का ब्योरा। यह विषय लगभग समाजशास्त्र तथा शिक्षा दोनों को ही अपने अंक में खींच लेगा और दर्शन की सहायता से विषय समस्या को सुलझाएगा।
3. मुगल युग में प्रारंभिक शिक्षा, तथा
4. प्रारंभिक शिक्षा को मुगल शासकों की ओर से आर्थिक सहायता और उसकी प्रणाली आदि।

ज़ाहिर है कि शब्दों का हेर-फेर अनुसंधान के विषय चयन के महत्व को स्पष्ट कर देता है, क्योंकि तनिक से शब्द-परिवर्तन से बल का स्थान परिवर्तन निश्चित है।

वैसे शिक्षा के क्षेत्र में असंख्य समस्याएं हैं किन्तु उन पर कार्य करना तभी लाभप्रद होगा जब अनुसंधाता उन्हें महत्वपूर्ण समझे।

विषय सामग्री का एकत्रीकरण और अध्ययन (Collection and Analysis of Data)

कहना न होगा कि अनुसंधाता को विषय चयन के तुरंत बाद विषय-सामग्री के अध्ययन और सहायक सामग्री के एकत्रीकरण का कार्य शुरू कर देना होगा। इसके लिए उसे सभी बड़े-बड़े नगरों के पुस्तकालयों में जाना होगा। पत्र व्यवहार से अन्य विश्वविद्यालयों से सूचना प्राप्त करनी होगी कि उस क्षेत्र में अन्य कोई व्यक्ति कार्य तो नहीं कर रहा है। फिर उसे दिल्ली के राष्ट्रीय संग्रहालय (नेशनल आर्काइव्ज) में जाकर कुछ दिन कार्य करना होगा। निश्चय ही इन कठिनाइयों का सामना वही कर सकता है जिसके मन में लगन हो। साधारण शोधार्थी इस चरण पर आते ही अनुसंधान छोड़ बैठेगा और यह बात देश, समाज तथा स्वयं उस शोधार्थी के लिए भी अहितकारी होगी।

साध्यमान्यता की स्थापना (Formation of Hypothesis)

कोहेन और नागेल का कथन है कि हम किसी समस्या के अध्ययन में एक कदम भी आगे नहीं बढ़ सकते, यदि उसका हल या कारण सोच कर कार्य प्रारम्भ न करें। साध्यमान्यता का कार्य है कि वह हमारे अनुसंधान की दिशा निश्चित करे। यह साध्यमान्यता हमारी समस्या का हल हो भी सकती है और नहीं भी। किंतु इसका पता तो सामग्री के एकत्रीकरण तथा विश्लेषण के पश्चात ही चल पाएगा। निष्कर्ष की अवस्था में ही यह पता लगेगा कि हमारी साध्यमान्यताओं में कौन-कौन सी भ्रामक या गलत थीं।

साध्यमान्यता की स्थापना के बहुत से तरीके हो सकते हैं। यह मात्र अनुमान भी हो सकता है और अध्ययन विशेष का स्वाभाविक परिणाम भी। साध्यमान्यता का स्रोत कुछ भी हो, यह सत्य है कि इसके द्वारा अनुसंधान में बड़ी सहायता मिलती है। स्मरण रहे कि जिन विषयों में बहुत से अनुसंधान हो चुके हैं उनमें साध्यमान्यता की स्थापना बहुत पहले से हो चुकी होती है।

साध्यमान्यता की परख (Testing of Hypothesis)

एक अच्छी साध्यमान्यता की निम्नलिखित विशेषताएं हैं:

1. अच्छी साध्यमान्यता दृष्टिगत तथ्यों के विरुद्ध नहीं होती। उसका सामान्य तथा मान्य होना आवश्यक है, यद्यपि यह संभव है कि निष्कर्ष की अवस्था तक पहुंचते-पहुंचते वह व्यर्थ हो जाए।
2. एक अच्छी साध्यमान्यता सरलतम रूप में प्रस्तुत की जाती है। व्यर्थ में बात को बढ़ा-चढ़ाकर रखना भूल है। विशेषकर इस स्तर पर अनुसंधाता को शब्दों के संबंध में मितव्ययी होना चाहिए। उसे प्रसंगानुकूल भाषा का प्रयोग करना चाहिए।
3. एक अच्छी साध्यमान्यता द्वारा निगमन विधि के प्रयोग का अवसर मिलता है। इसका अर्थ हुआ कि साध्यमान्यता को सत्यापन के लिए तैयार रहना चाहिए।
4. एक अच्छी साध्यमान्यता उपलब्ध प्रणालियों द्वारा जांची जा सकती है। यदि कोई ऐसी साध्यमान्यता हो जो उपलब्ध प्रणालियों द्वारा न जांची जा सके तो उसे अव्यावहारिक मानकर छोड़ देना चाहिए। अनुसंधाता को विषय के साथ-साथ ही उपकरणों का भी चयन करना होता है। यदि वही उपलब्ध नहीं तो आगे का कार्य संभव नहीं।

सामग्री का एकत्रीकरण (Collection of Data)

यह अनुसंधान के विषय पर निर्भर करता है कि हम उसके लिए किस प्रकार सामग्री एकत्र करते हैं। यदि विषय ऐतिहासिक है तो संग्रहालयों और पुस्तकालयों में उपलब्ध सामग्री का उपयोग करना होगा, यदि विषय प्रयोगात्मक है तो हमें कुछ विशेष अवस्थाओं का ध्यान रखते हुए व्यक्ति या छात्र छांटने होंगे जिन पर

प्रयोग किया जा सके। ऐसी दशा में उस समूह में कुछ को हम प्रयोग के अंतर्गत लाएंगे और कुछ को छोड़ देंगे ताकि प्रयोग का प्रभाव हम जान सकें। विषय अनुसंधान यदि सर्वेक्षणापेक्ष है तो अनुसूची तैयार करनी होगी और अनुसूची के प्राप्त उत्तरों में से लगभग 25 प्रतिशत व्यक्तियों से साक्षात्कार भी करना होगा। किंतु विषय किसी भी प्रकार का हो, उसके बारे में कुछ सैद्धांतिक कार्य तो सदैव ही करना पड़ता है।

सामग्री का विश्लेषण, वर्गीकरण तथा संक्षिप्तीकरण (Classification, Analysis and Summarisation of Data)

एकत्र सामग्री अपने में व्यर्थ है जब तक कि उसे सही तरीके से प्रस्तुत न किया जाए। हमें सामग्री का विश्लेषण करना होगा है। उसके आधार पर हम उसका वर्गीकरण करते हैं। जो सामग्री अनावश्यक है उसे हम निकाल देते हैं। आवश्यक सामग्री को संक्षिप्त रूप में रखते हैं ताकि पाठक समझें कि विधि का प्रयोग ठीक हुआ है या नहीं।

निष्कर्ष (Conclusion)

अंत में हम अनुसंधान द्वारा निष्कर्ष पर पहुंचते हैं। इस स्थिति में हम देखते हैं कि क्या हमारा अध्ययन ठीक रहा, और इससे ज्ञान में कितनी वृद्धि हुई। समस्या के हल द्वारा हम अपने कार्य के महत्व को समझाने का प्रयत्न करते हैं।

संक्षेप में यह है अनुसंधान के ढांचे का परिचय। अनुसंधान के बारे में और भी कई महत्वपूर्ण बातें हैं जिनका वर्णन आवश्यकतानुसार किया जाएगा। यहाँ एक बात स्मरण रखने की है कि यद्यपि वैज्ञानिक चिंतन के उपयुक्त सप्तपद आवश्यक हैं किन्तु चिंतन सदैव इसी निश्चित पद्धति से होकर नहीं गुज़रता। उदाहरण के लिए, जैसा गुड, बार और स्केट्स का कथन है, कि समस्या के साथ साध्यमान्यता की स्थापना केवल संभावित या सामयिक हो सकती है, क्योंकि समस्या के सामने आते ही अनुसंधाता ज्ञात सामग्री के आधार पर समस्या का अध्ययन प्रारम्भ कर देता है। साध्यमान्यता तो केवल सहायक तथा नवीन सामग्री के एकत्र करने की दशा में बनाई जाती है और नई साध्यमान्यता चिंतन के किसी भी स्तर पर बन सकती है।

हम बहुत सी बातें मानकर इस अध्ययन तक आए हैं। हम जानते हैं कि अनुसंधाता जिज्ञासु प्राणी है। उसमें कार्य-कारण पता लगाने की इच्छा है। वह समस्याओं को छोड़ता नहीं है, उन्हें हल करने की चेष्टा करता है। वह नवीन तथ्यों की खोज के साथ ही उपलब्ध तथ्यों का भी सत्यापन तथा अध्ययन करता है। इसके अतिरिक्त हम यह भी मानकर चलते हैं कि प्रत्येक अनुसंधाता में कुछ गुण होते हैं जो यदि अन्य लोगों में अनुपस्थित नहीं तो कम से कम इतने स्पष्ट नहीं होते।

अनुसंधाता वैज्ञानिक चिंतन में प्रवीण होता है। वह सामग्री के अध्ययन में वस्तुनिष्ठता को प्राथमिकता देता है। वह उन विधियों का प्रयोग करता है जो

वैज्ञानिक हैं। उसमें तथ्यों को समझने की, वर्गीकरण करने की तथा निष्कर्ष निकालने की क्षमता होती है। वह अपने विषय से अनन्य प्रेम करता है। उसका कार्य एक प्रकार की साधना है। वह सामग्री के अतिरिक्त इधर-उधर की बात नहीं करता। वह कार्य इसलिए नहीं करता कि उसे अपना ज्ञान दिखाना है वरन इसलिए करता है कि वह उसकी सामाजिक उपयोगिता को जानता है। व्हिटने महोदय ने बहुत से वैज्ञानिक अनुसंधाताओं के गुणों के विश्लेषण के पश्चात यह पता लगाया कि उनमें कुछ समान गुण होते हैं, जैसे विचारशक्ति, बौद्धिक ईमानदारी, वस्तुनिष्ठता, खुला दिमाग, अच्छी स्मरणशक्ति, स्वतंत्रता, काम करने की लगन, उद्देश्यपूर्ण कार्य आदि।

3

शैक्षिक अनुसंधानः उद्देश्य, प्रक्रिया एवं क्षेत्र (Educational Research: Objective, Process and Scope)

शैक्षिक अनुसंधान (Educational Research)

शैक्षिक अनुसंधान (Educational research) छात्र अध्ययन, शिक्षण विधियों, शिक्षक प्रशिक्षण और कक्षा गतिकी जैसे विभिन्न पहलुओं के मूल्यांकन को सन्दर्भित करने वाली विधियों को कहा जाता है। शैक्षिक अनुसंधान से तात्पर्य उस अनुसंधान से होता है जो शिक्षा के क्षेत्र में किया जाता है। उसका उद्‌देश्य शिक्षा के विभिन्न पहलुओं, आयामों, प्रक्रियाओं आदि के विषय में नवीन ज्ञान का सृजन, वर्तमान ज्ञान की सत्यता का परीक्षण, उसका विकास एवं भावी योजनाओं की दिशाओं का निर्धारण करना होता है। टैवर्स ने शिक्षा-अनुसंधान को एक ऐसी क्रिया माना है जिसका उद्‌देश्य शिक्षा-संबंधी विषयों पर खोज करके ज्ञान का विकास एवं संगठन करना होता है। विशेष रूप से छात्रों के उन व्यवहारों के विषय में ज्ञान एकत्र करना, जिनका विकास किया जाना शिक्षा का धर्म समझा जाता है, शिक्षा-अनुसंधान में अत्यन्त महत्त्वपूर्ण समझा जाता है। टैवर्स के अनुसार, शिक्षा के विभिन्न पहलुओं के विषय में संगठित वैज्ञानिक ज्ञान-पुंज का विकास अत्यन्त आवश्यक है, क्योंकि उसी के आधार पर शिक्षक के लिए यह निर्धारित करना संभव होता है कि छात्रों में वांछनीय व्यवहारों के विकास हेतु किस प्रकार की शिक्षण एवं अधिगम परिस्थितियों का निर्माण करना आवश्यक होगा।

शैक्षिक अनुसंधान का अर्थ (Meaning of Educational Research)

शिक्षा के अनेक संबंधित क्षेत्र एवं विषय हैं, जैसे, शिक्षा का इतिहास, शिक्षा का समाजशास्त्र, शिक्षा का मनोविज्ञान, शिक्षा-दर्शन, शिक्षण-विधियाँ, शिक्षा-तकनीकी, अध्यापक एवं छात्र, मूल्यांकन, मार्गदर्शन, शिक्षा के आर्थिक आधार, शिक्षा-प्रबंधन, शिक्षा की मूलभूत समस्याएँ आदि। इन सभी क्षेत्रों में बदलते हुए परिवेश एवं परिवर्तित परिस्थितियों के अनुकूल वर्तमान ज्ञान के सत्यापन एवं वैधता-परीक्षण की निरंतर आवश्यकता बनी रहती है। यह कार्य शिक्षा-अनुसंधान के द्वारा ही सम्पन्न होता है। इस प्रकार शिक्षा-अनुसंधान शिक्षा के क्षेत्र में वर्तमान एवं

पूर्वस्थित ज्ञान का परीक्षण एवं सत्यापन तथा नये ज्ञान का विकास करने की एक विधा, एक प्रक्रिया है। शिक्षा के प्रत्येक क्षेत्र में अनेक प्रकार की समस्याएँ समय-समय पर सामने आती हैं। उनके समाधान खोजना भी आवश्यक होता है। यह कार्य भी शिक्षा-अनुसंधान के द्वारा ही संभव होता है। इस दृष्टिकोण से शिक्षा-अनुसंधान शिक्षा की समस्याओं के समाधान प्राप्त करने की एक विशिष्ट प्रक्रिया है। शिक्षा-संबंधी अनेक अनुत्तरित प्रश्नों के उत्तर प्राप्त करने का माध्यम भी शिक्षा अनुसंधान है। कितने ही विशेषज्ञों ने शिक्षा-अनुसंधान की परिभाषाएँ प्रस्तुत की हैं।

शैक्षिक अनुसंधान की परिभाषायें

शिक्षा-अनुसंधान की अनेकों परिभाषायें उपलब्ध हैं परन्तु यहां पर कुछ महत्वपूर्ण तथा व्यापक परिभाषाओं का उल्लेख किया गया है—

1. *एफ०एल० ह्विटनी के अनुसार*–"शिक्षा-अनुसंधान का उद्देश्य शिक्षा की समस्याओं का समाधान करके उनमें योगदान करना है जिसमे वैज्ञानिक विधि, दार्शनिक विधि तथा चिन्तन का प्रयोग किया जाता है। वैज्ञानिक स्तर पर विशिष्ट अनुभवों का मूल्यांकन और व्यवस्था की जाती है। इसके अन्तर्गत परिकल्पनाओं का प्रतिपादन किया जाता है। इनकी पुष्टि से सिद्धान्तों का प्रतिपादन होता है, इसमें निगमन चिन्तन किया जाता है। दार्शनिक शोध विधि में व्यापक सामान्यीकरण किये जाते हैं जिसमें सत्य एवं मूल्यों का प्रतिस्थापन किया जाता है।" ह्विटनी ने अपनी इस परिभाषा में दो प्रकार के शिक्षा अनुसंधानों का उल्लेख किया है–वैज्ञानिक तथा दार्शनिक। वैज्ञानिक शोधकार्यो से नये सिद्धान्तों का प्रतिपादन किया जाता है और दार्शनिक शोध-कार्यों से नवीन सत्यों का प्रतिस्थापन किया जाता है।

2. *मुनरो के अनुसार*–"शिक्षा अनुसंधान का अन्तिम लक्ष्य सिद्धान्तों का प्रतिपादन करना और शिक्षा में नवीन प्रक्रियाओं का विकास करना है।" मुनरो ने 'शिक्षा अनुसंधान' में नवीन सिद्धान्तों के प्रतिपादन के साथ उनकी उपयोगिता को भी महत्व दिया। शोध निष्कर्षों की व्यावहारिक उपयोगिता 'शिक्षा अनुसंधान' का प्रमुख मानदण्ड माना जाता है।

3. *डब्लू०एम० टैवर्स के अनुसार*–"शिक्षा अनुसंधान वह प्रक्रिया है जो शैक्षिक परिस्थितियों में व्यवहार विज्ञान का विकास करती है।" शिक्षा अनुसंधानों का अन्तिम लक्ष्य शिक्षण सिद्धान्तों तथा अधिनियमों का प्रतिपादन करना और शिक्षा की प्रक्रिया को प्रभावशाली बनाना है।

4. *कौरनेल* का मानना है कि विद्यालय के बालकों, विद्यालयों, सामाजिक ढाँचे तथा सीखने वालों के लक्षणों एवं इनके बीच होने वाली अन्तर्क्रिया के विषय में क्रमबद्ध रूप से सूचनाएँ एकत्र करना शिक्षा-अनुसंधान है।

5. *यूनेस्को* के एक प्रकाशन के अनुसार, शिक्षा-अनुसंधान से तात्पर्य है उन सब प्रयासों से जो राज्य अथवा व्यक्ति अथवा संस्थाओं द्वारा किए जाते हैं तथा जिनका उद्देश्य शैक्षिक विधियों एवं शैक्षिक कार्यों में सुधार लाना होता है।

शिक्षा अनुसंधान के प्रमुख मानदण्ड (Educational Research Ethics)

शिक्षा अनुसंधान के प्रमुख मानदण्ड अधोलिखित हैं–

1. शिक्षा के क्षेत्र में नवीन 'तथ्यों' की खोज नवीन सिद्धान्तों तथा सत्यों का प्रतिपादन करना अर्थात् नवीन ज्ञान की वृद्धि करना।
2. नवीन ज्ञान की शिक्षा के क्षेत्र में व्यावहारिक उपयोगिता होनी चाहिए, जिससे शिक्षण अभ्यास में सुधार तथा विकास करके प्रभावशाली बना सकें।
3. शिक्षा अनुसंधान की समस्या क्षेत्र-शिक्षण या बालक विकास होना चाहिए।
4. शिक्षा अनुसंधान की समस्या का स्वरूप इस प्रकार हो जिसका प्रत्यक्षीकरण किया जा सके तभी उसकी उपयोगिता हो सकती है।

शिक्षा अनुसन्धान की आवश्यकता (Need of Educational Research)

शिक्षा एक सामाजिक प्रक्रिया है। उसका मूलभूत उद्देश्य व्यक्ति में ऐसे परिवर्तन लाना होता है, जो सामाजिक विकास एवं व्यक्ति के जीवन को उन्नतशील बनाने के दृष्टिकोण से अनिवार्य होते हैं। इस उद्देश्य की पूर्ति मुख्य रूप से शिक्षा की प्रक्रिया पर निर्भर करती है। यदि शिक्षा की प्रक्रिया सशक्त एवं प्रभावशाली हो तो व्यक्ति में उसके द्वारा उपरोक्त वांछनीय परिवर्तन लाना सरल एवं संभव होगा, अन्यथा नहीं। अतः शिक्षा की प्रमुख समस्या है कि उसकी प्रक्रिया को सुदृढ़ प्रभावशाली एवं सशक्त कैसे बनाया जाए। इस समस्या के समाधान हेतु अनुसंधान आवश्यक है।

शैक्षिक अनुसंधान के विभिन्न प्रकार (Types of Educational Research)

शैक्षिक अनुसंधान के निम्नलिखित तीन प्रकार हैं–

1. *आधारभूत/मौलिक अनुसंधान (Basic/Fundamental Research)*: इस प्रकार के अनुसंधानों में शिक्षा संबंधित आधारभूत सिद्धान्तों, नियमों और तथ्यों की खोज की जाती है। टैवर्स के मतानुसार मौलिक अनुसंधान व्यवस्थित वैज्ञानिक ज्ञान में 'वृद्धि के लिए किया जाता' है। उदाहरणार्थ–शैक्षिक एवं वास्तविक विकास की विभिन्न अवस्थाएं, अभिप्रेरणा, सम्प्रत्यय निर्माण एवं अधिगम, पुनर्बलन आदि।

2. *अनुप्रयुक्त अनुसंधान (Applied Research)*: शिक्षा के क्षेत्र में इस प्रकार के अनुसंधान का संबंध प्रायः व्यावहारिक समस्याओं के वर्तमानकालीन समाधान से रहता है। उदाहरणार्थ– विभिन्न आधिगम विधियों का किसी वर्ग या स्थान के छात्रों की अधिगम शैली पर प्रभाव।

3. *क्रियात्मक अनुसंधान (Action Research)*: यह खोज की विधि है जिसके द्वारा कार्य-प्रणाली की समस्याओं का वस्तुनिष्ठ रूप से अध्ययन किया जाता है तथा इसका उद्देश्य क्रिया-कलापों में रचनात्मक सुधार लाना तथा उन्हें

अधिक उपयोगी बनाये जाने का प्रयास करना होता है। क्रियात्मक अनुसंधान के प्रतिपादक प्रो० एम०एम० कोरे (1953) का यह स्पष्ट मत था कि शैक्षिक क्षेत्र के वास्तविक कार्यकर्ता अपनी-अपनी क्षेत्र की समस्याओं के कारण तथा हल खोजने में अपनी-अपनी स्थानीय परिस्थिति के संदर्भ में स्वयं क्रियात्मक अनुसंधान करें। उन्हीं के शब्दों में–''क्रियात्मक अनुसंधान एक ऐसी प्रक्रिया है जहां अनुसंधानकर्ता अपनी समस्याओं का वैज्ञानिक ढंग से अध्ययन करता है जिससे कि सही कार्य को सही दिशा मिल सके और अपने निर्णय का मूल्यांकन कर सके''।

उदाहरणार्थ–शिक्षक वर्ग या प्राचार्य वर्ग द्वारा किये जाने वाले अनुसंधान कार्य का उद्देश्य यह होगा कि विद्यालय तथा कक्षा कार्यों में 'वांछित सुधार लाया जा सके।

शैक्षिक अनुसंधान की विषय-परिधि
(Subject Areas of Educational Research)

विद्वानों के मतानुसार निम्न को शैक्षिक अनुसंधान की परिधि में रखा जा सकता है–

1. *शिक्षार्थी (Learner)* : शैक्षिक अनुसंधान की विषय-परिधि का सबसे प्रमुख तत्व है ''शिक्षार्थी'' जो किसी भी स्तर का हो, किसी भी वर्ग का हो, किसी भी आयु का हो तथा किसी भी सामाजिक-सांस्कृतिक परिवेश से संबंधित हो, उसका भलीभांति अध्ययन किया जाना ही शैक्षिक अनुसंधान का वरीयतम लक्ष्य है।

2. *शिक्षक (Teacher)* : शिक्षार्थी के बाद दूसरा अन्य वरीयतम बिन्दू है शिक्षक, जो शिक्षा के हर स्तर पर शिक्षार्थी को प्रभावी अधिगम के लिए उपयुक्त वातावरण के निर्माण में प्रभावी भूमिका निभाता है।

3. *विषय-वस्तु/शिक्षण सामग्री (Context / Teaching Material* : अनुसंधान की विषय-परिधि का एक प्रमुख विचारणीय घटक है ''विषय-वस्तु या शिक्षण-सामग्री''। अनुसंधान आधारित तथ्यों के आधार पर यह निश्चित किया जाना चाहिए कि शिक्षक को कक्षा में क्या पढ़ाना है।

4. *शिक्षण-विधि (Method of Teaching)* : शिक्षार्थी, शिक्षक एवं विषय-वस्तु के पश्चात एक अन्य वरीयतम विषय-क्षेत्र है ''शिक्षण विधि'' जिसके माध्यम से शिक्षक, शिक्षार्थी तक अपनी विषय-वस्तु को सम्प्रेषित करता है।

5. *शिक्षणालय, शैक्षिक एवं सह-शैक्षिक क्रियाकलाप (School, Educational and co-educational Activities)* : शिक्षा-परिधि क्षेत्र में शिक्षणालय तथा इससे संबंधित क्रियाकलाप भी आते है, जिन पर अनुसंधान कार्य सम्पन्न किया जाता है।

शैक्षिक अनुसंधान का क्षेत्र (Scope of Educational Research)

शिक्षा के क्षेत्र में किस प्रकार के अनुसंधानों को प्राथमिकता दी जाए, यह प्रश्न भी दो दशकों से बराबर उठाया जा रहा है। समय-समय पर इस संबंध में संस्तुतियाँ भी की जाती रही हैं, परन्तु शोधकर्ताओं ने इसे कभी गम्भीरता से नहीं लिया। इसका एक कारण तो यह रहा है कि प्राथमिकता का आधार क्या हो, इस संबंध में

कोई निश्चित मत नहीं बन सका। तृतीय अनुसंधान सर्वेक्षण (1987) के अन्तिम अध्याय में डॉ. शिव के. मित्रा ने सुझाव दिया है कि उन समस्याओं को अनुसंधान हेतु प्राथमिकता दी जानी चाहिए, जिनकी राष्ट्रीय शिक्षा-नीतियों में उठाई गई समस्याओं के समाधान उपलब्ध कराने हेतु तत्काल आवश्यकता है। इससे पूर्व भी 1975 में एन.सी.ई.आर.टी. के एक प्रकाशन 'एजूकेशनल रिसर्च एण्ड इन्नोवेशन्स' में निम्नलिखित समस्याओं को शिक्षा-अनुसंधान की प्राथमिकता सूची में रखा गया था–

1. समाज के गरीब वर्ग के बालकों की शैक्षिक आवश्यकताओं की पूर्ति के समाधान खोजना।
2. अन्तर्विषयी अनुसंधान (interdisciplinary research)।
3. प्रतिभाओं की खोज एवं उनके विकास से संबंधित समस्याएँ।
4. चौदह वर्ष तक के बालकों की अनिवार्य एवं निःशुल्क शिक्षा जिसका भारतीय संविधान की धारा 45 में प्रावधान है, से संबंधित समस्याओं का अध्ययन।
5. अनुसूचित जातियों एवं जन-जातियों के बालकों की शिक्षा से संबंधित समस्याओं का अध्ययन।

कुछ अन्य शिक्षा-शास्त्रियों ने भी इस संबंध में विचार व्यक्त किए हैं। उन सबको ध्यान में रखते हुए शिक्षा के निम्नलिखित क्षेत्रों में उपरोक्त के अतिरिक्त प्राथमिकता के आधार पर अनुसंधान की आवश्यकता प्रतीत होती है–

1. छोटे बालकों की देखरेख एवं उनकी शिक्षा,
2. अनौपचारिक शिक्षा,
3. शिक्षा का व्यावसायीकरण,
4. पाठ्यक्रम संशोधन,
5. जीवन-मूल्यों की शिक्षा,
6. शिक्षा में क्षेत्रीय असन्तुलन,
7. शिक्षा एवं सामाजिक परिवर्तन,
8. शिक्षा-प्रशासन,
9. शिक्षा में नेतृत्व,
10. शिक्षा-संस्थाओं के कार्यक्रमों एवं उनकी प्रभाविकता का अध्ययन,
11. पूर्व-प्राथमिक शिक्षा का पाठ्यक्रम एवं शिक्षण विधियाँ,
12. शिक्षा संस्थाओं के वातावरण का अध्ययन,
13. अध्यापक प्रशिक्षण,
14. तुलनात्मक शिक्षा,
15. नैतिक शिक्षा,
16. शैक्षिक अर्थशास्त्र,
17. शिक्षा एवं विधि शास्त्र,
18. शिक्षा एवं राजनीति।
19. शैक्षिक प्रौद्योगिकी।

20. मार्गदर्शन व परामर्श
21. शिक्षा मनोविज्ञान
22. शिक्षा का इतिहास
23. शिक्षण एवं अधिगम
24. शैक्षिक समाजशास्त्र

उपरोक्त क्षेत्र अति-विस्तृत एवं व्यापक हैं। प्रत्येक क्षेत्र में अनेक समस्याएँ अध्ययन हेतु उपलब्ध हो सकती हैं। इन क्षेत्रों में अध्ययन बहुत कम हुए हैं। इस दृष्टिकोण से ही इनको दर्शाया गया है।

शिक्षा का क्षेत्र अत्यधिक व्यापक है। पिछले दो अध्यायों में हमने अनुसंधान के जो उदाहरण प्रस्तुत किए हैं वे किसी न किसी रूप में शिक्षा के क्षेत्र के अंतर्गत ही आते हैं। शिक्षा के क्षेत्र में अनुसंधान विभिन्न स्तरों पर होते हैं। कई विश्वविद्यालयों में एम.एड. की उपाधि प्राप्त करने के लिए केवल लिखित परीक्षा देनी होती हैं। कुछ विश्वविद्यालय परीक्षार्थी द्वारा प्रस्तुत किए गए केवल एक शोध प्रबन्ध के आधार पर यह उपाधि देते हैं। किंतु कई ऐसे विश्वविद्यालय भी हैं जहाँ इस उपाधि को प्राप्त करने के लिए संबंधित विषय में परीक्षा उत्तीर्ण करने के साथ-साथ एक शोध प्रबंध भी प्रस्तुत करना होता है। इस प्रकार न केवल पीएच. डी. के स्तर पर अपितु स्नातकोत्तर स्तर पर भी अनुसंधान किए जाते हैं और उन्हें निरंतर अधिक प्रोत्साहन दिया जा रहा है। राष्ट्रीय शैक्षणिक अनुसंधान और प्रशिक्षण परिषद द्वारा 1968 में प्रकाशित 'दि थर्ड इंडियन ईयरबुक ऑफ एजूकेशन' की भूमिका में बताया गया है कि एम.एड. स्तर पर प्रस्तुत किए गये शोध प्रबंधों के दो-तिहाई शोध प्रबन्ध बंबई विश्वविद्यालय और एम.एस. यूनिवर्सिटी, बड़ौदा में प्रस्तुत किए गए हैं।

एम.एड., एम.फिल. और पीएच.डी. स्तर पर प्रस्तुत किए गए शोध प्रबन्धों में काफी अंतर होता है। एम.एड. व एम.फिल. शोध निबंधों (Dissertations) का विषय-क्षेत्र सीमित होता है, क्योंकि इसका उद्देश्य इस क्षेत्र में पदार्पण करने वालों को शोधकार्य के प्रति आकृष्ट करना और उसमें रुचि उत्पन्न करना होता है। अतएव कभी-कभी एक ही विषय पर विभिन्न स्थलों पर कार्य होता है या विभिन्न परिस्थितियों में प्राप्त निष्कर्षों की परस्पर तुलना की जाती है।

भारत में शैक्षणिक अनुसंधान का इतिहास बहुत पुराना नहीं है। यहाँ ब्रिटिश शासन के दौरान जो लोग शिक्षा कार्य में लगे हुए थे उनमें से केवल कुछ ही व्यक्तियों ने अनुसंधान किया जिसमें से अधिकांश या तो कार्यविधि के दृष्टिकोण से गलत था या विषयवस्तु की दृष्टि से बहुत खराब था। विश्वविद्यालयों में किए गए कार्य के अतिरिक्त जो कार्य हुआ उसमें से बहुत कम शिक्षा में अनुसंधान के रूप में स्वीकार किया जा सकता है। शायद सभी एशियाई देशों की यही अवस्था थी। आज परिस्थिति एकदम बदल गई है। अब शैक्षणिक अनुसंधान की और अधिक आवश्यकता महसूस की जा चुकी है। साथ ही संबंधित विषयों, यथा समाजशास्त्र, अर्थशास्त्र, मनोविज्ञान इत्यादि में कार्य करने वाले शोधकर्ताओं ने अपना काफी योगदान दिया है। यूनेस्को भी शोधकार्य को प्रोत्साहन दे रहा है। हमें शोध के विषय में अपने पूर्ववर्तियों से अधिक जानकारी है।

शैक्षिणक अनुसंधान के क्षेत्र की चर्चा करने से पहले यह उचित होगा कि कुछ मुख्य बातें जान ली जाएं। विभिन्न विश्वविद्यालयों तथा कुछ स्नातकोत्तर महाविद्यालयों के अतिरिक्त कुछ सरकारी संस्थाएं भी विभिन्न कारणों से शिक्षा में रुचि ले रही हैं। विश्वविद्यालयों में शैक्षणिक अनुसंधान के नाम पर जो कार्य हो रहा है उससे हम सभी भलीभांति परिचित हैं। यदि कहीं अंतर दृष्टिगोचर होता है तो वह संबंधित प्रोफेसर या अध्यापक की व्यक्तिगत रुचि का परिणाम होता है। जहाँ तक सहयोगात्मक अनुसंधान (Cooperative Research) का प्रश्न है, वह अधिकांशतः विश्वविद्यालय के शिक्षा विभागों के बाहर होता है। कारण यह है कि विश्वविद्यालयों में सीमित पूंजी होती है। और यदि उनके पास पर्याप्त धन हो भी तब भी किसी विशेष प्रकार के शोध के लिए जिस प्रकार के व्यक्तियों की आवश्यकता होती है वे उन्हें उपलब्ध नहीं। साथ हीं विश्वविद्यालय स्वायत्त संस्थाएं हैं, अतएव इनके द्वारा किए गए शोध के परिणाम और उन पर आधारित सुझाव सरकार तक उस समय तक नहीं पहुंच पाते जब तक सरकार को उनकी आवश्यकता नहीं होती। इसलिए केवल भारत में ही नहीं, बल्कि समस्त विश्व में शैक्षणिक अनुसंधान उन संस्थाओं या संगठनों के द्वारा किए जाते हैं जिन्हें इन अध्ययनों के परिणामों को जानने की आवश्यकता होती है। यही कारण है कि इस प्रकार के अध्ययनों का काल, उद्देश्य और क्षेत्र सीमित होता है। विकासात्मक अनुसंधान (Development Research) इसी उद्देश्य से स्थापित शोध संस्थानों द्वारा किए जाते हैं।

इस प्रकार परंपरागत अनुसंधान विश्वविद्यालयों में होता है और उद्देश्यात्मक, प्रेरणायुक्त और सहयोगात्मक अनुसंधान सरकारी (या अर्धसरकारी या गैर-सरकारी) संगठनों या संस्थाओं द्वारा किया जाता है।

राष्ट्रीय शैक्षणिक अनुसंधान और प्रशिक्षण परिषद द्वारा प्रकाशित 'दि थर्ड इंडियन ईयरबुक ऑफ एजूकेशन' के अध्ययन करने से ज्ञात होता है कि बंबई विश्वविद्यालय ने सर्वप्रथम 1943 में पीएच.डी. की एक उपाधि प्रदान की थी। उसके पश्चात 1949 तक किसी भी विश्वविद्यालय ने पीएच.डी. उपाधि प्रदान नहीं की। किन्तु 1950 तक इनकी संख्या बढ़कर 13 हो गई और वह संख्या अगले दस वर्षों में पुनः बढ़कर 57 हो गई। अब परिस्थिति यह है कि यह संख्या प्रत्येक दूसरे वर्ष हजारों के हिसाब से बढ़ रही है। 1961 तक पीएच.डी. और एम.एड. स्तर पर प्रस्तुत किए जाने वाले शोधप्रबंधों और शोधनिबंधों की संख्या 2400 से अधिक हो गई थी।

	विषय	*पी.एच.डी.*	*एम.एड.*
1.	शैक्षणिक दर्शन	15 प्रतिशत	4 प्रतिशत
2.	शैक्षणिक संचालन और अर्थ	14 प्रतिशत	11 प्रतिशत
3.	व्यावसायिक निर्देशन	......	10 प्रतिशत
4.	मापन और मूल्यांकन	25 प्रतिशत	25 प्रतिशत
5.	आधारभूत और सामाजिक शिक्षा	......	4 प्रतिशत
6.	पाठ्यक्रम	......	4 प्रतिशत
7.	विद्यालयीय विषयों के अध्यापन की विधियां	5 प्रतिशत	16 प्रतिशत
8.	बाल और वयस्क विकास	18 प्रतिशत	5 प्रतिशत
9.	अन्य विषय (नारी शिक्षा, ग्राम्य शिक्षा इत्यादि)	....	2 प्रतिशत

अध्यापक शिक्षा के क्षेत्र में 1961 तक केवल एक शोध प्रबन्ध प्रस्तुत किया गया था। शिक्षा और सामाजिक परिवर्तन तथा शैक्षणिक मनोविज्ञान के क्षेत्र में बहुत कम महत्व के अनुसंधान हुए। किंतु आज भारतीय शिक्षा का इतिहास, तुलनात्मक शिक्षा, शिक्षा का अर्थशास्त्र इत्यादि ऐसे क्षेत्र हैं जिनमें परिस्थिति पूर्णतया भिन्न है। वास्तव में भारतीय शिक्षा का इतिहास एक ऐसा अनुसंधान क्षेत्र है जिसमें केवल कुछ ही शोध प्रबन्ध प्रस्तुत किए गये हैं किन्तु उनमें कुछ भी ऐसा नहीं जिसे नया कहा जा सके या उसकी ओर ध्यान आकृष्ट हो।

यह एक अत्यंत रोचक तथ्य है कि 1962 से 1966 के बीच लगभग 2000 एम. एड. शोध निबंध प्रस्तुत किए गये जिनमें से अधिकांश शैक्षणिक मनोविज्ञान, मापन और समायोजन की समस्याओं के अंतर्गत आते हैं। अनुसंधाताओं का दूसरा प्रिय क्षेत्र भारतीय शिक्षा का इतिहास रहा है। इसके अंतर्गत प्रायः वर्तमान समय के सर्वेक्षण (Survey) अध्यापन, अशुद्ध वर्तनी, विशिष्ट विषयों जैसे अंग्रेजी का दोषपूर्ण शिक्षण, अध्यापक– उनका प्रशिक्षण और कार्यभार तथा एक–अध्यापकीय विद्यालयों की समस्याओं पर अधिक ध्यान दिया गया है। अपेक्षाकृत नवीन क्षेत्रों के अंतर्गत अपव्यय और स्थगन (वेस्टेज एण्ड स्टैग्नेशन), निर्देशन, प्रशासकीय नीतियां, शिक्षा का व्यय (Cost of Education), और दूरदर्शन शिक्षण आते हैं। अभिरुचियां (हाबीज), गृहकार्य, अपंग बच्चों और संशोधित अध्यापन (रेमेडियल टीचिंग) ने भी अनुसंधाताओं का ध्यान अपनी ओर आकृष्ट किया। शिक्षा दर्शन के क्षेत्र में महात्मा गांधी, रवीन्द्रनाथ ठाकुर के साथ-साथ जाकिर हुसैन, विनोबा भावे और गुरु नानक के शिक्षा संबंधी विचारों का भी अध्ययन किया गया। किंतु इनमें से एक भी अध्ययन ऐसा नहीं है जो तुलनात्मक शिक्षा, शिक्षा का समाजशास्त्र या कानून और शिक्षा के अंतर्गत आता हो। सामाजिक-आर्थिक स्तर और व्यावसायिक छांट (प्रेफरेंसेस) पर केवल दो या तीन अध्ययन ही हुए हैं। सारांश यह कि कुछ ऐसे क्षेत्र हैं जो बहुत लोकप्रिय रहे हैं, किंतु अनेक क्षेत्र ऐसे हैं जिनमें किसी भी अनुसंधाता ने न तो कोई रुचि दिखाई है और न ही कोई काम किया है।

कुछ अन्य क्षेत्र जिन पर अपेक्षाकृत कम ध्यान दिया गया है, ये हैं: पूर्व प्राथमिक शिक्षा, पाठ्यक्रम की प्रस्तुति, सामाजिक शिक्षा, विज्ञान शिक्षा इत्यादि। कम से कम विश्वविद्यालयों ने इनका निवारण करने के लिए कुछ नहीं किया है। यद्यपि यह विशिष्ट कारणों से हुआ है किन्तु फिर भी ऐसे बहुत कम व्यक्ति होंगे जो इनके महत्व को नकारेंगे। केवल उन अनुसंधानों के अतिरिक्त जिन्हें किसी एक व्यक्ति ने किया और उसके पश्चात उस प्रकार का कोई कार्य हुआ ही नहीं। हमने अध्यापकों की व्यावसायिक (Professional) उन्नति को बहुत कम महत्व दिया है। जब विश्वविद्यालय माध्यमिक शिक्षा को निर्धन संबंधी (पूअर रिलेशंस) समझते हैं तब वे अन्य लोगों से उस कार्य को करने की अपेक्षा कैसे कर सकते हैं जिसे वे स्वयं करने में असमर्थ हैं। भारत में शैक्षणिक प्रशंसकों के लिए गिने-चुने ही कॉलेज हैं। ऐसी अवस्था में जिस पुराने ढंग से प्रशासन चलाया जा रहा है वह कुछ अंशों में क्षम्य है। इस क्षेत्र में किसी व्यावहारिक या सैद्धांतिक अनुसंधान के अभाव में केवल सर्वेक्षण शिक्षा की नीति और प्रशासन में महत्वपूर्ण परिवर्तन लाने में राज्य व केन्द्र सरकार की किस प्रकार सहायता कर सकते हैं।

यह अत्यन्त खेदजनक बात है कि समाजशास्त्र, अर्थशास्त्र, राजनीतिशास्त्र, मनोविज्ञान, इतिहास आदि विभागों के द्वारा दी गई जानकारी का समुचित प्रयोग शिक्षा विभाग द्वारा नहीं किया जा रहा है। पहला कारण यह है कि शिक्षा विभाग को इसकी जानकारी नहीं है। दूसरी संभावना यह हो सकती है कि शिक्षा विभाग को यह मालूम ही न हो कि प्रदत्तों का प्रयोग किस प्रकार किया जाए। कारण चाहे जो भी हों किंतु शैक्षणिक आधार (Ground) पर यह क्षम्य नहीं है। इसके कुछ उदाहरण दिए जा सकते हैं। सामाजिक इतिहासकर्ताओं ने फिर से भारतीय इतिहास लिखना प्रारम्भ कर दिया है। उन्होंने किसी एक निश्चित समय पर समाज की आवश्यकताओं और उसकी पूर्ति के लिए शिक्षा पर जोर दिया है और यह उचित भी है। इस दृष्टि से शिक्षा किसी देश के संपूर्ण सामाजिक व्योम (स्पेक्ट्रम) का एक भाग है। वास्तव में शिक्षा के इतिहास के लेखकों ने संपूर्ण घटना के केवल एक अंश का ही अध्ययन किया है और उसे अन्य घटनाओं के संदर्भ में न सोच करके स्वतंत्र रूप से सोचा गया है। इस प्रकार शिक्षा का इतिहास मात्र एक टेलीफोन डायरेक्टरी बन कर रह गया है जो अत्यन्त खेदजनक है।

अब तक हमने मुख्य रूप से 1962 तक किए गये शिक्षानुसंधानों का उल्लेख और उनका विवेचन किया है। बुच के शोध सर्वेक्षण 'ए सर्वे ऑफ रिसर्च इन एजूकेशन' (1974) में पीएच.डी. स्तर पर 1947 से 1972 की अवधि में जो शोध कार्य किया गया है उनकी संख्या प्रति वर्ष प्रस्तुत की गई है (तालिकाः 1)। तालिकाः 2 में इन शोध प्रबन्धों का विभिन्न क्षेत्रों में वर्गीकरण प्रस्तुत किया गया है।

तालिका - 1

वर्ष	पीएच.डी. शोध प्रबंधों की संख्या
1947 तक	4
1948 – 50	5
1951 – 53	13
1954 – 56	13
1957 – 59	22
1960 – 62	31
1963 – 65	51
1966 – 68	66
1969 – 71	89
1972 –	45
कुल योग	**339 + 3***

*1973 में समाप्त किए गये शोध प्रबंध

तालिकाः 2

क्र.	विषय का क्षेत्र	1950 तक	1951 से 1955 तक	1956 से 1960 तक	1961 से 1965 तक	1966 से 1970 तक	1971 से 1972	योग	%
1.	शिक्षा का दर्शन	2	6	4	3	6	2	23	6.7
2.	शिक्षा का इतिहास	2	1	6	11	9	6	35	10.2
3.	शिक्षा का समाजशास्त्र	–	–	1	5	8	5	19	5.8
4.	व्यक्तित्व, शिक्षा और प्रेरणा	–	3	6	6	14	7	36	10.5
5.	निर्देशन और परामर्श	–	1	2	5	6	2	16	4.7
6.	परीक्षण तथा मापन	–	3	3	8	22	6	42	12.3
7.	पाठ्यक्रम, विधियां तथा पाठ्यपुस्तकें	4	2	6	2	12	9	35	10.2
8.	नियोजन शिक्षण	–	–	–	–	2	3+1*	6	1.8
9.	उपलब्धि के सहसंबंधक	–	1	–	8	7	6	22	6.4
10.	शैक्षणिक मूल्यांकन और परीक्षायें	1	2	3	7	11	7+2*	33	9.6
11.	अध्यापन और अध्यापक का व्यवहार	–	1	–	2	2	9	14	4.1
12.	अध्यापक शिक्षा	–	–	–	4	12	7	23	6.7
13.	शैक्षणिक प्रशासन	–	3	5	7	11	5	31	9.0
14.	शिक्षा का अर्थशास्त्र	–	–	1	–	1	1	3	0.9
15.	सामाजिक और प्रौढ़ शिक्षा	–	–	1	1	2	–	4	1.1
16.	शैक्षणिक सर्वेक्षण	–	–	–	–	–	–	–	–
	कुल योग	**9**	**23**	**38**	**69**	**125**	**75+3**	**342**	**100**

शैक्षणिक अनुसंधान के क्षेत्रों की संख्या यों तो काफी है, क्योंकि इसकी कई शाखाएं और उपशाखाएं हैं। किन्तु कुछ ऐसे क्षेत्र भी हैं जो अनुसंधाताओं में प्रिय कार्यक्षेत्र रहे हैं और यही कारण है कि इन क्षेत्रों में कार्य भी हुआ है।

शिक्षा दर्शन (Educational Philosophy)

1939 से 1961 तक पीएच.डी. और एम.एड. स्तर पर किए गये अनुसंधानों का क्रमशः लगभग 15 प्रतिशत और 4 प्रतिशत कार्य इस विषय-क्षेत्र के अंतर्गत आता है। इन अनुसंधानों में प्रायः दार्शनिकों और उनके शिक्षा संबंधी चिंतन या विभिन्न शैक्षणिक पद्धतियों यथा बौद्ध, जैन, इस्लाम आदि को अध्ययन का विषय बनाया गया है। पश्चिमी देशों के इस क्षेत्र में किए गए कार्य का उपादान (अप्रोच) नैतिक (एथिकल), ज्ञानमीमांसीय (एपिस्टेमालाजिकल) और तात्विक (मेटाफिजिकल) रहा है। किंतु यह क्षेत्र बहुत व्यापक है और अभी भी इसमें अनेक ऐसे विषय हैं जिन पर अनुसंधाता ध्यान दे सकते हैं। उदाहरण के लिए, भारतीय शैक्षिक मनीषी अथवा इस भारतीय शैक्षणिक दर्शन का विश्लेषण और इतिहास।

विभिन्न क्षेत्रों में किये गये अध्ययन (1973)

शिक्षा और सामाजिक परिवर्तन (Education and Social Change)

यों तो सामाजिक परिवर्तन पर किए जाने वाले अनुसंधान इने-गिने हैं। किंतु कई अनुसंधाताओं ने बदलती हुई सामाजिक परिस्थितियों में परिवर्तित होती शैक्षणिक व्यवस्था की समस्या पर ध्यान दिया है। इसके साथ ही विशिष्ट समुदायों, उदाहरणार्थ, खाना-बदोशों की शिक्षा, अनुसूचित जाति के लोगों की शिक्षा, अनुसूचित जनजाति के लोगों की शिक्षा, अल्पसंख्यकों की शिक्षा समस्याएं, नारी शिक्षा इत्यादि पर भी ध्यान दिया गया है। किन्तु इस क्षेत्र में जो भी कार्य हुआ है वह प्रायः सतही है। यह ठीक है कि शिक्षा को बदलती हुई परिस्थितियों के अनुकूल बनाने के प्रयास किए जाने चाहिए किंतु साथ-साथ शिक्षा समाज में किस प्रकार परिवर्तन ला सकती है, इसमें अध्यापकों का क्या उत्तरदायित्व या भूमिका है जैसे अनेक विषय हैं जिन पर अनुसंधान होना चाहिए।

शिक्षण का मनोविज्ञान (Psychology of Teaching): यद्यपि प्रारम्भ में शिक्षा के इस क्षेत्र में भी बहुत कम काम हुआ है किंतु विगत चार-पांच वर्षों में इस क्षेत्र में भी काफी कार्य हुआ है। यहाँ एक बात का उल्लेख करना आवश्यक प्रतीत होता है। इस क्षेत्र में भारत में जो कार्य हुआ है वह परिमाणात्मक ही है, गुणात्मक नहीं। विविध अनुसंधानों में प्रायः पश्चिमी मनोवैज्ञानिकों या अनुसंधाताओं द्वारा प्रयुक्त प्रारूपों (Design) को ही आत्मसात कर लिया गया। दूसरा तथ्य यह है कि हमने प्रायः या तो किसी पश्चिमी विद्वान द्वारा बनाए गये परीक्षण का उसके मूल रूप में ही प्रयोग किया है या उसका भारतीयकरण करके अपने अध्ययन को एक नवीन रूप देने की चेष्टा की है। बहुत कम अनुसंधाताओं ने अपनी समस्या का समाधान

ढूंढ़ने के लिए स्वयं परीक्षणों अथवा उपकरणों का निर्माण किया है। इसलिए यह भी सत्य है कि ऐसे परीक्षण शोध प्रबन्ध के प्रस्तुतीकरण के साथ ही उसमें बंद होकर रह जाते हैं और उस क्षेत्र में कार्यरत अन्य अनुसंधाता उनका समुचित प्रयोग नहीं कर पाते (या नहीं करना चाहते)।

पश्चिमी देशों में इस क्षेत्र में किए गए अनुसंधान तीन श्रेणियों में रखे जा सकते हैं:

(1) पशुशिक्षण पर प्रयोगशाला में किए गये अध्ययन,
(2) मानवशिक्षण पर प्रयोगशाला में किए गए अध्ययन तथा,
(3) विद्यालय शिक्षण पर किए गये प्रयोग।

भारत में इस क्षेत्र में किए गए अध्ययनों में हमें कक्षा में शिक्षण की समस्याओं और अध्यापन प्रक्रिया को समुचित स्थान देना चाहिए। पिछले कुछ वर्षों में अध्यापन प्रक्रिया के स्वरूप पर कुछ कार्य किया गया है किंतु वह किसी न किसी दृष्टि से या तो अपूर्ण है अथवा दोषयुक्त है। इस क्षेत्र में और अधिक अध्ययन की आवश्यकता है। सैद्धांतिक दृष्टि से सीखने की प्रकृति पर भी काम होना चाहिए।

बालकों तथा वयस्कों का विकास (Child and Adolescent Development)

अध्ययनों से यह सिद्ध हुआ है कि लगभग 15 प्रतिशत पीएच.डी. शोध प्रबंध और 5 प्रतिशत एम.एड. शोध निबंध इस क्षेत्र में किए गये अध्ययनों के आधार पर प्रस्तुत किए गये हैं। इस क्षेत्र में अधिक शोध प्रबंधों का प्रस्तुतीकरण स्वयं इसकी लोकप्रियता और महत्व का परिचायक है। पश्चिमी देशों में वयस्कों और बालकों के विभिन्न प्रकार के विकास को अध्ययन का विषय बनाया गया है। साथ ही वयस्कों के अपचार (डेलिक्वेंसी) के कारणों और उसे निवारण के उपायों पर भी अनुसंधान किए गए हैं किंतु भारत के वयस्क उपचार के संदर्भ में इन अध्ययनों से प्राप्त जानकारी का प्रयोग करना अनुचित होगा, क्योंकि हमारे देश का वातावरण पाश्चात्य देशों के वातावरण से काफी भिन्न है। साथ ही भारत में वर्गों का वैविध्य भी इस समस्या को अधिक जटिल बना देता है। यहाँ एक और बात का उल्लेख करना आवश्यक है। भारत में आज भिन्न रूप से समक्ष (अपंग) और मानसिक रूप से अविकसित बच्चों की समस्याओं पर भी पहले की अपेक्षा अधिक ध्यान देना प्रारंभ हो गया है। इनको शिक्षा में मुख्य धारा में मिलाने के प्रयास सरकारी और गैर-सरकारी शिक्षा संस्थाओं द्वारा जारी हैं।

पाठ्यक्रम (Curriculum)

पिछले कुछ वर्षों में विभिन्न स्तर के पाठ्यक्रमों ने शिक्षाशास्त्रियों का ध्यान अपनी ओर आकृष्ट किया है। आज की बदली और बदलती हुई परिस्थितियों और आवश्यकताओं के कारण कई वर्षों से चले आ रहे पाठ्यक्रमों में परिवर्तन करने की

आवश्यकता का अनुभव हुआ है। नई पद्धति दस जमा दो जमा तीन (10+2+3) पद्धति के पक्ष और विपक्ष में दिये गये तर्क इसका एक जीवित प्रमाण हैं। इतना होते हुए भी पाठ्यक्रमों पर बहुत कम शोध प्रबंध किए गए हैं।

अन्य देशों में शिक्षा के विभिन्न क्षेत्रों में किए गए अनुसंधानों के कारण पाठ्यक्रमों में तेजी से परिवर्तन हुए हैं और ये अध्ययन आवश्यकताओं, वैयक्तिक भिन्नताओं, बालवृद्धि और विकास तथा सामाजिक संरचना से संबंधित हैं। पाठ्यक्रम में परिवर्तन तत्संबंधी देश के समय के साथ-साथ चलने का द्योतक है।

विद्यालयीय विषयों के अध्यापन की विधियां
(Methods of Teaching School Subjects)

इस क्षेत्र में किए गए अनुसंधान कार्य गुणात्मक और परिमाणात्मक, दोनों ही दृष्टियों से अधिक संतोषजनक नहीं रहे हैं। इस क्षेत्र में जो भी अनुसंधान कार्य हुआ है वह परोक्ष रूप से ही अध्यापन विधियों पर प्रकाश डालता है। हां, कुछ अध्ययन ऐसे अवश्य हैं जिनमें श्रव्य-दृश्य उपकरणों का प्रयोग भी किया गया है।

विभिन्न विषयों के अध्यापन को और अधिक प्रभावी बनाने के लिए माइक्रोटीचिंग का प्रयोग किया गया है। भारत में भी इस पर अनुसंधान किए जा रहे हैं किंतु इसके महत्व के कारण हम इसका एक भिन्न क्षेत्र के रूप में आगे वर्णन करेंगे।

विदेशों में इस संबंध में जो कार्य हुआ है वह मुख्य रूप से चार विषयों पर हुआ है:

(1) पारस्परिक संबंध और अध्यापन प्रक्रिया,
(2) अध्यापन की विधियां,
(3) अध्यापन को वैयक्तिक बनाने की प्रविधियां तथा
(4) अध्यापन की विशिष्ट क्रियाएं।

मापन और मूल्यांकन (Measurement and Evaluation)

भारत में पीएच.डी. और एम.एड. स्तर पर किए गये अनुसंधान का एक चौथाई भाग मापन और मूल्यांकन से संबंधित हैं। इसमें मुख्य रूप से विभिन्न स्तर पर वृद्धि तथा उपलब्धि परीक्षणों का निर्माण किया गया है। और उनके प्राप्तांकों के आधार पर मापन की अन्य विधियों की वैधता और उनके पारस्परिक संबंध का अध्ययन किया गया है। यदि मनोविज्ञान के क्षेत्र में पिछले कुछ वर्षों में प्रस्तुत किए गए शोध प्रबंधों को देखा जाए तो ज्ञात होगा कि उनमें से कई शोध प्रबंध केवल किसी विशिष्ट परीक्षण के विकास और उसकी वैधता तथा विश्वसनीयता का निर्धारण करने से ही संबंधित हैं।

यद्यपि इस क्षेत्र में 19वीं शती के आरम्भ से ही कार्य हो रहा था, तथापि विदेशों में 1930 से 1939 के बीच एक दौर सा आया, जब शिक्षा के सभी क्षेत्रों में नए परीक्षणों का निर्माण होना प्रारंभ हुआ। बाद में धीरे-धीरे यह मापन कार्य अन्य

क्षेत्रों में होने वाले अध्ययनों में ही घुल-मिल गया। आत्ममूल्यांकन (Self-Evaluation), यदि वह ठीक हो, तो काफी लाभदायक सिद्ध हो सकता है। अभी भी इस क्षेत्र में अनेक विषयों पर और अनुसंधान होना चाहिए। हमारे देश में अनेक ऐसे क्षेत्र हैं जिनमें काम केवल प्रारंभिक अवस्था में है, जैसे निर्धन बस्तियों के बालकों का बुद्धिमापन, परिवार में पहली बार (First Generation Learners) पढ़ने वालों की अभिरुचियां इत्यादि। यहां पर जातियों और धर्मों की दृष्टि से भी कुछ मापन संभव हैं। किन्हीं रूपों में यह कार्य सामाजिक विज्ञान के क्षेत्र में भी आता है।

अध्यापक शिक्षा (Teacher Education)

शिक्षा का एक महत्वपूर्ण भाग होने के बावजूद अध्यापक शिक्षा में उतना काम नहीं हुआ है जितना होना चाहिए। इस क्षेत्र में जो अनुसंधान कार्य हुआ है वह मुख्यतः शिक्षकों की समस्याओं, उनके सामाजिक-आर्थिक स्तर और कार्य संतोष (Job satisfaction), अध्यापकों का चयन और उनका मूल्यांकन, तथा विद्यार्थियों द्वारा अध्यापकों के मूल्यांकन से ही संबंधित रहा है। कुछ अध्ययनों में परिवार में पहली बार अध्यापक कार्य करने वाले व्यक्तियों को भी अध्ययन का विषय बनाया गया है और उनकी जानकारी की अन्य अध्यापकों से तुलना की गई है। इस क्षेत्र में प्रस्तुत किए गए शोध प्रबंधों में से अधिकांश राज्यविशेष में अध्यापक शिक्षा के विकास पर हैं। व्यावसायिक प्रशिक्षण पर जो कार्य किया गया है वह संतोषजनक नहीं है। अन्य देशों में इस क्षेत्र में जिन अन्य विषयों पर कार्य हुआ है, वे हैं: प्रशासन और व्यवस्था, अध्यापक शिक्षा के अन्य कार्यक्रम, जैसे – अध्यापन विधियां, पाठ्यक्रम तथा शिक्षार्थी अध्यापक और उनका अभ्यासकाल (Internship) इत्यादि हैं। प्रभावशाली अध्यापकों की पहचान और उनकी प्रभावकता का निर्धारण करने के विषय पर भी अनुसंधाताओं ने ध्यान दिया है और अभी भी इस क्षेत्र में कार्य हो रहा है।

इस क्षेत्र में जो विषय अछूते रह गये हैं या जिन पर बहुत कम काम हुआ है, वे हैं:–

(1) अनौपचारिक शिक्षा में कार्य करने वालों का कार्य करने का तरीका,
(2) अनुसूचित और पिछड़े वर्ग के पहली बार बने अध्यापक के भूमिका प्रत्यक्षीकरण का आलोचनात्मक अध्ययन, नगर और गांवों के शिक्षकों का भूमिका प्रत्यक्षीकरण, कार्य के प्रति समर्पण, नगर और गांवों के अध्यापकों के कार्य निष्पादन का अध्ययन, सन् 2030 के अध्यापकों की आवश्यकताएं, अध्यापकों की जरूरत की परियोजना (मैनपावर प्लानिंग) के अध्ययन, अध्यापकों में क्रूरता, अध्यापन की प्रभावकता और शाब्दिक योग्यता, अध्यापकों में भय, अध्यापकों में दुश्चिंता इत्यादि।

सूक्ष्म शिक्षण (Mircoteaching)

सूक्ष्म अध्यापन एक नई शाखा है जो मूल अध्यापन-प्रशिक्षण से निकली है। द्वितीय विश्वयुद्ध के उपरान्त टेक्नोलॉजी (प्रौद्योगिकी) के विकास के कारण अध्यापन

त्रुटियों को दूर करने के लिए क्लोज सर्किट टेलीविजन, तथा टेप रिकार्डर की सहायता ली जाती है। इंग्लैण्ड और अमेरिका में इस दिशा में काफी काम हुआ है। भारत में यह काम केवल बड़ौदा और इंदौर विश्वविद्यालयों और राष्ट्रीय शैक्षिक अनुसंधान और प्रशिक्षण परिषद, दिल्ली में ही हुआ है। किंतु कुछ अनुसंधानों के अतिरिक्त कुछ नहीं हो पाया है और अपने में इनकी प्रगति काफी धीमी है। जो अनुसंधान हुए भी हैं वह भी न सर्वथा मौलिक है और न गहन ही।

निर्देशन (Guidance)

अन्य देशों में इस क्षेत्र में प्रशंसनीय कार्य हुआ है। भारत में इस क्षेत्र में जो कार्य हुआ है वह उसकी तुलना में बहुत कम है। एम.एड. स्तर पर तो कुछ व्यक्तियों ने इस विषय में अध्ययन या अनुसंधान किया भी है किंतु पीएच.डी. स्तर पर तो इस प्रकार का कार्य नहीं किया गया है।

शैक्षणिक प्रशासन और अर्थ
(Educational Administration and Finance)

शैक्षणिक प्रशासन में हुए अनुसंधानों की दृष्टि से संयुक्त राज्य अमेरिका सभी देशों में अग्रणी है। भारत में इस विषय पर जो अनुसंधान हुए हैं वे सर्वेक्षण के रूप में हैं। शिक्षा के आर्थिक पहलू पर होने वाले कार्य में पिछले कुछ वर्षों में वृद्धि हुई है। इसमें एक बहुत रोचक बात यह है कि शिक्षा के इस पहलू पर जो भी महत्वपूर्ण कार्य हुआ है वह इंस्टीट्यूट फॉर सोशल एण्ड इकोनामिक चेंज, बंगलौर, योजना आयोग, नेशनल स्टाफ कालेज, नई दिल्ली और नेशनल काउंसिल ऑफ एप्लाइड इकोनॉमिक रिसर्च द्वारा किया गया है। वर्तमान समय में भी ये संस्थाएं इस क्षेत्र में कार्यरत हैं।

आधारभूत और सामाजिक शिक्षा
(Basic and Social Education)

आधारभूत शिक्षा में अनुसंधान के लिए बहुत सुविधाएं उपलब्ध हैं किन्तु फिर भी इस क्षेत्र में बहुत कम कार्य हुआ है। इस क्षेत्र में जो भी कार्य हुआ है (एम.एड. स्तर पर यह संपूर्ण कार्य का केवल चार प्रतिशत ही है) उसमें अधिकांश सर्वेक्षण के रूप में है। इस क्षेत्र में विभिन्न स्तरों के पाठ्यक्रमों, अध्यापन विधियों और इसी प्रकार के अन्य विषयों पर कार्य किया जा सकता है। इस प्रकार के अनुसंधान के लिए अध्ययन, चिंतन और मनन की आवश्यकता होती है।

व्यावसायिक शिक्षा तथा उसके प्रकार
(Professional Education and Its Types)

यों तो शिक्षा और शिक्षकों के विषय में अनुंसधाताओं ने विचार किया है, किन्तु विशिष्ट क्षेत्रों, जैसे चिकित्सा, कानूनी शिक्षा इत्यादि के लिए अध्यापकों के व्यावहारिक शिक्षण के रूप और तरीकों पर कोई ध्यान नहीं दिया गया है। इन क्षेत्रों में भी वही समस्याएं हैं जो शिक्षा के अन्य क्षेत्रों में हैं। उन पर समुचित विचार किया जाना चाहिए।

नियोजित शिक्षण (Programmed Learning)

यद्यपि यह एक विकसित क्षेत्र है, फिर भी भारत में इस क्षेत्र में अनुसंधान कार्य अपेक्षाकृत अधिक बाद में प्रारम्भ हुआ है। इस क्षेत्र में अधिकांश अध्ययनों में वर्षों से चली जा रही शिक्षण पद्धति से इसकी तुलना की गई है। कई अध्ययनों में शिक्षण विधि की अपेक्षा नियोजित सामग्री (प्रोग्राम्ड मैटीरियल) की तुलनात्मक उपयोगिता को शोध का विषय बनाया गया हैं। ऐसे अध्ययन बहुत कम हुए हैं जिनमें वैयक्तिक भिन्नता पर नियोजित शिक्षण के पड़ने वाले प्रभाव का अध्ययन करने के लिए कुछ विशिष्ट मनोवैज्ञानिक और व्यक्तित्व संबंधी परिवर्तन पर ध्यान दिया गया है।

शैक्षणिक मूल्यांकन और परीक्षा
(Educational Evaluation and Examination)

इस क्षेत्र के अंतर्गत विद्यार्थी की उपलब्धियों का मापन करने की समस्त विधियां आती हैं। इन्हें स्थूल रूप से इन वर्गों में रखा जा सकता है :

(1) उपलब्धि परीक्षण,
(2) निष्पादन परीक्षण,
(3) परीक्षाएं,
(4) उपलब्धि को प्रभावित करने वाले कारक,
(5) प्रवेश-पदोन्नति के विषय में पूर्वानुमान
(6) असफलताएं।

इनमें से परीक्षाओं और उपलब्धि परीक्षण का क्षेत्र विस्तृत है। यहाँ यह बता देना उचित होगा कि इस क्षेत्र में निदानात्मक परीक्षणों का सर्वथा अभाव रहा है।

पासी तथा पद्या (1974) ने इस क्षेत्र में किए गये अध्ययनों का विश्लेषण करने पर देखा कि इस क्षेत्र में पर्याप्त अध्ययन नहीं हुआ है और जो कार्य हुआ है वह दिशाहीन है और संगठन की दृष्टि से दोषपूर्ण है। इन्होंने कुछ नए संप्रत्ययों की भी चर्चा की है।

शैक्षणिक सर्वेक्षण (Educational Surveys)

संथानम और गोविन्दा (1974) का कथन है कि भारत में 1957 तक जो भी शैक्षणिक सर्वेक्षण किए गए हैं वे सभी भौगोलिक दृष्टि से अत्यधिक सीमित हैं। 1965 में राष्ट्रीय शैक्षणिक अनुसंधान और प्रशिक्षण परिषद, नई दिल्ली में सर्वेक्षण विभाग की स्थापना के साथ इस क्षेत्र में सुव्यवस्थित कार्य प्रारंभ हुआ। संथानम और गोविन्दा ने इन सर्वेक्षणों को चार वर्गों में रखा हैः

(1) तथ्यप्राप्ति के लिए किए जाने वाले सर्वेक्षण (77 प्रतिशत),
(2) तुलनात्मक सर्वेक्षण (3 प्रतिशत),
(3) मूल्यांकन सर्वेक्षण (13 प्रतिशत) तथा

(4) एक स्थान पर बैठकर किए गए सर्वेक्षण (7 प्रतिशत)। ये सभी सर्वेक्षण तीन स्तरों पर किए गए हैं और इसके अनुसार इन्हें राष्ट्रीय, प्रांतीय और प्रादेशिक (रीजनल) सर्वेक्षण की कोटि में विभाजित किया जा सकता है। प्रोफेसर एम.बी. बुच (1974) द्वारा प्रारंभ एवं संपादित 'ए सर्वे ऑफ रिसर्च इन एजूकेशन' शिक्षा के क्षेत्र का सर्वाधिक मान्य और विस्तृत सर्वेक्षण हैं।

शिक्षा के क्षेत्र में जो अनुसंधान हुए हैं वे मुख्य रूप से विश्वविद्यालयों के शिक्षा विभागों और प्रशिक्षण महाविद्यालयों द्वारा किए गये हैं। इनमें से अधिकांश व्यक्तियों के पास एम.एड. डिग्री भी है। कुछ अन्य विषयों के विद्वानों ने भी शिक्षा की समस्याओं पर कार्य किया है किंतु यह कार्य छिटपुट रूप से ही किया गया है। इस दिशा में योजनाबद्ध ढंग से कोई प्रयास नहीं किया गया है।

भारतीय शैक्षिक शोध अपनी ऐतिहासिक परम्परा के अनुरूप परिपक्व नहीं हैं। शैक्षिक शोध की बड़ी त्रुटियाँ हैं – प्रत्ययात्मक संरचना/ढांचे का अभाव तथा प्रश्नावलियों व परीक्षणों का अति प्रयोग है। विषय-वस्तु विश्लेषण, प्रतिभागी निरीक्षण, वैयक्तिक अध्ययन आदि का भी प्रयोग लगभग नहीं के बराबर है। अनेक क्षेत्र उपेक्षित हैं, जैसे – सैद्धांतिक शोध, शिक्षा का इतिहास, कानून, तुलनात्मक अध्ययन, शिक्षा में राजनीति, गुणात्मक शोध, नीतिगत शोध आदि। दर्शन के नाम पर केवल दार्शनिकों के विचारों तथा कार्यों का वर्णन मात्र दृष्टिगत होता है।

भारतीय शैक्षिक शोध अधिकांषतः परिणात्मक शोध हैं।

शिक्षा आयोग (1964-66) की रिपोर्ट में अंतर्विषयक उपागम पर जोर दिया गया है। इस रिपोर्ट में कहा गया है कि शिक्षा के क्षेत्र में अनुसंधान कार्य में विश्वविद्यालयों के शिक्षा विभागों और प्रशिक्षण महाविद्यालयों के अतिरिक्त अन्य विभागों को भी रुचि लेनी चाहिए। विश्वविद्यालय अनुदान आयोग ने भी एक अध्ययन संगोष्ठी (Study Group) की स्थापना की है जो अंतर्विषयक अनुसंधान को प्रोत्साहन देने की दिशा में कार्य कर रहा है। इसके अंतर्गत 1969 में एक संगोष्ठी का भी आयोजन किया गया था जिसमें विभिन्न विषयों, यथाः मनोविज्ञान, दर्शन, अर्थशास्त्र, सांख्यिकी, समाजशास्त्र, राजनीतिशास्त्र के विद्वानों ने भाग लिया था। इसमें पारस्परिक रुचियों तथा ऐसे अनुसंधानों के बारे में विचार-विमर्श हुआ था जिसमें सभी विषयों के शोधार्थी कार्य कर सकें। इस गोष्ठी में ये सुझाव दिये गएः

(1) शैक्षणिक संस्थाएं और सामाजिक, सांस्कृतिक पद्धति,
(2) शिक्षा और राजनीति,
(3) शिक्षा और सामाजिक परिवर्तन,
(4) विद्यार्थी शिक्षक और उनकी समस्याएं,
(5) शिक्षा और रोजगार,
(6) शैक्षणिक संस्थानों का प्रशासन
(7) शैक्षणिक प्रशासन और
(8) शिक्षा का उद्देश्य।

यदि एम.एड. या पीएच.डी. उपाधियों के लिए अनुसंधान कार्य करने वालों के अनुभवों को देखा जाए तो ज्ञात होगा कि यदि किसी अन्य विषय में एम.ए. अथवा एम.एससी. उपाधि प्राप्त व्यक्ति शिक्षा की किसी समस्या पर अनुसंधान कार्य करने का इच्छुक हो तो उसे इस कार्य के लिए अनुमति प्रदान की जानी चाहिए। इस प्रकार अंतर्विषयक अनुसंधान को प्रोत्साहन मिलेगा और नए कार्य-क्षेत्रों पर प्रकाश पड़ेगा। विश्वविद्यालय अनुदान आयोग में एक ऐसे एकक (Unit) की स्थापना की गई है जिसे अंतर्विषयक अनुसंधान को प्रोत्साहन देने का दायित्व सौंपा गया है। इस कार्य में विश्वविद्यालयों के शिक्षा विभागों का सहयोग उतना ही आवश्यक है जितना अन्य विभागों का।

भारत में शैक्षणिक अनुसंधान का इतिहास अधिक पुराना नहीं है। विलंब से कार्यारंभ करने के बावजूद इस क्षेत्र में जो कार्य हुआ है, वह सराहनीय है। इसकी पुष्टि इस तथ्य से भी होती है कि समुचित निर्देशन, आर्थिक सहायता और सामग्री के अभाव में भी भारत के विभिन्न राज्यों के विद्यार्थी अनुसंधान कार्य करने को उत्सुक हैं। वास्तव में प्रत्येक राज्य की राजधानी में एक ऐसे पुस्तकालय की स्थापना होनी चाहिए जहाँ शोधार्थी को अपनी आवश्यकता की निर्देशात्मक सारी सामग्री प्राप्त हो सके। यह पुस्तकालय विश्वविद्यालय या राज्य के नियंत्रण से स्वतंत्र हो सकती है। इनकी स्थापना स्टेट इंस्टीट्यूट ऑफ एजूकेशन के प्रांगण में भी की जा सकती है। अन्य पुस्तकालय भी इन पुस्तकों का उपयोग कर सकते हैं। इनमें शब्दकोश, अनुसंधान की पुस्तकों तथा पत्रिकाओं का समुचित प्रबंध तो हो ही, साथ ही यह व्यवस्था भी होनी चाहिए, इनका संपर्क देश के अन्य पुस्तकालयों से हो। विभिन्न पुस्तकालयों की नेटवर्किंग तथा ई-पत्र पत्रिकाओं, पुस्तकें एवं इन्टरनेट ने पुस्तकालयों को शोधार्थी के लिए अति सुलभ बना दिया है। विकीपिडिया तो पाठकों को विषय-वस्तु में परिवर्तन करने, जोड़ने व सुधार करने की स्वतंत्रता भी प्रदान करता है। विभिन्न विश्वकोष भी नेट पर उपलब्ध हैं।

अनुसंधान अभिकल्प (रिसर्च डिजाइन) के अच्छे होने का यह अर्थ नहीं है कि उनमें मनोवैज्ञानिक और सांख्यिकीय उपगमों का समावेश अवश्य हो और न ही इसका अर्थ यह है कि एक विशिष्ट प्रकार का अनुसंधान अन्य अनुसंधानों से अधिक अच्छा है। शिक्षा में अनुसंधान की सुविधाओं को देने का उद्देश्य केवल देश के समस्त प्रबुद्ध व्यक्तियों को शिक्षा की समस्याओं और उनके समाधानों की जानकारी देना है। इनकी उपयोगिता को इनके द्वारा कक्षा में दी गई शिक्षा और विद्यार्थियों के व्यवहार में परिवर्तन के आधार पर आंका जा सकता है, चाहे यह औपचारिक शिक्षा व्यवस्था हो या अनौपचारिक शिक्षा व्यवस्था। ऐसे शैक्षणिक अनुसंधान की क्या उपयोगिता है जिनका देश के शैक्षणिक आचरण पर कोई प्रभाव न पड़े। जब किसी देश का धन शिक्षा पर व्यय होता है तब स्वभावतः वह देश उस कार्य से किसी लाभ की आकांक्षा करता है और इस आकांक्षा की पूर्ति करना शिक्षा के क्षेत्र में कार्य करने वाले प्रत्येक व्यक्ति का कर्तव्य है।

पूर्व प्राथमिक स्तर के जिन क्षेत्रों पर अनुसंधान कार्य किया जा चुका हैं, वह निम्न प्रकार है–

पूर्व प्राथमिक स्तर पर अनुसंधान कार्य

क्रमांक	*क्षेत्र*	*संख्या*	
		1987	1992
1.	पूर्व-प्राथमिक शिक्षा का इतिहास, आवश्यकता एवं स्थिति	31	98
2.	युवा बच्चों का व्यक्तित्व व उनकी विकासात्मक विशेषताएं	24	51
3.	पूर्व-विद्यालय स्तर के बालकों का मूल्यांकन	6	69
4.	पूर्व-प्राथमिक स्तर की शिक्षा हेतु कार्यकर्ताओं का प्रशिक्षण	7	51
5.	माता-पिता व समुदाय का इस ओर रूझान	6	–
6.	अब तक हुये शोधकार्यों का प्रभाव	19	–
7.	पूर्व-प्राथमिक स्तर पर आने वाले विकलांग बालकों का अध्ययन	5	131
	कुल संख्या	**98**	**400**

प्राथमिक शिक्षा के वह क्षेत्र जिन पर शोध-कार्य किया जा चुका है–

क्रमांक	*क्षेत्र*	*संख्या*	
		1987	1992
1.	प्राथमिक शिक्षा का इतिहास	11	17
2.	प्राथमिक शिक्षा का विकास	28	26
3.	प्राथमिक शिक्षा का सार्वभौमिकरण	63	–
4.	छात्रों की उपलब्धि का स्तर व उसमें विकास	34	81
5.	प्राथमिक स्तर की शिक्षा का पाठ्यक्रम	43	50
6.	प्राथमिक स्तर में मूल्यांकन	3	93
7.	विद्यालय व्यवस्था	12	35
8.	अध्यापक व अध्यापक प्रशिक्षण	2	178
9.	धनव्यय	2	25
10.	प्राथमिक शिक्षा में शोध की आवश्यकता	1	–
	कुल संख्या	**208**	**505**

उच्च शिक्षा में वह क्षेत्र जिन पर शोध-कार्य किया जा चुका है–

क्रमांक	*क्षेत्र*	*संख्या*	
		1987	1992
1.	उच्च शिक्षा की ऐतिहासिक पृष्ठभूमि	22	26
2.	उच्च शिक्षा का समाजशास्त्रीय परिप्रेक्ष्य	34	39
3.	उच्च शिक्षा का आर्थिक पक्ष	34	25
4.	उच्च शिक्षा के विभिन्न कार्य कार्यपक्ष	68	126
5.	पाठ्यक्रम	48	25
6.	उच्च शिक्षा की व्यवस्था	26	35
	कुल संख्या	**232**	**276**

तकनीकी व व्यावसायिक शिक्षा के वह क्षेत्र जिन पर अब तक शोध कार्य किया जा चुका है–

क्रमांक	*क्षेत्र*	*संख्या*	
		1987	1992
1.	तकनीकी शिक्षा व व्यावसायिक शिक्षा का दर्शन	00	64
2.	तकनीकी शिक्षा व व्यावसायिक शिक्षा का इतिहास	02	78
3.	तुलनात्मक शिक्षा	01	38
4.	शिक्षा मनोविज्ञान	29	269
5.	शिक्षा का अर्थशास्त्र और शैक्षिक प्रबंधन	06	57
6.	शैक्षिक समाजशास्त्र	02	49
7.	पाठ्यक्रम संबधी अध्ययन	08	24
8.	विद्यालय संगठन एवं प्रशासन	07	66
9.	निरौपचारिक शिक्षा	02	108
10.	मूल्यांकन	37	126
	कुल संख्या	**95**	**879**

4

अनुसंधान की विधियां तथा उपकरण
(Methods and Tools of Research)

आधुनिक भारत में अनुसंधान के क्षेत्र में मौलिक काम लगभग नहीं के बराबर हुआ है। विशेषकर जब हम विद्वानों या विधियों की बात करते हैं उस समय हमें पाश्चात्य देशों से प्रायः सभी बातें उधार लेनी होती हैं। यहां पर हम इन विधियों को गुड, बार और स्केट्स के वर्गीकरण के हिसाब से दे रहे हैं। हम मानकर चलते हैं कि उनका वर्गीकरण अन्य अनुसंधानवेत्ताओं की अपेक्षा अधिक वैज्ञानिक तथा उचित है।

अनुसंधान की विधियां (Methods of Research)

अनुसंधान विधियों का वर्गीकरण कई प्रकार से सम्भव हैं, जैसे क्षेत्रपरक-दर्शन, शिक्षा, इतिहास, मनोविज्ञान आदि, उद्देश्यपरक-भविष्य की ओर संकेत करना, कार्य-कारण बताना, स्थानपरक–जहां अनुसंधान किया जाये, जैसे प्रयोगशाला या अन्य बाहरी स्थान, उपयोगिता के अनुसार विधियों के प्रयोग द्वारा, सामग्री के वर्णन द्वारा–गुणात्मक, संख्यात्मक, वस्तुनिष्ठ, वैयक्तिक, आदि।

इन विधियों के वर्गीकरण पर अमेरिका में 1930 के लगभग एक विचार-गोष्ठी आयोजित की गयी थी। उसमें इस बात पर विचार-विमर्श किया गया कि वर्गीकरण किस प्रकार का हो और क्या हो। जैसा कि अनुमान लगाया जा सकता है कि इस विषय में एकमत होना असंभव था। यही नहीं, 18 लब्धप्रतिष्ठ व्यक्तियों में से प्रत्येक ने अपना वर्गीकरण प्रस्तुत किया। जैसा कि हमने ऊपर कहा है कि हम गुड, बार और स्केट्स के वर्गीकरण से सहमत हैं और उसी का वर्णन भी कर रहे हैं। किन्तु कुछ अन्य वर्गीकरण भी प्रस्तुत कर रहे हैं ताकि पाठक स्वयं अनुभव कर सकें कि हमने इस सम्बन्ध में किसी प्रकार का पक्षपात नहीं दिखाया है।

जी.एम.एच. ने शिक्षा के अनुसंधान के लिये ऐतिहासिक, दार्शनिक तथा वैज्ञानिक प्रयोगात्मक विधियों को ही मूल बताया है। सांख्यिकीय विधि को वह इन विधियों के वर्ग में शक्तिशाली तरीका मानते हैं।

ह्विटने महोदय ऐतिहासिक, वर्णनात्मक और प्रयोगात्मक, दार्शनिक तथा भविष्य की ओर इंगितात्मक प्रकार की विधियां मानते हैं। वह अपनी पुस्तक 'दि एलिमेंट्स ऑफ रिसर्च' में बाद की दो विधियों को महत्वपूर्ण या आवश्यक विधियां नहीं मानते।

एक सामाजिक अनुसंधाता आर.जी. फोस्टर के मतानुसार अनुसंधान की विधियां इस प्रकार हैं:

1. ऐतिहासिक विधि 2. सर्वेक्षण विधि
3. वैयक्तिक विधि 4. सांख्यिकीय विधि
5. प्रयोगात्मक विधि 6. उपर्युक्त विधियों के सम्मिश्रण द्वारा उत्पन्न विधि।

गुड, बार और स्केट्स का कथन है कि उपर्युक्त विधियों के वर्गीकरण में तथा अन्य बहुत से वर्गीकरणों में, जिनका स्थानाभाव के कारण हमने वर्णन नहीं किया, कुछ विशेष प्रकार की कमियां हैं। इन वर्गीकरणों में समस्या के मूल तरीकों में (जैसे: ऐतिहासिक या प्रयोगात्मक विधियों में प्रयुक्त होते हैं), सामग्री के एकत्रीकरण के तरीकों में (जैसे: प्रश्नावली, चेक लिस्ट आदि) और सामग्री के विश्लेषण के तरीकों में (जैसे: सांख्यिकी, तर्क, दर्शन आदि का प्रयोग) कोई विशेष अन्तर करने के प्रयत्न नहीं किये गये हैं। यह कहते हुये कि किसी विधि को महत्वपूर्ण तथा अन्य को वैसा न बताना उचित नहीं होगा, क्योंकि प्रत्येक विधि का अपना-अपना प्रयोग है, अपना-अपना महत्व है। गुड, बार और स्केट्स ने अनुसंधान विधियों का निम्नलिखित वर्गीकरण प्रस्तुत किया है:

1. ऐतिहासिक अनुसंधान 2. आदर्शात्मक सर्वेक्षण अनुसंधान
3. प्रयोगात्मक अनुसंधान 4. अन्य विधियां जो जटिल कार्य-कारण सम्बन्ध के लिये उचित तथा उपयोगी हों।

इन चारों विधियों का वर्णन अध्याय 5 से 8 तक में विस्तार से किया गया है।

अनुसंधान के उपकरण या साधन (Tools of Research)

अनुसंधान में सामग्री एकत्र करने के लिये बहुत से उपकरण (Tools) तथा तरीकों (Techniques) का प्रयोग करना पड़ता है। निःसंदेह वह उपकरण तथा तरीके अपने में पूर्ण नहीं हैं और न ही कोई उपकरण पूरी सामग्री एकत्र करने के लिये पर्याप्त माना जाता है। प्रायः अनुसंधाता कई उपकरणों का एक साथ प्रयोग करते हैं। अनुसंधान के उपकरण या साधन निम्नलिखित प्रकार के होते हैं:

1. अनुसूची (Schedule) 2. प्रश्नावली (Questionnaire)
3. मतावली (Opinionnaire) 4. साक्षात्कार (Interview)
5. निरीक्षण या अवलोकन (Observation) 6. मनोवैज्ञानिक परीक्षण (Psychological Tests) 7. समाजमितीय (Sociometry) तरीका तथा सामाजिक दूरी स्केल।

अब हम प्रत्येक उपकरण के स्वरूप, उसकी उपयोगिता तथा गुण-अवगुण का वर्णन करेंगे।

1. अनुसूची (Schedule)

सूचना या सामग्री के एकत्र करने के लिये बहुत बड़े पैमाने पर अनुसूची का प्रयोग

होता है। यद्यपि भारत में व्यक्तिगत अनुसंधानों का प्रचलन अधिक है। कुछ ऐसे अनुसंधान भी होते हैं, जिनमें बहुत से व्यक्तियों को एक साथ सामग्री एकत्र करनी होती है। ऐसी दशा में मुख्य अनुसंधाता बहुत से सहायक नियुक्त कर लेता है और उन्हें इस प्रकार की अनुसूची बनाकर देता है जिसमें व्यक्तिगत अभिरुचियों, पसंद–नापसंद का सामग्री के एकत्रीकरण पर कम से कम प्रभाव पड़े।

अनुसूची का निर्माण एक कला है। इसके तैयार करने में कुछ बातों का ध्यान रखना चाहिए:

1. सूचना अधिक से अधिक वस्तुनिष्ठ तथा गणितीय प्रकार की होनी चाहिए।
2. इनके द्वारा ऐसी सामग्री एकत्र होनी चाहिए जिसे आसानी से रपटों या रिकार्डों के आधार पर एकत्र किया जा सके।
3. सामग्री ऐसी एकत्र हो जिसका संकलनकर्ता तथा अनुसंधाता दोनों ही ठीक अर्थ लगा सकें तथा विश्लेषण कर सकें।
4. ऐसी सामग्री जो इस विधि के अतिरिक्त अन्य प्रकार से एकत्र न की जा सके।
5. सामग्री जिससे सत्य का आसानी से पता लग सके।
6. सामग्री जिसको अपने स्वयं के समान वर्ग समूहों द्वारा तुलनात्मक तरीकों से देखा जा सके। जैसे–कानपुर के मज़दूरों के जीवन स्तर की अहमदाबाद के मज़दूरों से तुलना की सकती है किन्तु मेरठ के मज़दूरों से नहीं। कानपुर तथा अहमदाबाद दोनों औद्योगिक शहर हैं, मेरठ नहीं।

अनुसूची के तैयार करने में उनके दंडचित्रों आदि के आकार, रंग तथा रिक्त स्थान आदि का ध्यान रखना होता है। ऐसे कार्ड का प्रयोग करना चाहिए जो आसानी से खराब न हों। उनका आकार बहुत बड़ा न हो। उनके रंग तथा रिक्त स्थानों के प्रबन्ध का विशेष ध्यान रखना चाहिए। कार्ड पर अंकों, शीर्षकों या उपशीर्षकों का सरलता, सुस्पष्टता तथा अन्य स्वाभाविक कारणों से काफी प्रयोग करना चाहिए और वह टाइप या साइक्लोस्टाइल किये गये या छपे होने चाहिए। इन कार्डों पर कभी–कभी सामग्री संकलन के लिये चित्रों का प्रयोग भी हो सकता है। यह चित्र बड़े प्रभावोत्पादक सिद्ध होते हैं। अब डिजिटल कम्प्यूटर से प्रस्तुतीकरण सरल, आकर्षक, स्पष्ट, शुद्ध व कम खर्चीला हो गया है। इन्टरनेट की सहायकता से बहुत बड़े समूह व क्षेत्र तक सरलता से अनुसूची व अन्य उपकरण दिये जा सकते हैं।

इन अनुसूचियों में प्रयुक्त शब्द ऐसे होने चाहिए जिनके दो अर्थ न लगते हों। शब्द सरल हों, ताकि उन्हें समझनें में आसानी रहे। प्रश्न ऐसे पूछे जाने चाहिए जिनके उत्तर हां और नहीं में आते हों। प्रश्नों की भाषा ऐसी हो कि उत्तर देने वाले की भावनाओं को ठेस न पहुंचे। एकत्रित सूचना ऐसी होनी चाहिए जिसे छिपाने के लिये कोई भी व्यक्ति मजबूर न हो। कभी–कभी तो प्रश्नों की भाषा, शब्दों के प्रयोग आदि का प्रभाव इच्छित पड़ता है और बहुत ही व्यक्तिगत सूचना एकत्र करने में कठिनाई नहीं होती। इसलिये श्रीमती यंग का कथन है कि उत्तम

अनुसूची वह है जिसके द्वारा सही उत्तर मिलें तथा जिसके प्रश्नों की भाषा स्पष्ट और सरल हो।

यहां अनुसंधाता के सहायकों के बारे में भी कुछ कहना आवश्यक है। वे ईमानदार हों, व्यवहारकुशल हों, चुस्त हों, पक्षपातरहित हों, धैर्यवान तथा काम के प्रति पूरी निष्ठा रखने वाले हों और उनमें अनुसंधान के प्रति अभिरुचि हो। स्मरण रहे कि ये गुण किसी भी अच्छे अनुसंधाता में होने चाहिए। इन गुणों के अतिरिक्त वह अपने क्षेत्र के जानकार हों तथा अनुसंधान कार्य के लिये प्रशिक्षित हों।

अनुसूचियां कई प्रकार की हो सकती हैं:

निरीक्षण या अवलोकन अनुसूची (Observation Schedule): यह ऐसी अनुसूची होती है जिसे अनुसंधाता या उसका सहायक अपने पास रखता है और वह व्यक्तिगत निरीक्षण के पश्चात सूचना उस अनुसूची में भरता जाता है ।

श्रेणीबद्ध अनुसूची (Rating Schedule): इसका प्रयोग प्रायः परामर्श लेने के लिये होता है।

प्रलेख अनुसूची (Documentry Schedule): इसका उपयोग उत्तरदाताओं से सूचना लेकर भरने के लिये होता है।

अनुसूची तैयार करने में अनुसंधाता को इस बात का विशेष ध्यान रखना चाहिए कि उसका उद्देश्य क्या है। उसे सूचना एकत्र करने के लिये शीर्षक, क्षेत्र आदि निश्चित कर लेना चाहिए। अनुसंधाता को प्रश्नों को इस प्रकार तैयार करना चाहिए कि इच्छित या पर्याप्त सामग्री का एकीकरण हो सके। इसलिये प्रश्नों के क्रम, भाषा आदि पर ध्यान देना अत्यन्त आवश्यक है और अंत में प्रश्नों की ग़लतियों के सुधार का एक अवसर देना चाहिए और उसके सुधरे रूप को उपयोग में लाकर उसकी वैधता की जांच कर लेनी चाहिए। अनुसंधाता या उसके सहायक को इस प्रकार के प्रश्नों से बचना चाहिए:

1. लम्बे प्रश्न,
2. जटिल या गूढ़ प्रश्न,
3. अस्पष्ट प्रश्न,
4. व्यक्तिगत जीवन से संबंधित प्रश्न (कभी-कभी इन प्रश्नों की आवश्यकता होती है, जैसे–विवाह के सम्बन्ध में पढ़ी-लिखी कुंवारियों की अभिरुचि पर अनुसंधान या किन्हीं विशेष व्यक्तियों के भौतिक जीवन के संबंध में जानकारी आदि के समय),
5. अप्रासंगिक प्रश्न,
6. दुविधा में डालने वाले प्रश्न,
7. सार्वभौमिक मान्यताओं से सम्बन्धित प्रश्न या ऐसे प्रश्न जो समाज के उन आदर्शों से सम्बन्धित हों, जिसमें सबका विश्वास हो (ऐसे प्रश्नों के विरुद्ध उत्तर मिलने की कम संभावना रहती है और पक्ष में पूछने की आवश्यकता नहीं होती),
8. उन बातों से संबंधित प्रश्न जिन बातों के बारे में अन्य साधनों में सूचना मिल जाये।

इसी प्रकार प्रश्नों की भाषा के संबंध में हमें यह जान लेना चाहिए कि जहाँ तक हो, विशिष्ट शब्दों का प्रयोग न करें। अप्रचलित, भावात्मक, जैसेः मान्य मूल भावनाओं के अनुसार, लोक या जन कल्याण, अभारतीयता आदि, बहुअर्थक शब्द या सापेक्षिक शब्द, जैसे अच्छा, बुरा आदि का प्रयोग न करना ही हितकर रहता है।

और अंत में हमें अनुसंधाता के सहायकों तथा अन्य व्यक्तियों को दिये गये निर्देशों तथा अनुसूची संगठन आदि के विषय में कुछ जानकारी प्राप्त कर लेनी चाहिए। कहना न होगा कि अनुसंधाता अपने विषय का ज्ञाता है, उसे सामग्री एक निश्चित उद्देश्य के कारण एकत्र करानी है तथा अनुसूचियां और सहायक व्यक्ति उसके लिये साधन या उपकरण मात्र हैं। इसलिए उसे चाहिए वह उन पर पूर्ण अधिकार रखे, वह उनसे अपने निश्चित आदेशों के अनुसार कार्य कराये।

अनुसूचियों के लौटकर आने पर अनुसंधाता को सामग्री को एकत्रित तथा संगठित करने के लिए बड़ी सावधानी बरतनी होगी। उसे अनुसूचियों की जांच करनी चाहिए कि क्या वे उसकी इच्छानुसार ही भरी गई हैं, उनकी सामग्री पर्याप्त हैं, आदि। कुछ अनुसूचियां गंदी हैं, तो उसे उन्हें पुनः भरना होगा। फिर सामग्री के वर्गीकरण तथा सारणी में दिखाने के लिए प्रायः कोड नम्बर डालकर या अन्य किसी प्रकार का प्रबन्ध करके कार्य करना होता है। सामग्री के कोड द्वारा वर्गीकरण से यह लाभ रहता है कि बार-बार वही बात शब्दों में दुहरानी नहीं पड़ती। यह विधि सांख्यिकीय ढंग से सामग्री प्रस्तुत करने में सहायक होती है।

निःसन्देह प्रत्येक उपकरण में गुण-अवगुण होना संभव है और इससे यह अनुसूची का साधन या उपकरण भी मुक्त नहीं है। इस साधन के कई लाभ हैं, यथा–

1. कार्यकर्ता की उपस्थिति के कारण उत्तर मिलने की सम्भावना अधिक रहती है। जैसा कि हम आगे देखेंगे कि ऐसा प्रश्नावली के प्रयोग में संभव नहीं।
2. कार्यकर्ता उत्तरदाता के संदेहों को दूर कर सकता है। स्वयं उपस्थित रहने के कारण वह सामग्री एकत्र करने के कारण समझा सकता है। अपने व्यक्तित्व के प्रभाव से वह पर्याप्त तथा इच्छित सामग्री एकत्र कर सकता है।
3. चूंकि कार्यकर्ता या अनुसंधाता का सहायक सूचना भरता है, इसलिए वह स्वयं संक्षेप में इच्छित सामग्री भर सकता है।
4. व्यक्तिगत संपर्क से क्षेत्र तथा व्यक्तियों के चुनाव (Sampling) के दोष ज्ञात हो सकते हैं और आवश्यक परिवर्तन लाये जा सकते हैं।
5. व्यक्तिगत संपर्क द्वारा सामग्री एकत्र करने का तरीका अन्य सभी तरीकों से अच्छा है, क्योंकि इसमें एक व्यक्ति दूसरे व्यक्ति को प्रभावित कर, विश्वास दिलाकर ठीक प्रकार से उचित सामग्री एकत्र कर लेता है।

और अंत में अनुसूची का एक नमूना प्रस्तुत है:

नर्सरी की प्रत्येक पाँच लड़कियों के कार्य तथा संख्या

1. समूह के बच्चे	निश्चेष्ट	रोना	देखना	खेल	गुड़िया	पुस्तकें	अन्य बच्चों के साथ	स्कूल के नौकरों के पास	अन्य खेल	आदि
1 घण्टा	(अ) (ब) (स) (द) (ई)									
2 घण्टा	(अ) (ब) (स) (द) (ई)									
आदि										

किन्तु इस साधन में दोष भी हैं। यह निसंदेह खर्चीला है। इसमें समय भी बहुत खर्च होता है। यदि क्षेत्र बहुत बड़ा हो और बहुत से व्यक्ति सूचना एकत्र कर रहे हों तो अनुसूचियों के संगठन में परेशानी भी हो सकती है। व्यक्तिगत सम्पर्क से यदि लाभ हैं तो हानियां भी हैं क्योंकि अनुसंधाता या उसका सहायक सूचना देने वाले को रुष्ट भी कर सकते हैं, उन्हे भली-भांति प्रभावित करने में असफल भी रह सकते हैं। अनुसंधाता को इस साधन के प्रयोग में स्वयं प्रशिक्षण की आवश्यकता होती है। साथ-साथ सहायकों को भी प्रशिक्षित करना होता है और कभी-कभी यह सम्भव नहीं होता। स्पष्ट है कि ऐसी दशा में इनके द्वारा इच्छित सामग्री एकत्र करना सम्भव नहीं होगा। फिर यह साधन अपने में पूर्ण भी नहीं, कई अन्य साधनों से सहायता अपेक्षित होती है। यह भी इस उपकरण की एक खास कमी है।

अनुसूची का प्रयोग प्रायः सामाजिक विषयों के अनुसंधान या मनोवैज्ञानिक अनुसंधानों में ही किया जाता है और इन क्षेत्रों में केवल एक ही अनुसंधाता सभी काम नहीं कर सकता है। शिक्षा में भी कई विषय ऐसे हैं जिनमें इसका प्रयोग होता है, विशेषकर जबकि सामग्री एकत्र करने का क्षेत्र बहुत बड़ा हो या सामग्री को किसी विशेष प्रकार के गणितीय पैमाने पर परखने की तैयारी हो रही हो। उदाहरण के लिए, नर्सरी या किशोरों की आदतों के विषय में जानकारी प्राप्त करते समय। स्मरण रहे, यह जानकारी शिक्षा तथा मनोविज्ञान दोनों ही क्षेत्रों में बड़े काम की है।

2. प्रश्नावली (Questionnaire)

प्रश्नावली सामग्री एकत्र करने का सर्वाधिक प्रयुक्त साधन है। प्रश्नावली का प्रयोग अनुसूची की भाँति बहुत विस्तृत क्षेत्र से सामग्री एकत्र करने में होता है। बेस्ट महोदय का कथन है कि इसको प्रायः आलसी आदमी का सामग्री एकत्र करने का उपकरण कहते हैं। यद्यपि एक अच्छी प्रश्नावली के तैयार करने में बहुत समय लगता है। प्रश्नावली प्रायः डाक द्वारा भेजी जाती है। फलस्वरूप प्रश्नावली द्वारा सामग्री एकत्र करने में अधिक कठिनाई नहीं होती। इस साधन की बहुत आलोचना होती है। फिर भी इसका अर्थ यह नहीं कि इसका प्रयोग कम होता जा रहा है या इसकी उपयोगिता कम है। वैसे हम बेस्ट महोदय की बात से सहमत हैं कि प्रश्नावली का उस समय गलत प्रभाव पड़ता है तथा उनसे इच्छित उत्तर की संभावना नहीं रहती, जबकि वह लम्बी हो, उसका विषय साधारण हो, प्रश्नों का गठन तथा भाषा का प्रयोग आदि दोषपूर्ण हो। किन्तु स्मरण रहे कि प्रश्नावली यदि ठीक प्रकार से तैयार हो और अनुसंधान का विषय महत्वपूर्ण हो तो सामग्री एकत्र करने का यह अद्वितीय साधन है।

प्रश्नावली की परिभाषायें (Definitions of Questionnaire)

सिन पाओ यंग

> "अपने सरलतम रूप में प्रश्नावली प्रश्नों की एक ऐसी अनुसूची है जिसे कि निदर्शन के रूप में चुने हुए व्यक्तियों के पास डाक द्वारा भेजा जाता है"।

बोगार्डस के अनुसार

> "प्रश्नावली विभिन्न व्यक्तियों को उत्तर देने के लिए प्रेषित की गई प्रश्नों की एक सूची है"।

गुड एवं हाट

> "सामान्यतः प्रश्नावली शब्द से तात्पर्य प्रश्नों के उत्तर प्राप्त करने के एक उपकरण से होता है जिसमें एक प्रपत्र का प्रयोग किया जाता है जिसे उत्तरदाता स्वयं ही भरता है"।

प्रश्नावली के प्रकार (Types of Questionnaire)

प्रश्नावली प्रायः दो प्रकार की होती है:

1. स्वतंत्र (Open Form) तथा
2. पूर्व निर्धारित या निश्चित (Closed Form)

स्वतंत्र प्रश्नावली की विशेषता है कि उत्तरदाता को स्वयं उसमें उत्तर देने होते हैं। वह उत्तर अपनी इच्छानुसार घटा बढ़ाकर दे सकता है। इसमें उत्तर देने के लिए विशेष निर्देश भी नहीं होते। इसका एक लाभ अवश्य है कि स्वतंत्र प्रश्नावली में उत्तरदाता अपनी राय, विचार आदि स्पष्टता से दे सकता है।

निर्धारित या निश्चित या बन्द प्रश्नावली में उत्तरदाता को पूर्व निर्दिष्ट उत्तरों में से किसी एक या दो को अपना उत्तर बताना होता है। इस प्रकार इस प्रश्नावली में स्वतन्त्र प्रश्नावली की गहराई तो नहीं आती किन्तु उत्तरों के विश्लेषण, वर्गीकरण तथा समूहों की तुलना आदि में सुविधा अवश्य रहती है। विशाल जनसंख्या व्यापक क्षेत्र या प्रश्नों की अधिक संख्या की स्थिति में भी निश्चित या बंद प्रश्नावली ही उपयुक्त रहती है। किन्तु प्रायः इस प्रकार की प्रश्नावली में भी उत्तरदाताओं को स्वतंत्रता रहती है कि रिक्त स्थानों में अपना मत प्रकट कर दें, यदि वह पूर्व निर्दिष्ट तथा पूर्वलिखित उत्तरों से सहमत नहीं हैं। प्रायः दोनों प्रकार की प्रश्नावली का मिश्रित प्रयोग ही प्रचलित है।

उदाहरणः स्वतन्त्र प्रश्नावली

बताइए कि आपने इस कालेज को ही सबसे अधिक पसंद क्यों किया?

....

....

.... या

आपके मतानुसार अंग्रेज़ी पढ़ने के लिए छात्र प्रायः ईसाई स्कूलों में क्यों जाते हैं?

....

....

उदाहरणः पूर्वनिर्धारित/निश्चित या बन्द प्रश्नावली

1. आप अपने बच्चों की शिक्षा किसी पब्लिक स्कूल में दिलाना पसंद करेंगे–
   (अ) क्योंकि इस प्रकार आपकी सामाजिक प्रतिष्ठा बढ़ेगी।
   (ब) क्योंकि अन्य स्कूलों में अच्छी शिक्षा नहीं दी जाती।
   (स) क्योंकि अन्य स्कूलों में अच्छी आदतें सिखाई जाती हैं।
   (द) ....

या

2. भारतवर्ष के लिए पब्लिक स्कूल आवश्यक हैं?
   (अ) क्योंकि इनका भूतकाल बड़ा उपयोगी तथा महत्वपूर्ण रहा है।
   (ब) क्योंकि इस प्रकार की शिक्षा अन्यथा संभव नहीं है।
   (स) क्योकि इनमें छात्रों का भविष्य निश्चित होता है।
   (द) क्योंकि वर्तमान भारतीय वर्गभेद को बनाये रखने के लिए यह आवश्यक है।
   (इ) ....

यहां हम पाठकों को यह बताना चाहते हैं कि प्रत्येक प्रश्नावली के प्रारम्भ में कुछ निर्देश होने चाहिए ताकि उत्तरदाता अनुसंधाता की इच्छा जान ले। निर्देश कम से कम, स्पष्ट, मधुर तथा शिष्ट भाषा में होने चाहिए। व्यक्तिगत राय या अन्य जानकारी प्राप्त करते समय यह देख लेना चाहिए कि उत्तरदाता सूचना देते समय अपना नाम गोपनीय रखना चाहता है या नहीं। प्रायः गोपनीय सूचना लेते समय नाम

आदि बातें नहीं पूछनी चाहिए। कहना न होगा कि प्रश्नावली का आकार छोटा होना चाहिए तथा सीमित प्रश्न पूछे जाने चाहिए। प्रश्नों की भाषा ऐसी होनी चाहिए कि प्रत्येक उत्तरदाता आसानी से उन्हें समझ लें। सूचना इस प्रकार की पूछनी चाहिए कि बिना झिझक या झूठ बोले वह आसानी से दी जा सके। प्रश्नावली ऐसी होनी चाहिए कि उत्तरदाता के मन में प्रश्नकर्ता के प्रति विश्वास जाग्रत हो जाए।

यहां हम आपके लिए आर्थर कोर्नहाउज़र तथा पाल शेलिट्ज द्वारा बताई गई प्रश्नावली को बनाने के सम्बन्ध की कुछ बातों को उद्धृत करने जा रहे हैं। लेखकों का मत है कि प्रश्नावली तैयार करने से पूर्व समस्या जिसके सम्बन्ध में प्रश्न पूछने हैं, पहले से निश्चित कर लेनी चाहिए। यही नहीं उसका क्षेत्र, संभावित उत्तरों के सम्बन्ध में भी सोचना हितकर रहता है। प्रश्नावली किस प्रकार प्रयोग में लायी जाये, इस सम्बन्ध में भी सोच लेना चाहिए कि प्रश्नों की भाषा, आकार, संगठन, संयोजन आदि को भी निश्चित कर लेना चाहिए। यह जानने के लिए कि उत्तरदाता सही उत्तर दे रहा है, भाषा बदलकर एक-आध प्रश्न कुछ अंतर के साथ दोहरा देना चाहिए। फिर प्रश्नावली को उपयोग में लाने से पूर्व परीक्षा कर लेनी चाहिए ताकि जो प्रश्न गूढ़ हों, अनिश्चित हों, जिनके सम्बन्ध में बाद में यह राय हो जाये कि यह व्यर्थ हैं, निकाल दिये जा सकें।

इन्हीं लेखकद्वय के मतानुसार प्रश्नावली के प्रश्नों के संबंध में प्रत्येक अनुसंधाता को निम्नलिखित प्रकार के प्रश्न स्वयं से पूछने चाहिए–

1. क्या अमुक प्रश्न आवश्यक है? और क्यों?
2. क्या इस विषय पर बहुत से प्रश्न पूछने चाहिए?
3. क्या सहायक सामग्री मुख्य उत्तरों को समझने में सहायक होगी?
4. क्या उत्तरदाता से समस्या के महत्व के विषय में भी जानकारी प्राप्त करनी चाहिए?
5. क्या उत्तरदाता के पास निश्चित उत्तर सामग्री है?
6. क्या प्रश्नों की भाषा विशिष्ट उत्तरदाता के अनुभवों से सम्बन्धित है?
7. प्रश्न में झूठी बात के लिये अधिक संभावना तो नहीं?
8. क्या प्रश्नों की दिशा व्यापक है या सब प्रश्न एक ही दिशा में पूछे गये हैं?
9. क्या उत्तरदाता इच्छित सूचना देंगे?
10. क्या प्रश्नों की भाषा अधिक व्यक्तिगत है?
11. क्या प्रश्नों की भाषा सरल है?
12. किस प्रकार के उत्तर उचित होंगे – स्वतंत्र या बंद आदि-आदि ?

निःसंदेह यदि प्रश्नकर्ता इन प्रश्नों के उत्तर संतोषजनक दे सकता है तो प्रश्नावली में त्रुटियों की कम संभावना है। हमारे विचार से आदर्श प्रश्नावली तो असंभव है। आदर्श जैसी प्रश्नावली अवश्य बनाई जा सकती है।

इस सम्बन्ध में बेस्ट महोदय ने भी कुछ परामर्श दिए हैं जो विचार करने योग्य हैं–

1. उनके अनुसार प्रश्नावली में प्रयुक्त शब्दों के अर्थ, यदि यह संभावना हो कि उनका निश्चित तथा सार्वभौमिक अर्थ नहीं है, तो परिभाषा के साथ देने चाहिए।

2. इसी प्रकार गलत समझे जाने वाले विशेषण तथा क्रियाविशेषणों का कम से कम प्रयोग करना चाहिए, जैसेः प्रायः, कभी-कभी आदि।
3. यदि प्रश्नों के निर्दिष्ट उत्तर लेने हैं तो संभावित उत्तरों में उचित विकल्प (Alternative) देना चाहिए।
4. द्वयर्थक प्रश्न तथा शब्दों का प्रयोग नहीं करना चाहिए।
5. तुलनात्मक उत्तरों के लिए शब्दों की व्याख्या दे देनी चाहिए।
   उदाहरण: इस स्कूल के अध्यापक कैसा पढ़ाते हैं?
   (अ) बहुत अच्छा (ब) अच्छा (स) साधारण ।
   इस प्रश्न के साथ यह भी बताना चाहिए कि प्रश्नकर्ता किस स्तर के, किस विषय के साथ, किस योग्यता के अध्यापकों की तुलना करवाना चाहता है।
6. व्यर्थ की साध्य मान्यताएं प्रश्नों में मत रखिए, जैसेः क्या आज की शिक्षा में आपकी दृष्टि से सुधार अपेक्षित नहीं।
7. प्रश्न ऐसे होने चाहिए जिनके पूर्ण उत्तर प्राप्त हों।
8. प्रश्नों की संख्या तथा भाषा संभावित उत्तरों के वर्गीकरण को देखते हुए बतानी चाहिए, आदि, आदि।

हमें यह स्मरण रखना चाहिए कि प्रश्नावली अच्छी बन जाने पर भी तब तक विशेष लाभ की संभावना नहीं जब तक कि उत्तरदाता उसके उत्तर देने के लिए तैयार न हों। इसलिए प्रश्नों की भाषा, संयोजन, कागज के प्रयोग, प्रश्नावली के साथ के पत्र, निर्देश की निहित शिष्टता आदि बड़ी आवश्यक बातें हैं जिन्हें भूलने का अर्थ भयंकर हो सकता है।

फ्राई महोदय के मतानुसार प्रश्नावली का प्रयोग तभी करना उचित होता है जब यह निश्चित हो जाए कि प्रश्न कुछ बातों के संबंध में सांख्यिकीय जानकारी एकत्र करने का है तथा पता लगाने का है कि किस सीमा तक यह तथ्य महत्वपूर्ण रहेंगे। स्पष्ट है कि सामग्री के एकत्रीकरण के लिए प्रश्नावली कोई पूर्ण साधन नहीं। यह सहायक साधन है।

बेस्ट महोदय के अनुसार एक अच्छी प्रश्नावली में निम्नलिखित बातें होती हैं–

1. यह विषय-विशेष से संबंधित होती है।
2. इससे केवल ऐसी जानकारी प्राप्त करने का प्रयत्न होता है जो अन्य सूत्रों द्वारा एकत्र नहीं हो सकती।
3. यह संक्षिप्त होती है और इसका संगठन तथा भाषा का स्तर ऊँचा होता है।
4. यह देखने में आकर्षक होती है।
5. इसके निर्देश स्पष्ट होते हैं तथा जिन शब्दों का उल्लेख होता है, उनकी व्याख्या दी हुई होती है।
6. प्रश्न व्यक्तिगत जानकारी से संबंधित नहीं होते।
7. प्रश्नों को मनोवैज्ञानिक ढंग से प्रस्तुत किया जाता है।
8. प्रश्नों के उत्तरों का वर्गीकरण आसान होता है।

उपर्युक्त अच्छाइयों के अतिरिक्त प्रश्नावली की विशेषता उसके सस्ते या कम खर्चीली होने में भी है।

जैसा हमने ऊपर कहा कि प्रत्येक प्रश्नावली को अंतिम रूप देने से पूर्व उसको कुछ मित्रों या विषयों (Subjects) को दिखाकर परख लेना हितकर रहता है। यदि प्रश्नावली देने के पश्चात भी उसमें दोष रह जाएं तो उसे बदल देना चाहिए।

प्रश्नावली बनाने के चरण (Steps to Prepare Questionnaire)

प्रश्नावलियां विशिष्ट एवं व्यवस्थित तरीके से बनाई जाती हैं, अतः यह प्रक्रिया अनेक अन्तर्संबद्ध चरणों से गुजरती है जिनमें प्रमुख हैं:

1. *तैयारी :* इसमें अनुसंधानकर्ता प्रश्नावली में शामिल विषय तथा उससे जुड़े अन्य शोधों, प्रश्नों पर विचार करता है।

2. *प्रथम प्रारूप निर्माण :* इसके अंतर्गत विभिन्न प्रकार, जैसे प्रत्यक्षध्परोक्ष, मुक्तध्बंद, सीमित/असीमित, प्राथमिक/द्वितीयकध्तृतीयक प्रश्नों सहित अनेक प्रश्न बनाता है।

3. *स्व मूल्यांकन :* अनुसंधानकर्ता प्रश्नों की प्रासंगिकता, एकरूपता, भाषा में स्पष्टता आदि पर भी विचार करता है।

4. *बाहय मूल्यांकन :* प्रथम प्रारूप एक या दो सहयोगियों, विशेषज्ञों को जांच एवं सुझाव के लिए दिया जाता है।

5. *पुनरावलोकन :* सुझाव मिलने के बाद कुछ प्रश्न तो हटा दिये जाते हैं, कुछ बदले जाते हैं और कुछ नये प्रश्न जोड़े जाते हैं।

6. *पूर्व परीक्षण या पायलट अध्ययन :* समूची प्रश्नावली की उपयुक्तता की जांच के लिए पूर्व परीक्षण या पायलट अध्ययन किया जाता है।

7. *पुनरावलोकन :* पूर्व परीक्षण से प्राप्त अनुभव के आधार पर कुछ परिवर्तन किये जा सकते हैं।

8. *द्वितीय पूर्व परीक्षण :* पुनरावलोकित प्रश्नावली का दुबारा परीक्षण होता है औरा आवश्यकतानुसार उसमें सुधार किया जाता है।

9. *अन्तिम प्रारुप तैयार करना :* संपादन, वर्तनी, जांच, उत्तरों के लिए जगह, पूर्व कोडिंग के बाद अंतिम प्रारूप तैयार होता है।

प्रश्नावली विधि में भी गुण और दोष दोनों होते हैं:

प्रश्नावली के दोष (Demerits of Questionnaire)

वस्तुतः इस साधन की सबसे बड़ी कमी यह है, और जो स्पष्ट है कि यह अनपढ़ लोगों पर लागू नहीं किया जा सकता। इसका अर्थ यह हुआ कि भारत में इसका प्रयोग कुछ सीमाओं के अंदर ही किया जा सकता है। मध्यवर्गीय तथा नगर निवासियों से ही इसके द्वारा सूचना एकत्र की जा सकती है। भारत के उच्चवर्ग द्वारा एकत्रित सामग्री के विश्वसनीय होने के संबंध में भी संदेह है और फिर डाक द्वारा भेजे जाने के कारण या लोगों में वितरित किए जाने के कारण इनका लौटना बड़ा मुश्किल होता है। हमारा व्यक्तिगत अनुभव है कि हमारे द्वारा भेजी गई प्रश्नावली में मुश्किल से 20 प्रतिशत व्यक्तियों के उत्तर प्राप्त हुए। कदाचित, वह

20 प्रतिशत भी तब, जबकि उनमें से अधिकतर व्यक्तियों को हम स्वयं जानते थे। कहना न होगा कि वह साधन अपूर्ण है। इसलिए इसका प्रयोग किसी गहन विषय पर अनुसंधान करते समय नहीं हो सकता। किन्तु इन्टरनेट के द्वारा प्रश्नावली का वितरण व प्राप्ति सरल हो गये हैं।

प्रश्नावली के गुण (Merits of Questionnaire)

प्रश्नावली का उपयोग विस्तृत क्षेत्र से सामग्री एकत्र करने के लिए किया जाता है। प्रश्नावली द्वारा खर्च भी कम होता है। इसके द्वारा प्राप्त सामग्री के वर्गीकरण में आसानी रहती है। बहुत से प्रश्नों के निश्चित उत्तर मिल सकते हैं। साथ ही इस साधन से, गोपनीय विषयों पर उत्तर प्रायः अधिक सुविधा से प्राप्त किए जा सकते हैं, क्योंकि सूचना देने के पश्चात भी उत्तरदाता को विश्वास रहता है कि उसका सूत्र ज्ञात नहीं हो सकता।

3. मतावली या अभिरुचि स्केल (Opinionnaire Aptitude Scale)

किसी व्यक्ति से उसके विचार तथा मत के संबंध में जानकारी प्राप्त करने के साधन को मतावली या अभिरुचि स्केल कहते हैं। मतों तथा अभिरुचियों में भिन्नता होती है। व्यक्ति के विश्वास या विचार को अभिरुचि कहते हैं। किंतु इसका जानना बड़ा कठिन होता है। इसलिए कुछ चुने हुए प्रश्नों के आधार पर प्राप्त उत्तरों से मत का ज्ञान होता है। इस प्रकार अनुसंधाता व्यक्ति-विशेष का मत ज्ञात करता है।

इस साधन का प्रयोग अधिकतर समाजशास्त्र तथा मनोविज्ञान में होता है। किंतु किसी व्यक्ति के सही मत का ज्ञान प्राप्त करना असंभव नहीं, तो दुष्कर अवश्य है। फिर भी इस दिशा में प्रयत्न हुए हैं। थर्सटन का तरीका एवं लिकर्ट विधि– ये दो साधन हैं जिनके द्वारा जानकारी के प्रयत्न हुए हैं। यहाँ इन तरीक़ों की चर्चा समीचीन नहीं, क्योंकि ये तरीक़े अमरीका के लिए उपयुक्त हैं तथा सामग्री का आधार भी वहीं का है। फिर भी एक मिलता-जुलता उदाहरण प्रस्तुत है ताकि इन तरीक़ों को समझने में सुविधा हो जाए।

अभिरुचि स्केल

अ	ब	स	द	इ

निर्देश

नीचे कुछ बातें कही गई हैं जिनके संबंध में हमें यह कहना है कि वह केवल 'मत' मात्र हैं, इसलिए न वे ग़लत हैं और न सही। आपके उत्तरों की अपेक्षा है ताकि आपके अनुभवों के आधार पर इनकी सत्यता के विषय में जानकारी प्राप्त हो सकें। कृपया हां या न द्वारा संकेत कीजिए कि नीचे की बातों के प्रति आपका क्या मत है–

अ. मैं बात से सहमत हूं
ब. मैं आंशिक रूप से सहमत हूं।
स. मैं अनिश्चित हूं।
द मैं आंशिक रूप से असहमत हूं।
इ. मैं असहमत हूं।

मतावली

1. अध्यापकों की भरती के समय उनके धर्म या विश्वास से कोई संबंध नहीं होना चाहिए।
2. अछूतों को सबके साथ पढ़ने के लिए भेजने से ही हमारे प्रजातंत्र की रक्षा संभव है।

लिकर्ट ने प्रत्येक मत का स्केल बनाया है। वह किसी प्रकार से भी उपयोग में लाया जा सकता है। यदि किसी बात से सहमति का स्केल देखा जाए तो वह इस प्रकार का होगाः

स्केल मूल्यांकन

अ.	सहमत	5
ब.	आंशिक सहमत	4
स.	अनिश्चित	3
द.	आंशिक असहमत	2
इ.	असहमत	1

और यदि प्रश्नों के उत्तरों की स्थिति बदल दी जाए, तो उसका हिसाब इस प्रकार लगाया जाएगाः

अ.	सहमत	1
ब.	आंशिक सहमत	2
स.	अनिश्चित	3
द.	आंशिक असहमत	4
इ.	असहमत	5

यदि मान लिया जाए कि 30 प्रश्न पूछे गये तो सहमति आदि का हिसाब इस प्रकार होगाः

30 × 5 = 150	सहमति
30 × 3 = 90	तटस्थता
30 × 1 = 30	असहमति

किसी भी व्यक्ति के प्राप्तांक 30 से लेकर 150 के बीच आएंगे।

यद्यपि इस साधन की उपयुक्तता सदैव मान्य नहीं हो सकती और न ही इसे किसी प्रकार का आदर्श साधन ही माना जा सकता है, फिर भी इसका उपयोग कुछ दशाओं में न केवल आवश्यक होता है वरन उचित भी होता है। इस जानकारी के आधार पर शिक्षा के रुख को मोड़ा जा सकता है। उदाहरण के लिए, यदि अब भी दलित वर्ग के प्रति कुछ लोगों में रोष है या जातीयता की भावना का कुप्रभाव व्यापक है तो इस प्रकार की शिक्षा दी जा सकती है कि अगली पीढ़ी इन बातों से कम से कम ग्रसित हो। अज्ञान प्रायः रोष या विरोध का कारण होता है। बातों को इस प्रकार रखा जा सकता है कि अज्ञान मिट जाए और लोगों की अभिरुचियों में परिवर्तन हो जाए।

इस प्रकार के प्रयोग हमारे देश में अभी तक लगभग नहीं के बराबर हुए हैं। हमारे विचार से आधुनिक शिक्षा में इन प्रयोगों के आधार पर परिवर्तन लाना अत्यन्त आवश्यक है।

4. साक्षात्कार (Interview)

बेस्ट महोदय के शब्दों में, साक्षात्कार मौखिक प्रश्नावली है। यदि साक्षात्कार करने वाला व्यक्ति अनुभवी तथा प्रशिक्षित है तो यह साधन अन्य सामग्री एकत्र करने के साधनों से कहीं अच्छा तथा उपयुक्त सिद्ध हो सकता है। इस साधन की विशेषता व्यक्तिगत संपर्क तथा उद्देश्य की पूर्ति के लिए प्रश्नों का घटाना-बढ़ाना, बदलना आदि है। यह शिक्षित - अशिक्षित दोनों पर ही समान रूप से प्रयुक्त हो सकता है। इसमें केवल समय का खर्च है, अन्यथा यह सबसे सस्ता साधन है। चूंकि साक्षात्कार आसान बात नहीं, इसलिए साक्षात्कारकर्ता को न केवल अपने प्रश्न, उनकी भाषा, उनके गठन तथा उद्देश्य की जानकारी होनी अपेक्षित है, अपितु उसे अपने विषय पर अधिकार भी होना चाहिए। इतना ही नहीं, उसमें सामग्री एकत्र करने की वैज्ञानिक जिज्ञासा आदि का होना भी आवश्यक है। साथ ही उसका व्यक्तित्व प्रभावशाली और भाषा शिष्ट होनी चाहिए।

साक्षात्कार प्रायः प्रश्नावली का पूरक होता है। प्रश्नावली के उत्तरदाताओं में से कम से कम 25 प्रतिशत व्यक्तियों से साक्षात्कार करके हम प्रश्नावली के उत्तरों का सत्यापन कर सकते हैं। इस प्रकार हम न केवल उत्तरों को जान ही लेते हैं वरन उनकी गहराई तक पहुंच जाते हैं।

साक्षात्कार दो प्रकार के होते हैं: 1. अनियंत्रित साक्षात्कार तथा, 2. नियंत्रित या केंद्रित साक्षात्कार।

अनियंत्रित साक्षात्कार में साक्षात्कारकर्ता अपने विषय के संबंध में प्रश्नावली तैयार करके नहीं ले जाता। वह आवश्यकतानुसार प्रश्नों को घटा-बढ़ा सकता है। वह गहराई तक पहुंचने के लिए प्रश्नों के प्रकार बदल सकता है। केंद्रित या

नियंत्रित साक्षात्कार में प्रायः साक्षात्कार प्रदर्शिका (Guide) की सहायता ली जाती है। इसमें यह आवश्यक है कि जिसका साक्षात्कार किया जा रहा है वह उस परिस्थिति या घटना के संबंध में जानकारी रखता हो। इसके लिए यह आवश्यक है कि साक्षात्कार करने वाले को भी उस परिस्थिति का ज्ञान हो तथा वह उसी के संबंध में जानकारी प्राप्त करना चाहता हो।

कभी-कभी आवृत्तिपूर्ण साक्षात्कार भी आवश्यक हो जाता है। इसकी आवश्यकता प्रायः उस समय पड़ती है जब किसी व्यक्ति पर सामाजिक या मनोवैज्ञानिक प्रक्रिया के धीरे-धीरे पड़ने वाले प्रभाव का अध्ययन करना हो। इससे जानकारी विशेष देने से पूर्व तथा उसके पश्चात की अवस्थाओं का अध्ययन किया जा सकता है।

साक्षात्कार के लिए साक्षात्कारकर्ता की आवश्यकता होती है। उसे साक्षात्कारदाता के प्रश्नों के संबंध में जानकारी होनी चाहिए। इसलिए उसे सोचना पड़ता है कि स्वयं कौन-कौन से प्रश्न पूछे जा सकते हैं। उसे धैर्य के साथ साक्षात्कारदाता की बातों को सुनना चाहिए। यह नहीं कि वह बीच-बीच में अवरोध उत्पन्न करता रहे। बात का रुख शिष्टता के साथ टोककर बदलना चाहिए। यदि विषय ऐसा हो जिसमें किसी की भावनाओं को ठेस पहुंचने की संभावना हो, तब बहुत समझदारी से कार्य करना चाहिए। यदि किसी बात के संबंध में साक्षात्कारदाता के मत में संगतता (Consistency) न हो तो उस विषय पर दूसरे शब्दों में घुमा-फिराकर परख कर लेनी चाहिए। यह इस प्रकार करना चाहिए कि लगे साक्षात्कारदाता से, अनचाहे-अनजाने असंगत बात मुंह से निकल गई है। कभी साक्षात्कार के दौरान ऐसी भी अवस्था आ सकती है जबकि साक्षात्कारदाता उत्तर देने से मना कर दें। ऐसी दशा में साक्षात्कारकर्ता को बुद्धिमानी से उत्तर लेना होगा।

एक अन्य बात यह भी ध्यान में रखने की है कि साक्षात्कारकर्ता को साक्षात्कार इस प्रकार समाप्त करना चाहिए कि साक्षात्कारदाता थका हुआ न लगे। यदि साक्षात्कारदाता किसी सूचना को गोपनीय रखने को कहे तो उसे इस बात का विश्वास दिलाना चाहिए। साक्षात्कार के लिए मौखिक प्रदर्शिका (Guide) बना लेनी चाहिए ताकि प्रश्न एक निश्चित दिशा में पूछे जाएं। निस्संदेह प्रदर्शिका स्मृति के आधार पर बनाई जाएगी। यंग का कथन है कि साक्षात्कारकर्ता तथा साक्षात्कारदाता का परिचय होना चाहिए ताकि प्रश्नोत्तर के समय उनके बीच में कोई दीवार न आए। हम समझते हैं कि यह आदर्श स्थिति है और यह सदैव न तो संभव है और न आवश्यक। उदाहरण के लिए, शिक्षा के क्षेत्र में यदि अनुसंधाता मुख्याध्यापकों का मत जानना चाहता है तो प्रत्येक मुख्याध्यापक से उसका परिचय आवश्यक नहीं है, क्योंकि उनसे परिचय प्राप्त करने में वर्षों का समय लग सकता है। ऐसी दशा में उनके मित्रों आदि से पत्र लेकर जाना भी लाभकर रहता है।

कभी-कभी साक्षात्कार में दृश्य सामग्री (Visual Aids) का प्रयोग भी किया जाता है, जैसे, बच्चों का साक्षात्कार करते समय खिलौने, चित्र, फिल्म आदि का प्रयोग। इनका प्रयोग पाश्चात्य देशों में साधारण है। भारत में तो केवल कुछ ही

स्थानों पर ऐसा किया जाता है और वहां साक्षात्कारदाता को साक्षात्कारकर्ता के यहां बुला लिया जाता है।

और अंत में साक्षात्कार को किस प्रकार लिखना चाहिए – इस पर विचार कर लेना चाहिए। इस विषय में मतैक्य संभव नहीं है। कुछ अनुसंधाताओं का विचार है कि साक्षात्कार के प्रत्येक शब्द को लिखा जाना चाहिए और कुछ कहते हैं कि संक्षिप्तीकरण में साक्षात्कारदाता के मत तथा अर्थ के साथ साक्षात्कारकर्ता के अपने मत तथा अर्थ समादिष्ट हुए बिना नहीं रहते। इस प्रकार साक्षात्कार में पूर्वाग्रह आ जाता है। किंतु प्रत्येक शब्द का लिखवााना भी तो संभव नहीं। वीडियो कान्फ्रेंसिंग तथा डिजिटल कैमरे से पूरे साक्षात्कार की रिकार्डिंग अब सरल हो गयी है।

साक्षात्कार का मुख्य दोष यह है कि इसका प्रयोग हर व्यक्ति नहीं कर सकता। इसकी सूचना के वर्गीकरण तथा अर्थ लगाने में भी प्रत्येक को सफलता नहीं मिल सकती। इसमें समय बहुत खर्च होता है। फिर भी साक्षात्कार एक आवश्यक साधन है और विशेषकर तब, जबकि यह प्रश्नावली या मतावली का पूरक होता है।

5. निरीक्षण या अवलोकन (Observation)

शिक्षा के क्षेत्र में अवलोकन अनुसंधान का एक बड़ा ही महत्वपूर्ण साधन है। बहुत सी सामग्री के एकत्रीकरण के लिए इससे अधिक उपयुक्त अन्य कोई साधन नहीं हो सकता। इसकी विशेषता यह है कि इसमें अध्ययनकर्ता जीवन को बड़े निकट से देखता है। वस्तुस्थिति के देख लेने पर उसके विषय में धारणा बनाना अधिक वैज्ञानिक होता है। उदाहरण के लिए, कक्षा 9 में किसी विशेष पुस्तक के प्रति रुचि का अध्ययन करना हो तो उस पुस्तक को छात्रों को देकर उनका अध्ययन कीजिए। यदि नर्सरी बच्चों में से किन्हीं विशेष बच्चों की अपने साथियों के साथ खेलने या झगड़ने की प्रवृत्ति का अध्ययन करना है तो अवलोकन ही सबसे उपयुक्त साधन सिद्ध होगा।

किसी समस्या के अध्ययन के लिए अवलोकन प्रायः एक सहायक साधन माना जाता है। इसकी सहायता के लिए अन्य साधनों का उपयोग होता है। समस्या पर विचार करके अवलोकन का समय, समूह, अवधि आदि को सोचा जाता है। यह दो प्रकार का होता हैः

(1) नियंत्रित
(2) अनियंत्रित

नियंत्रित अवलोकन (Controlled Observation)

नियंत्रित अवलोकन में अनुसंधाता समस्या के साथ-साथ उसके क्षेत्र तथा अवलोकन के प्रत्येक पहलू का गहन अध्ययन करके पहले से ही तैयार रहता है। अवलोकन के समय तो उसे अपने विषयों (Subjects) की प्रतिक्रिया का अध्ययन मात्र करना पड़ता है। प्रायः ऐसे अवलोकन के समय अनुसंधाता प्रयोगशाला में

जीवन की स्वाभाविक स्थिति उत्पन्न कर देते हैं। फिर वह पूर्व निश्चित दशाओं में या तो अपने विषयों के साथ रहकर या छिपकर वस्तुस्थिति का अध्ययन करता है। अमरीका में इस प्रकार के बहुत से अनुसंधान हो चुके हैं। उनमें एक, जिसमें डा॰ डोरोथी ने अपने अन्य साथियों के सहयोग से बहुत सी प्रेरणाओं के प्रति नर्सरी के बच्चों की प्रतिक्रिया का अध्ययन किया, आज प्रसिद्ध हो चुका है। उन्होंने वस्तुनिष्ठता के लिए बहुत से अन्य साधन बनाए तथा क्रियाओं को छोटे-छोटे हिस्सों में बांटा। इस प्रकार उन्होंने अनुसंधाता की अपनी धारणाओं से समस्या के अध्ययन की सुरक्षा की।

नियंत्रित अवलोकन में प्रायः एक प्रदर्शिका (Guide) या अन्य बातें पहले से ही तैयार कर ली जाती हैं। अध्ययन के साथ टिप्पणी लेते चलने के अतिरिक्त फोटो, वीडियो रिकार्डिंग, साउंड रिकार्डिंग, फिल्म आदि का प्रयोग किया जाता है। कहना न होगा कि भारत में इन कीमती उपकरणों का प्रयोग व्ययसाध्य है। किन्तु आज तकनीकी विकास के साथ इनकी कीमतें सस्ती हो गयी हैं। हैन्डीकेम व कैमरे के साथ-साथ मोबाइल भी रिकार्डिंग में उपयोगी सिद्ध होता है।

अनियंत्रित अवलोकन (Un-Controlled Observation)

अनियंत्रित अवलोकन में अनुसंधाता विषय का अध्ययन अपनी सुविधा, रुचि तथा योग्यतानुसार करता है। किंतु यह अवलोकन ऐसी दशा में बहुत ही कठिन कार्य बन जाता है। अध्ययन की दिशा, समस्या की सीमा, प्रतिक्रिया की अनिश्चतता, विषयों की संख्या तथा समय और अवधि का तय करना इसे और भी कठिन बना देते हैं। इसलिए लाभप्रद यही रहता है कि इन सबके बारे में पहले से ही निश्चय कर लिया जाए। यदि ऐसा न किया गया तो टिप्पणी क्या लिखी जाए, समस्या कैसे सुलझाई जाए आदि प्रश्नों का उत्तर देना कठिन हो जाएगा।

अवलोकन में टिप्पणी कैसे लिखी जाए

यह विवादास्पद है कि टिप्पणी कब लिखी जाए? यदि बाद में लिखने की विधि अपनाई गई तो बहुमूल्य सामग्री के भूलने की संभावना है। यदि उसी समय लिखी गई तो अवलोकन तथा लेखन कार्य दोनों ही दुष्कर हो जाएंगे। इसलिए प्रायः संक्षेप में लिखना तथा बहुत से अवसरों पर फिल्म तथा फोटो तैयार करना ठीक रहता है। अब वीडियो-आडियो रिकार्डिंग के अति उत्तम व कम खर्चीले डिजिटल उपकरणों ने इस कार्य को सरल बना दिया है। पहले से लगाये गये कैमरे भी आडियो-वीडियो रिकार्डिंग को सरल बनाते हैं। इस प्रकार सामग्री के एकत्रीकरण में कठिनाई नहीं होती।

अवलोकन में वस्तुनिष्ठता उत्पन्न करने के बहुत से तरीके हैं। एक लेखक का कथन है कि यदि पूरे अवलोकन का टेपरिकार्ड कर लिया जाए तो वस्तुनिष्ठता बढ़ जाएगी। किंतु इसमें कमी केवल इतनी है कि जो कुछ कहा जाएगा वही तो रिकार्ड हो सकता है, इसलिए देखने वाली चीज़ों की फिल्म बना लेनी चाहिए। इसलिए एक अन्य सुझाव यह है कि अवलोकन एक से अधिक लोग करें और आपस में विचार-विमर्श करके अपनी त्रुटियों को दूर करें। किंतु इसमें

कमी यह है कि किन्हीं दो व्यक्तियों का अवलोकन एक सा नहीं हो सकता और कम से कम उनके अवलोकन का अर्थ तो अवश्य ही भिन्न होगा। प्रतिभागी अवलोकन (Participant Observation) समाजशास्त्र के विषयों में अधिक होता है।

अनुसंधाता की स्वयं की धारणाएं अनुसंधान में कभी-कभी बाधक होती हैं इसलिए आत्म अवलोकन द्वारा अपनी कमियों को दूर करने का सुझाव यंग ने दिया है। इस संबंध में विश्वप्रसिद्ध बर्ट्रेंड रसेल का बड़ा ही उपयुक्त कथन है कि अनुसंधाता का स्वयं का सोचने का तरीका उसके अध्ययन को इस सीमा तक पूर्वाग्रहीत (Biased) कर सकता है कि अमरीकी अनुंसधाता जानवरों का अध्ययन करते समय उनमें यह देखें कि जानवर खूब कूद-फांद करते हैं और फिर अकस्मात ही अपने उद्देश्य को प्राप्त कर लेते हैं तथा जर्मन अनुसंधाता के जानवर बैठकर गंभीर चिंतन करते हैं और समस्या का हल ढूंढ़ लेते हैं। हो सकता है कि रसेल का कथन एक अत्युक्ति हो, फिर भी इतना मानना ही पड़ेगा कि अनुंसधाता के विचारों का प्रभाव सामग्री के अर्थ ग्रहण करने तथा उसके विश्लेषण पर अवश्य पड़ेगा।

जैसा कि हम ऊपर कह चुके हैं कि इस साधन में कुछ कमियां हैं तथा किसी अनुसंधान के लिए इसी को एकमात्र साधन मान लेना खतरे से खाली नहीं। इसलिए इसके दोषों को कम करने के कुछ तरीके बेस्ट महोदय ने बताए हैं:

1. अनुसूची का प्रयोग
2. मशीनों का प्रयोग
3. चेक लिस्ट
4. रेटिंग स्केल

इन तरीकों से अवलोकन को एक वैज्ञानिक पद्धति बनाया जा सकता है। इन सभी तरीकों से अवलोकन की दिशा तथा सामग्री को इकट्ठा करके अर्थ लगाने पर नियंत्रण किया जा सकता है। इन तरीकों पर विस्तार से चर्चा इसलिए आवश्यक नहीं कि अनुसूची, मशीनों (टेप रिकार्डिंग, वीडियो-ऑडियो रिकॉर्डिंग फिल्म आदि) के बारे में पहले ही लिखा जा चुका है।

अंत में यह जान लेना चाहिए कि अवलोकन के इस साधन में सबसे बड़ी कमी यह है कि अनुसंधाता कभी भी भावनाओं, मानसिक क्रियाओं का अवलोकन नहीं कर सकता। इस साधन का सबसे बड़ा गुण यह है कि इसका उपयोग सरल, सस्ता तथा सुविधाजनक है। किसी भूल-चूक को दोबारा से परखा जा सकता है। कहना न होगा कि अपनी वैज्ञानिक उन्नति के लिए युगों से मनुष्य इस साधन का उपयोग करता आया है।

6. मनोवैज्ञानिक मापन तथा परीक्षाएं (Psychological Tests)

सामग्री एकत्र करने के तरीकों में मनोवैज्ञानिक परीक्षाएं तथा मापन महत्वपूर्ण तरीके हैं। इनके द्वारा वैयक्तिक अंतर, अभिरुचि, सफलता, योग्यता आदि का पता चलता है। वास्तव में इनका सबसे बड़ा लाभ तो दिशा-निर्देशन का है। इन

परीक्षणों के पश्चात हम इस स्थिति में आ जाते हैं कि अगले चरण निर्धारित कर लें, क्योंकि ये परीक्षण के बड़े वैज्ञानिक तथा वस्तुनिष्ठ तरीके हैं जिनके द्वारा व्यक्तियों के व्यवहार या परिवर्तनों का निश्चित पता चलता है।

परीक्षाएं जीवन का अंग हैं। हम उनके कितने ही विरुद्ध क्यों न हों, उनके बिना एक दिन नहीं रह सकते। परीक्षाएं या मापन बहुत प्रकार के हो सकते हैं किन्तु उनमें से प्रमुख हैं: (1) उपलब्धि परीक्षण (Achievement Test), (2) अभिरुचि परीक्षण, (3) रुचि परीक्षण तथा, (4) व्यक्तित्व परीक्षण ।

इन परीक्षणों के दो तरीके हो सकते हैं: (1) व्यक्तिगत, अर्थात प्रत्येक व्यक्ति या छात्र का एक-एक करके परीक्षण हो या, (2) सामूहिक परीक्षण। यह परीक्षण अध्यापक द्वारा तैयार किये जा सकते हैं। इन्हें परीक्षा के समय ही तैयार किया जा सकता है और ये प्रमापित (Standardized) भी हो सकते हैं जो विधिवत रूप से तैयार किए गए हों। स्मरण रहे कि परीक्षण लिखित तथा मौखिक दोनों ही प्रकार के संभव हैं। यह परीक्षण समय, अवस्था, अभिरुचि, स्थान, उद्देश्य आदि का ध्यान रखते हुए दिए जाते हैं। किन्हीं-किन्हीं अवस्थाओं में दिए गए परीक्षणों में तो शब्दों का भी प्रयोग नहीं होता। उदाहरण, छोटे बच्चों को खिलौने देकर उनकी खेलने की प्रक्रिया का अध्ययन किया जाता है। इन सब कारणों से मनोवैज्ञानिक परीक्षण अपने में बड़े महत्वपूर्ण बन गए हैं और इन परीक्षणों का सार्वभौमिक प्रयोग होने लगा है। पाश्चात्य जगत की यह भेंट अपने में आदर्श नहीं किंतु एक सफल तथा सहज तरीक़ा अवश्य है। कुछ उदाहरण प्रस्तुत हैं:

उपलब्धि परीक्षण (Achievement Test): यह परीक्षण व्यक्ति-विशेष की किसी दिशा में सीखने की मात्रा का परीक्षण करता है। यह उस व्यक्ति की कमज़ोरियों तथा शक्तियों को बतलाता है। प्रायः यह परीक्षण विषयों में सफलता तथा उपलब्धि को आंकते हैं। इस प्रकार हमें छात्रों या व्यक्तियों की श्रेणी (Rank) का बोध होता है। सांख्यिकीय भाषा में हम छात्र की शिक्षालब्धि (Educational Quotient) को निश्चित करते हैं। इसका तरीका है:

$$\frac{\text{शिक्षा आयु (Educational Age)}}{\text{वर्षायु (Chronological Age)}} \times 100 = \text{शिक्षालब्धि Educational Quotient}$$

मान लीजिए किसी छात्र की शिक्षा आयु 14 साल है अर्थात वह उस परीक्षण में पास हो गया है जिसमें 14 वर्ष की आयु वाले पास होते हैं या होने चाहिए किंतु वर्षायु केवल 12 वर्ष है तो उसकी शिक्षा-लब्धि होगी:-

$$\frac{14}{12} \times 100 = 116.67 \quad \text{होगी।}$$

यह परीक्षण प्रमापीय तथा अप्रमापीय (Unstandardized) दोनों ही प्रकार का हो सकता है।

अभिरुचि परीक्षण: श्री डी.एस. रावत द्वारा उद्धृत बारेन महोदय की परिभाषा के अनुसार अभिरुचि दशा या विशेषताओं का वह संग्रह है जो किसी व्यक्ति की

योग्यता का परिचायक होता है जिसके द्वारा वह कुछ विशिष्ट उपयोगी ज्ञान, दक्षता या कुछ प्रतिक्रियाएं सीख लेता है, जैसे–भाषा को बोलने की योग्यता या गीत गाने की क्षमता आदि। हमें इस बात की गहराई में जाने की आवश्यकता नहीं कि अभिरुचि से हमारा अभिप्राय जन्मजात निधियों या गुणों से है या अर्जित गुणों से। प्रायः हम अभिरुचि को जन्मजात गुण ही मानते हैं किंतु यह धारणा नितांत भ्रामक भी सिद्ध हो सकती है। बात कुछ भी हो, इस परीक्षण द्वारा हम व्यक्ति-विशेष की भावी सफलता के विषय में अंदाज़ लगा सकते हैं। उसके अध्ययन के लिए विषयों का चुनाव कर सकते हैं, प्रशिक्षण के लिए क्षेत्र चुन सकते हैं, तथा किसी भी पेशे के लिए व्यक्तियों को छांटने में सहायता दे सकते हैं। इसका यह अर्थ नहीं कि यह परीक्षण वास्तव में सही भविष्यवाणी कर सकते हैं। ये तो परीक्षक को वर्तमान परीक्षा के आधार पर दिशामात्र बतलाते हैं। परीक्षक फल से अनुमान लगा सकता है। अनुमान, जैसा सर्वविदित है, भ्रामक भी हो सकता है। किंतु इसका यह अर्थ भी नहीं कि अभिरुचि परीक्षण प्रायः असफल रहे हैं। वस्तुतः उनकी सफलता ने उन्हें सार्वभौमिक मान्यता दिलाई है। अमरीका में तो प्रायः प्रत्येक प्रवेश के लिए अभिरुचि परीक्षण किया जाता है और इसको इतनी मान्यता दे रखी है कि वह उपहास का विषय बन गई है।

रुचि (Interest) परीक्षण: यह अभिरुचि की भांति किसी भी व्यक्ति की रुचि को बतलाता है। इस परीक्षण से यह पता चल सकता है कि अमुक व्यक्ति किस प्रकार का कार्य प्रायः करता होगा। रुचि का यह कई प्रकार से ज्ञान देता है। किसी व्यक्ति से सीधे-सीधे रुचि के विषय में पूछा जाता है और किसी से परोक्ष रूप से। उदाहरण के लिए, आप किस काम को करने में सर्वाधिक सुख अनुभव करते हैं– इस उत्तर के आधार पर यह पता चल जाएगा कि उसकी रुचि किस कार्य में है – क्योंकि साधारणतया यह माना जाता है कि प्रत्येक को रुचिकर कार्य करने में ही सबसे अधिक प्रसन्नता और सुख का अनुभव होता है। या कभी-कभी छात्रों के स्कूल, घर तथा मित्रों के साथ मिलकर समय के उपयोग का हिसाब लगाया जाता है और जिस काम में छात्र सबसे अधिक समय अपनी इच्छा से लगाता है, उसे उसकी रुचि मान लिया जाता है।

व्यक्तित्व परीक्षण: व्यक्तित्व का परीक्षण कोई साधारण बात नहीं। किसी व्यक्तित्व के कितने भी परीक्षण क्यों न किए जाएं, साधारण रूप से उसका अनुमान लगाना कठिन है। कारण स्पष्ट है। मनुष्य प्रत्येक अवसर पर सोचकर कार्य करता है, इसलिए वह अपनी कार्यविधि, प्रतिक्रिया तथा अन्य आदतों में परिवर्तन ला सकता है। किंतु इस दिशा में उन लोगों का परीक्षण अधिक संभव है जो मानसिक रूप से अस्वस्थ हैं या जिनके चरित्र या व्यवहार में ऐसे गुण उत्पन्न हो गए हैं जो छिपाए नहीं जा सकते। फिर भी कुछ मनीषियों तथा मनोविज्ञानवेत्ताओं ने 'व्यक्तित्व' के क्षेत्र में बड़े सफल अध्ययन किए हैं। इन विद्वानों में आलपोर्ट तथा आईज़ेंक बहुत ही प्रसिद्ध हैं। इसका यह अर्थ नहीं कि इन दोनों के अध्ययन की साध्यमान्यता या उपकरण एक ही थे या इनकी व्याख्या (Interpretation) समान है। हमारे देश के लिए ही नहीं वरन् पाश्चात्य देशों के शिक्षाशास्त्रियों के लिए भी इनकी ये पुस्तकें लाभप्रद हैं।

व्यक्तित्व परीक्षण के लिए असंख्य परीक्षणों का निर्माण हो चुका है। और रुग्ण से लेकर असाधारण रूप से स्वस्थ (मानसिक तथा शारीरिक) व्यक्तियों के लिए परीक्षण बनाए जा चुके हैं। किंतु इन परीक्षणों की आवश्यकता प्रायः उस समय अधिक होती है जब किसी रुग्ण व्यक्तित्व का अध्ययन करना होता है। यह परीक्षण प्रायः विषय (व्यक्ति या सब्जेक्ट) की स्वयं की रिपोर्ट के आधार पर बने हैं। किसी भी व्यक्ति से निश्चित प्रकार से प्रश्न पूछकर या रोर्शा इंक ब्लाट टेस्ट दिखाकर प्रतिक्रिया देखने से उसके व्यक्तित्व की झांकी मिल सकती है। चूंकि प्रायः सभी अपने विषय में ऐसी जानकारी किसी को देना पसंद नहीं करते जिसके कारण उन्हें लज्जा आए, इसलिए व्यक्तित्व के अध्ययन के लिए प्रक्षेपी विधि (Projective Technique) का प्रयोग किया जाता है।

व्यक्तित्व के अध्ययन में प्रयुक्त निम्नलिखित तरीके हैं:

1. साक्षात्कार
2. रेटिंग या वर्गक्रम
3. प्रश्नावली
4. प्रक्षेपी विधि

उपर्युक्त प्रक्षेपी विधि के अतिरिक्त सभी विधियों की चर्चा हो चुकी है, इसलिए यहाँ केवल इस विधि का संक्षेप में वर्णन आवश्यक है। प्रक्षेपी विधि वह विधि है जिसके द्वारा किसी व्यक्ति की प्रतिक्रिया का अध्ययन उस व्यक्ति के अनजाने यानी अपरोक्ष साधनों से होता है। उदाहरण के लिए, किसी व्यक्ति को कुछ तस्वीरें दिखाकर उनका अर्थ पूछा जाता है। वह व्यक्ति अनजाने में उन चित्रों का वही अर्थ बताएगा जो उसके सोचने के तरीके के अनुसार होंगे अर्थात किसी भी चित्र का दो व्यक्ति एक सा अर्थ नहीं बता सकते। उनकी व्याख्याएं भिन्न होंगी, जैसेः 'एक स्त्री की ओर एक पुरुष डंडा लेकर बढ़ रहा है।' इसके बहुत से अर्थ लगाए जा सकते हैं: पुरुष स्त्री को मारने जा रहा है, उनकी सहायता करने जा रहा है, उसे डंडा दे रहा है, आदि। हमारे अपने सोचने के ढंग के अनुरूप ही उसका अर्थ बताया जाएगा। अथवा किसी भी व्यक्ति को अपने स्वप्नों का वर्णन करने को कहा जाए और उनकी व्याख्या के आधार पर उसके व्यक्तित्व का मूल्यांकन किया जाए। इस संबंध में फ्रायड का अध्ययन महत्वपूर्ण है। किंतु इस विधि का सबसे बड़ा दोष यह है कि अनुसंधाता की स्वयं की व्याख्या की वस्तुनिष्ठता तथा सत्यता का पता लगाना बड़ा ही कठिन है। प्रक्षेपी विधि के प्रयोग में किन्हीं भी दो अनुसंधाताओं के परीक्षण में अंतर आ सकता है। फिर भी बहुत से परीक्षण इसी विधि के लिए बने हैं और उनके परिणाम कुछ बहुत बुरे नहीं निकले हैं।

इन मनोवैज्ञानिक परीक्षणों के आधार पर बहुत से अनुसंधान होते रहते हैं। इसलिए इनका प्रयोग जानना अनुसंधाता के लिए आवश्यक है। यहां तक कि शिक्षा के क्षेत्र में भाषा में स्थानीय कारणों से वर्तनी की अशुद्धियों का अध्ययन छात्रों की लिखित परीक्षा के आधार पर उनकी गलतियों से हो सकता है और उसे अनुसंधाता अपने परीक्षण द्वारा पता लगा सकता है। पता लगाने का तरीका होगा

भाषा का स्तर-विशेष के लिए तैयार किया प्रमापीय परीक्षण जिसे सैंपल आधार पर दिया जाएगा।

अंत में हम एक अच्छे परीक्षण (Test) की विशेषताओं का अध्ययन करेंगे। एक अच्छे परीक्षण का प्रमुख गुण उसकी वैधता (Validity) या उसका वह गुण है जिससे वह उसी बात का मापन करता है जिसके लिए वह बनाया गया है (A test is valid if it measures what it claims to measure)। उदाहरण के लिए, यदि किसी परीक्षण द्वारा अच्छे अध्यापकों का चुनाव किया गया और अंत में वह अध्यापक अच्छे सिद्ध हुए अर्थात् यदि उस परीक्षण के परिणाम तथा अध्यापकों के बाद में अच्छे होने में सहसंबंध (Correlation) अच्छा साबित हुआ तो वह परीक्षण वैध माना जाएगा। प्रायः परीक्षण की वैधता के लिए हम उसकी तुलना किसी मौजूदा वैध परीक्षण से कर लेते हैं और इस प्रकार उसकी वैधता के बारे में जान लेते है। इस कार्य के लिए हम कई तरीके प्रयोग में लाते हैं। किंतु वे जितने कम खर्च वाले हों, उतने ही अच्छे।

विश्वसनीयता (Reliability)

एक अच्छे परीक्षण का दूसरा गुण उसकी विश्वसनीयता (Reliability) है। इससे अभिप्राय यह है कि वह परीक्षण बार-बार वही फल देता है जो एक बार दे चुका है। यदि परीक्षण में त्रुटियां बहुत कम हैं और उसके निरंतर प्रयोग के पश्चात भी उसकी विश्वसनीयता में अंतर नहीं पड़ता, तब वह परीक्षण अच्छा है। उदाहरण के लिए, यदि हम अध्यापकों वाले परीक्षण को बार-बार दें और फल वही निकले तो वह परीक्षण विश्वसनीय माना जाएगा।

वस्तुनिष्ठता (Objectivity)

एक अच्छे परीक्षण को वस्तुनिष्ठ होना चाहिए अर्थात अंकन के समय परीक्षक की धारणाओं तथा मान्यताओं का उन पर कम से कम प्रभाव पड़ना चाहिए।

उपयोगिता (Utility)

इसके अतिरिक्त एक अच्छे परीक्षण की एक विशेषता यह भी है कि उसके तैयार करने तथा उसे उपयोग में लाने में कम से कम व्यय हो।

अंत में एक अच्छे परीक्षण को देने, उसके हिसाब लगाने, व्याख्या करने आदि में सुविधा रहनी चाहिए। यदि कोई भी परीक्षण उपर्युक्त सभी गुणों से संपन्न है तो वह अच्छा परीक्षण है।

फिर भी यह निश्चित है कि अच्छे से अच्छा परीक्षण आदर्श नहीं हो सकता। उसमें कमियां संभव हैं। साथ-साथ परीक्षण के देते समय आदर्श स्थिति का ध्यान रखना भी बड़ा ही आवश्यक है। यह कार्य भी कठिन है। इसलिए किसी भी अनुसंधाता को परीक्षणों पर निर्भर रहते हुए भी उन पर अंधविश्वास नहीं करना चाहिए।

7. समाजमितीय (Sociometry) तथा सामाजिक दूरी पैमाना

समाजमितीय द्वारा प्रायः समूहों के गठन, गुटबंदी तथा अन्य बातों का पता लगाया जाता है। इससे व्यक्ति-विशेष के सामाजिक स्तर को निर्धारित किया जा सकता है। इसके द्वारा समूह (Group) के भीतरी प्रभावों का अध्ययन भी किया जा सकता है। इसकी परिभाषा देते हुए फ्रांज महोदय ने कहा है कि समाजमितीय तरीके का प्रयोग किसी समूह के व्यक्तियों के आपसी आकर्षण-विकर्षण मापन के द्वारा उसके गठन की खोज के लिए किया जाता है। फ्रांज महोदय की परिभाषा से इस तरीके के प्रयोग तथा उपयोग पर काफी प्रकाश पड़ता है। इससे स्पष्ट है कि इस तकनीक के प्रयोग की विशेषता किसी समूह के आंतरिक गठन के अध्ययन में है। उस समूह के व्यक्तियों से यह पूछा जाता है कि किन्हीं विशेष परिस्थितियों में या अवसरों पर वह किन व्यक्तियों के साथ रहना पसंद करेंगे। इस तरीके का प्रयोग प्रायः समाजशास्त्र, मनोविज्ञान, चिकित्सा मनोविज्ञान आदि में होता है। किंतु इसका उपयोग शिक्षा के क्षेत्र में भी कम नहीं हुआ है। इसके द्वारा स्कूलों में गुटबंदी या परित्यक्त व्यक्तियों का पता लगाया जाता है।

इस समाजमितीय तरीके के परिणामों को अनेक प्रकार के रेखाचित्रों से दिखाया जा सकता है। यहां एक ऐसा उदाहरण दिया जा रहा है जिसका अक्सर प्रयोग होता है।

मान लीजिए कि जिस समूह का हम अध्ययन करने जा रहे हैं उसमें 10 किशोर हैं, और वह एक ही स्थान पर रहते हैं तथा प्रायः उन्हें साथ-साथ खेलने का अवसर भी मिलता है। उन किशोरों की सामाजिक परिस्थितियों में अंतर है। उसमें से दो किशोर कुलीन तथा धनी वर्ग के हैं, किंतु असुंदर हैं। चार किशोर उच्च मध्य वर्ग के तथा देखने में सुंदर हैं। शेष चार किशोर सुंदर, मेधावी तथा निम्न मध्य वर्ग के परिवारों के आते हैं। इन 10 किशोरों के पारस्परिक संबंधों की व्याख्या करने से यह पता चलना संभव है कि उनके सामाजिक स्तर, सौन्दर्य, बुद्धि आदि का उनके संबंधों पर क्या प्रभाव है। मान लीजिए कि अनुसंधान का फल यह निकला कि सामाजिक स्तर से अधिक सौंदर्य तथा बुद्धि का प्रभाव पड़ता है, तथा जाति या वंश का प्रभाव भी नहीं के बराबर है तो समाजमितीय रेखाचित्र (Sociogram) कुछ इस प्रकार का होगा।

यदि हम इस कल्पित रेखाचित्र का अध्ययन करें तो हमें पता चलेगा कि क, ख, ग, तथा घ जो निम्न मध्यवर्गीय परिवारों के सदस्य हैं किंतु सुंदर हैं तथा मेधावी है अपने समूह में प्रिय हैं। वह आपस में भी एक-दूसरे को पसंद करते हैं तथा अन्य किशोर भी उन्हें पसंद करते हैं। इनमें सबसे अधिक लोकप्रिय घ है जो सबसे सुंदर तथा मेधावी है। च, ज, र, झ, भी , जो उपर्युक्त समूह से कम सुंदर हैं, मेधावी है किंतु उच्च मध्यवर्गीय अपने समूह में पसंद किए जाते हैं, उनमें झ अधिक लोकप्रिय है। अंत में य, छ, जो धनी हैं, जो धनी हैं, कुलीन हैं किंतु असुंदर है तथा कम मेधावी हैं, तनिक कम पसंद किए जाते हैं। आश्यर्च की बात है कि इनमें से छ पूर्णतया परित्यक्त है और य को च तथा झ पसंद करते हैं तथा उनमें पारस्परिक संबंध है। इस रेखाचित्र द्वारा यह भी स्पष्ट है कि क, ख, ग

तथा घ–ये चारों य तथा छ में से किसी को पसंद नहीं करते, जबकि छ, घ को पसंद करता है।

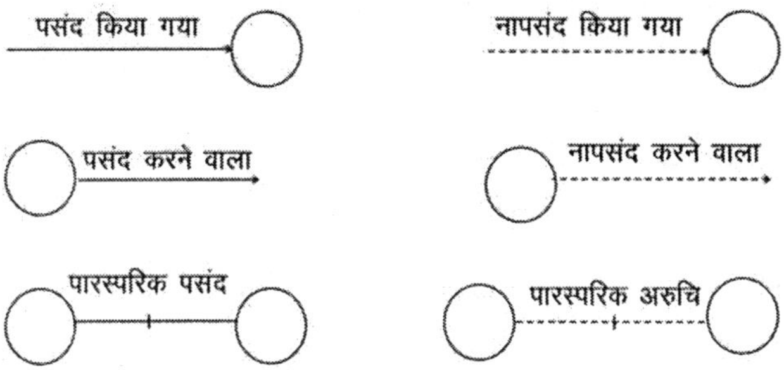

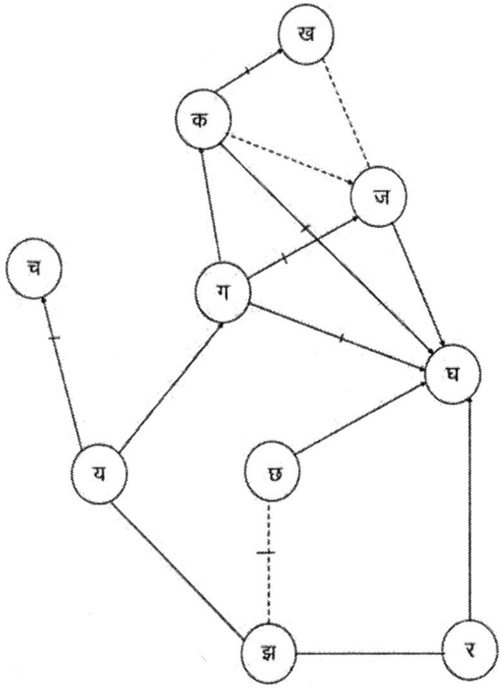

अनुसंधाता को चाहिए कि वह छ के पूर्णतया परित्यक्त होने के कारण को पता लगाए। उसे य तथा छ के अंतर का पता भी लगाना चाहिए, विशेषकर इसलिए कि एक ही आर्थिक-सामाजिक स्तर के होते हुए एक को किशोर कुछ पसंद करते हैं, दूसरे को कोई नहीं। उसे चाहिए कि वह घ की लोकप्रियता का भी अध्ययन करे तो उसे यह पता चल जाएगा कि लोकप्रियता के कौन-कौन से गुण उस समूह में प्रचलित हैं तथा मान्य हैं।

प्रायः इस प्रकार के अध्ययन के पश्चात विशेष समस्याओं को ध्यान में रखकर अनुसंधाता व्यक्तियों का साक्षात्कार करता है और समस्याओं की गहराइयों में

जाता है। संभव है कि समाजमितीय तरीके से जिन बातों को वह मात्र छू पाया हो, उनको गहराई से वह साक्षात्कार के पश्चात् जान पाए।

सामाजिक दूरी का पैमाना (Social Distance Scale)

सामाजिक संबंधों का मापन तथा व्याख्या का तरीका सामाजिक दूरी का पैमाना भी है। इसको सदर्न कैलीफोर्निया विश्वविद्यालय के बोगार्डस महोदय ने बनाया। इसके द्वारा यह पता लगाया जाता है कि अमुक व्यक्ति किस हद तक अपने समूह में पसंद किया जाता है या नापसंद किया जाता है। इस पैमाने में तीन से लेकर सात तक की संख्या रहती है।

उदाहरण:

पूर्ण स्वीकृतिः मेरी कक्षा में राम अच्छा लड़का है।
आंशिक स्वीकृतिः मेरी कक्षा में राम अपेक्षाकृत अच्छा नहीं है।
अस्वीकृतिः मेरी कक्षा में राम अच्छा लड़का नहीं है।

भगवती चरण वर्मा लिखित चित्रलेखा अच्छा उपन्यास है।

नितांत असत्य	आंशिक असत्य	ज्ञात नहीं	सत्य	पूर्णरूपेण सत्य
1	2	3	4	5

उपर्युक्त पैमाने के द्वारा जिस बात का पता लगाया जाए उसे भी साक्षात्कार द्वारा बिल्कुल निश्चित करने का प्रयत्न करना चाहिए।

अनुसंधाता अपने अध्ययन में उपर्युक्त तकनीकों में से किसी एक या दो या अधिक के द्वारा अध्ययन कर सकता है। प्रायः एक से अधिक साधन के प्रयोग के पश्चात परिणामों के अधिक सही होने की संभावना रहती है। स्मरण रहे कि जिन साधनों की चर्चा ऊपर की गई है, वे न तो अपने में पूर्ण हैं और न ही साधनों की केवल यही संख्या है। अनुसंधाता न केवल अन्य साधन प्रयोग में ला सकता है वरन् आवश्यकतानुसार स्वयं साधन बना सकता है। इन साधनों या उपकरणों का वर्णन तो केवल इसलिए किया गया है कि पाठक इन साधनों से परिचय प्राप्त कर लें।

उदाहरण के लिए, हम अगले अध्याय में ही अनुसंधान की ऐसी विधि का वर्णन करने जा रहे हैं जिसमें इनमें से किसी साधन का उपयोग नहीं किया जाता। इसलिए इसका अर्थ यह कदापि नहीं कि वह अनुसंधान की विधि नहीं। वस्तुतः अनुसंधान का क्षेत्र इस देश में नया ही है और इसकी विधियों के संबंध में न तो बहुत अनुसंधान ही हो पाए हैं और न अधिक सोचा ही गया है। इसलिए हमें अधिकांशतः उन्हीं बातों पर आश्रित रहना पड़ता है, जो हमें पाश्चात्य जगत ने दी हैं। आशा है, निकट भविष्य में हम इस पराश्रयता से मुक्त हो जाएंगे किंतु तब तक के लिए तो हमें पाश्चात्य विद्वानों के दिए गए उपकरणों, विधियों तथा अन्य तरीकों को मानना ही होगा।

5

ऐतिहासिक अनुसंधान
(Historical Research)

इतिहास की प्रत्येक घटना का अर्थ देखने वाला स्वयं अपनी शिक्षा, दृष्टिकोण, अपने सामाजिक-आर्थिक स्तर तथा अन्य बातों से प्रभावित होता है। इस सम्बन्ध में कितनी ही वस्तुनिष्ठता क्यों न दिखाई जाए, घटना का अर्थ तथा व्याख्या भिन्न देखने वालों की दृष्टि में भिन्न होंगी। उदाहरण के लिए, अकबर प्रत्येक उत्तरवादी हिन्दू या मुसलमान को अच्छा व्यक्ति लगेगा तथा उसका चलाया दीन-ए-इलाही धर्म महत्वपूर्ण प्रतीत होगा किन्तु किसी भी कट्टर हिन्दू को वह ढोंग तथा कट्टर मुसलमान को काफिराना (धर्म विरुद्ध) काम लगेगा। इसी प्रकार 1857 का युद्ध जबकि भारतीयों को स्वतन्त्रता का प्रथम युद्ध लगता है, अंग्रेजों को वही कुछ सिपाहियों द्वारा किया गया विद्रोह। शिवाजी कुछ को हिन्दुओं के पुनरुत्थान के महान सेनानी, तो अन्य को संकुचित दृष्टि वाले धार्मिक और लुटेरे लगते हैं। महाराणा प्रताप जैसे व्यक्ति को भी कुछ लोग धर्मांध (बिगाट) कहने में नहीं चूकते। राम द्वारा सीता निष्कासन के भी कई अर्थ लगाये जाते हैं।

इस प्रकार के भिन्न-भिन्न अर्थ लगाने को वैयक्तिकता कहते हैं। प्रश्न यह है कि क्या इसको दूर करना संभव है? इस सम्बन्ध में इतिहासवेत्ताओं के भिन्न-भिन्न मत हैं। हमारे विचार से यह संभव है कि घटनाओं को हम अपने तरीके से न देखें या उनका अपने तरीके से अर्थ न लगायें। यही नहीं, हम तो यह भी मानते हैं कि प्रत्येक व्यक्ति के दृष्टिकोण का अपना महत्व है, यद्यपि यह मानना हास्यास्पद होगा कि कितनी ही बेहूदा बात क्यों न कही जाए, उसे हम एक दृष्टिकोण मानकर उसका आदर करें। उदाहरण के लिए, यह कहना कि अंगरेज़ी को भारतवासियों की भाषा बना दिया जाए या जैसा कमाल पाशा ने तुर्की में किया था, प्रत्येक भारतीय भाषा की लिपि रोमन अक्षरों वाली कर दी जाए, तर्कसंगत बातें नहीं लगती, जबकि (पाठकों को आश्चर्य होगा) दोनों ही बातें बड़े समझदार तथा बुद्धिमान व्यक्तियों द्वारा कही गई हैं। रोमन लिपि वाली बात कहकर भारतीय भाषा विवाद का हल ढूंढ़ने वाले महोदय ने लंदन विश्वविद्यालय से एक उच्च डिग्री ले ली। यह कदाचित इसलिए संभव भी हो गया कि उनके ट्यूटर के भी ऐसे ही विचार थे।

हमारा विचार है कि प्रत्येक दृष्टिकोण का महत्व है तथा ज्ञानवृद्धि के लिए वह अत्यन्त आवश्यक है। यदि ऐसा न हो तो मार्क्सवादी इतिहास तथा तथ्यों की व्याख्या के तरीकों से हमारे चिंतन में स्फूर्ति न आयी होती। यही नहीं, हम तो मानते हैं कि वर्तमान द्वारा भूतकाल की वस्तुओं के अर्थ बदलते हैं। इस सम्बन्ध में यही कहना उचित होगा कि आज के युग में राजा तथा बड़े आदमियों की जीवनी को इतिहास मानना इसलिये बन्द हो गया है कि न आज राजा हैं (केवल कुछ हैं) और न उनके इतिहास लिखने वाले किसी दरबार द्वारा दिये गये अनुदान पर आश्रित। आज के समाज के सोचने के ढंग में परिवर्तन आ गया है। इस कारण इतिहास की घटनाओं का नया रूप उचित ही नहीं, स्वाभाविक है। हम हीगालियन युग के इतिहास सम्बन्धी विचार से मुक्त मार्क्सवादी, जनवादी तथा समाजवादी तथा अब वैश्विक गाँव के युग में आ गये हैं। तब क्या आश्चर्य है कि हम वर्तमान से प्रभावित होकर भूतकालीन घटनाओं का नया अर्थ लगायें। इस सम्बन्ध में प्रोफेसर जार्ज थामसन के विचार उल्लेखनीय हैं।

अवकाश का उपयोग, संसार के प्रति दृष्टिकोण, सत्य-असत्य की पहचान, कला, दर्शन तथा धर्म के प्रति विचार आदि में परिवर्तन तथा विकास आदि मनुष्य अपने सामाजिक सम्बन्धों के आधार पर करता है जो स्वयं अपने में उसके जीविकोपार्जन के साधनों पर निर्भर होते हैं। इसका अर्थ यह नहीं कि यथार्थ है ही नहीं या कुछ लोग अन्य की अपेक्षा उसकी अधिक सही कल्पना कर लेते हैं, बल्कि प्रत्येक विचार सापेक्ष होता है, क्योंकि चेतन अथवा अवचेतन में उसका मूल उन अवधारणाओं द्वारा निर्धारित होता है जिन्हें मनुष्य अपनी कल्पना के संसार में रचता है।

इस सीमा तक न केवल यूनानी (ग्रीक) लोगों का अपने जीवन के प्रति दृष्टिकोण सापेक्ष है वरन् हमारा भी यूनानी (ग्रीक) जीवन के प्रति दृष्टिकोण सापेक्ष ही है। हमारा दृष्टिकोण पूर्णतया वस्तुनिष्ठ नहीं हो सकता हैं और कुछ आधुनिक विद्वानों की तथाकथित निरपेक्षता एक कोरा छलावा है। परन्तु वस्तुनिष्ठता वहीं तक संभव है जहां तक हम अपने पूर्वाग्रहों को पहचान लें। अपने पूर्वाग्रहों की जानकारी के आधार पर हम उनमें परिवर्तन भी कर सकते हैं। अतीत का इतिहासवेत्ता वर्तमान का नागरिक है जो अपने समसामयिक सामाजिक जीवन में परिवर्तन पसंद नहीं करता या उसके प्रति उदासीन होता है। वह प्राचीन ग्रीक इतिहास में स्थायी तथा पूर्णरूपेण मूल्यवान वस्तुएं खोजेगा जिनमें उसके स्वयं के विचारों की पुष्टि हो। और जो ऐसे नहीं हैं, वह प्राचीन यूनानी (ग्रीक) इतिहास में निरंतर परिवर्तन की प्रक्रिया के दर्शन करना चाहेंगे।

इसका अर्थ स्पष्ट है कि व्यक्ति रिक्त मस्तिष्क, पूर्वधारणाशून्य तथा वस्तुनिष्ठ व्यवस्था से अध्ययन प्रारंभ नहीं करता। इसका यह अर्थ नहीं है कि वस्तुनिष्ठता इतिहास लेखक का आदर्श नहीं होना चाहिए या यथार्थ (Objective Reality) कोई वस्तु नहीं। बात तो केवल इतनी है कि प्रत्येक को उपर्युक्त अवस्था को मानकर चलना चाहिए तथा अपनी पूर्व धारणाओं को कम से कम (ऐतिहासिक अनुसंधान में) हस्तक्षेप करने देना चाहिए। यदि कोई ऐसा कर पाता है तो निस्सन्देह वह योग्य अनुसंधाता है। हमारे देश में धुरंधर पण्डितों में भी इस

वस्तुनिष्ठता की कमी पायी जाती है और कभी-कभी कमी इतनी अधिक तथा ज्वलंत हो जाती है कि तथ्य तथा सत्य दोनों का ही रूप बदल जाता है। जैसे, राहुल सांकृत्यायन को हिन्दू धर्म में कोई बात अच्छी नहीं लगती या डा॰ राधाकृष्ण को भारतीय दर्शन में महत्वपूर्ण भौतिकवादी विचारधारा ही नहीं मिलती। फलस्वरूप वह कहते हैं कि 600 वर्ष ईसा पूर्व से लेकर 200 ईसा तक भारतीय जीवन में अव्यवस्था थी, इसलिए 'ऐसे वातावरण में अनंत दार्शनिक उड़ान तथा व्यर्थ की अटकलें लगाई गईं एक ओर भौतिकवादी हैं जो इन्द्रियजन्य ज्ञान पर बल देते हैं तो दूसरी ओर बौद्ध हैं जो वहुमूल्य मनोवैज्ञानिक उपदेश तथा विशाल आचारसंहिता लेकर खड़े हैं ....'

इन सब उदाहरणों से स्पष्ट है कि ऐतिहासिक तथ्यों की विवेचना या व्याख्या करना सरल कार्य नहीं। अतः इस बात का ध्यान इस क्षेत्र के अनुसंधाता को सबसे पहले रखना होगा।

इतिहास के क्षेत्र में अनुसंधाता को दूसरा यह ध्यान रखना पड़ता है कि जिन तथ्यों की वह व्याख्या कर रहा है, वह पुनः जीवित रूप में नहीं लाये जा सकते । फलस्वरूप अपनी कल्पना तथा अध्ययन की गहराई के अनुरूप ही उन तथ्यों को अपने वर्णन द्वारा पुनर्जीवित करना होगा। ऐतिहासिक तथ्यों पर काबू पाना उसकी शक्ति के बाहर है। फिर तथ्य इतने अधिक तथा जटिल होते हैं कि सत्य के दर्शन कर पाना सरल कार्य नहीं। उसे तथ्यों को छांटना पड़ता है, क्योंकि न तो सब तथ्यों का वर्णन संभव है और न ही आवश्यक।

ऐतिहासिक अनुसंधान का महत्व तथा क्षेत्र
(Importance and Scope of Historical Research)

इतिहास की परिभाषा देना इतिहास पर लिखने से अधिक दुष्कर कार्य है, जैसा कि डा॰ गिलबर्ट मरे ने धर्म की परिभाषा देते समय कहा था कि धर्म अन्य बहुत सी जीवित वस्तुओं की भांति परिभाषित नहीं किया जा सकता। इस प्रसंग में हम एलन नेविंस की परिभाषा को उपयुक्त तथा पर्याप्त मानकर चलते हैं जो कुछ इस प्रकार है: इतिहास किन्हीं भी गत घटनाओं या तथ्यों का ऐसा पूर्ण वर्णन है, जो तर्क की सहायता से पूर्ण सत्य को जानने के लिए लिखा जाये।' शिक्षा में इस परिभाषा को लागू करने का अर्थ होगा कि बीते हुए समय की शिक्षा के किसी अंग का तर्कबद्ध वर्णन उसका शैक्षिक इतिहास होगा।

ऐतिहासिक अनुसंधान के चरण इस प्रकार हैं: (1) सामग्री का एकत्रीकरण, (2) सामग्री की आलोचना तथा व्याख्या और (3) तथ्यों का स्पष्ट भाषा में वर्णन करना।

इनमें सामग्री एकत्र करने के ढंग का वर्णन, लिखने तथा विषय को स्पष्ट करने आदि के तरीके तथा उनकी व्याख्या आदि सभी बातें सम्मिलित हैं।

ऐतिहासिक अनुसंधान का सबसे बड़ा गुण वर्तमान पर प्रकाश डालने की क्षमता है। साधारण से साधारण तथ्य को हम बिना इस सहायता के नहीं समझ सकते। उदाहरण के लिए, भारतीय भावनाओं को आरंभिक रूप से अभी क्यों

प्रोत्साहन मिला, या अंग्रेजों ने भारतीय भाषा को उन्नत करने के प्रयत्न क्यों नहीं किए? इसके अतिरिक्त हमारे स्कूलों में विज्ञान को इतना हेय स्थान क्यों दिया गया था? आदि, आदि।

शिक्षा के ऐतिहासिक अनुसंधान में संभावित देन तथा महत्व के सम्बन्ध में नाइट महोदय ने निम्नलिखित बातें बताई हैं:

1. शिक्षा का इतिहास अध्यापक प्रशिक्षण का महत्वपूर्ण अंग है।
2. इतिहास (शैक्षिक) द्वारा शिक्षा में पूर्व धारणाओं पर प्रकाश पड़ता है। उदाहरण के लिए, भारत में अब भी विश्वविद्यालयों में कला में छात्र संख्या अन्य विषयों की अपेक्षा अधिक है। इसका उत्तर केवल शैक्षिक इतिहास ही दे सकता है।
3. इसके द्वारा (शैक्षिक इतिहास) शिक्षा के विद्यार्थियों को झक तथा दिखावटी बातों को (फैड्स एण्ड फ्रिल्स) पहचानने का अवसर मिलता है। शैक्षिक इतिहास के द्वारा आवश्यक शैक्षिक सुधारों की पृष्ठभूमि तैयार होती है।
4. शिक्षा के इतिहास के द्वारा ही हमें ज्ञात होता है कि शिक्षा स्थानीय संस्थाओं के हाथ से निकलकर किस प्रकार तथा क्यों केन्द्रीकरण की ओर जा रही है।
5. शिक्षा के इतिहास का अध्ययन वैज्ञानिक अध्ययन में सहायक है। इसके द्वारा हमें अन्य समयों के आदर्शों तथा मान्यताओं का ज्ञान होता है और यह गत भूलों से बचने में सहायता देता है।
6. इसके द्वारा पांडित्य के प्रति आदर उत्पन्न होता है और अध्यापकों के प्रति श्रद्धाभाव जाग्रत होता है।

हम समझते हैं कि शिक्षा के ऐतिहासिक अध्ययन तथा अनुसंधान के महत्व का बड़ा व्यापक अर्थ नाइट महोदय ने बताया है। इसमें अब एक भी बात जोड़ पाना सरल कार्य नहीं।

हमें स्मरण रखना चाहिए कि भारतीय शिक्षा के इतिहास का अभी वैज्ञानिक गवेषणात्मक अध्ययन होना है। हमें इतिहास के तथ्यों का इतिवृत्तात्मक तथा वस्तुनिष्ठ तरीके से वर्णन करना है और उनकी व्याख्या करनी है। यद्यपि इस सम्बन्ध में असंख्य पुस्तकें लिखी गई हैं किन्तु इनमें अधिकांश के तथ्य बार-बार बिना सोचे-समझे दोहराये गये हैं, उदाहरण के लिये, प्रत्येक शिक्षा के इतिहास में अंग्रेजों को दोष दिया गया है कि उन्होंने हमारी शिक्षा की उन्नति में सहायता नहीं दी। वास्तव में उनकी हर कोशिश उसकी अवनति के ही लिये हुई थी। नूरूल्ला तथा नायक की इस बात को असंख्य बार छोटे-छोटे, तथाकथित शिक्षाशास्त्रियों तथा शिक्षाविदों ने दोहराया है। किसी भी व्यक्ति ने इस बात को बताने की चेष्टा नहीं की कि ऐसा क्यों होना चाहिए था? अंग्रेज जो कि भारत के विदेशी शासक थे, उनका इससे क्या लाभ था, वस्तुस्थिति तो यह है कि विदेशी शासक कभी भी अपने शासित लोगों को अपने स्तर पर नहीं लाना चाहता। फिर यदि शासकों के स्वयं के यहां शिक्षा व्यवस्था तब आई हो, जबकि वह अपना शासन समेट रहे हों, तब फिर वह शासक क्या करें? शासक केवल धन एकत्र करने के लिए ही आया

हो तो वह उसको व्यर्थ में व्यय क्यों करें? यह भी स्मरण रहे कि शासक वर्ग को मानवता के सिद्धान्तों के हिसाब से सदैव नहीं ढाला जा सकता। शासक में स्वार्थ की भावना सर्वोपरि होती है, विशेषकर विदेशी शासक में। इसी प्रकार सहस्त्रों बातें हमें वस्तुनिष्ठ तरीके से वर्णित करनी होंगी और उन्हें बिना रोष प्रकट किए या मानसिक संतुलन खोये स्वीकार करना होगा।

यहां पर शिक्षा के ऐतिहासिक अनुसंधान के लिए कुछ विषयों को बताना आवश्यक है जिनके संबंध में अभी हमें बहुत कुछ करना है।

1. भारतीय शासकों का शिक्षा के प्रति विचार (Attitude): इस विषय को इतिहास से अलग कालों में बांटना होगा–
2. प्रत्येक काल की शैक्षिक आवश्यकताएं, उद्देश्य तथा पूर्ति के साधन।
3. भारतीय शिक्षा में धर्म का स्थान तथा प्रभाव
4. शिक्षा की आर्थिक पृष्ठभूमि–प्रत्येक काल के अनुसार
5. वर्तमान शिक्षा की ऐतिहासिक पृष्ठभूमि: प्रत्येक वर्तमान समस्या का ऐतिहासिक दृष्टिकोण से अध्ययन, जैसे भाषा विषय तथा प्रकार जिसमें बुनियादी शिक्षा सम्मिलित है। बुनियादी शिक्षा के सम्बन्ध में सहस्त्रों पुस्तकें हैं, तथा अनेक अनुसंधान हैं किन्तु इसके लेखकों तथा अनुसंधाताओं ने तनिक भी प्रयत्न नहीं किया कि वह इस शिक्षा को गांधी के व्यक्तित्व से अलग रखें। इस सम्बन्ध की पुस्तकें पढ़ने से प्रायः यह ज्ञात होता है कि लेखक इस शिक्षा के दर्शन तथा विधि को बड़े पक्षपात के साथ वर्णित कर रहा है। कारण भी स्पष्ट है। कुछ लोगों ने इस पर इसलिए लिखा है कि यह शिक्षा प्रणाली सरकार द्वारा मान्यता प्राप्त है। वस्तुनिष्ठता असंभव है किन्तु जानते हुये सत्य न कहना निंदनीय तथा निकृष्ट कार्य है।

सामग्री का एकत्रीकरण तथा साधन (Ways and Means of Data Collection)

ऐतिहासिक अनुसंधान में अन्य अनुसंधानों की भाँति सामग्री एकत्र करने के दो तरीके हैं–(1) प्राथमिक स्त्रोत तथा (2) द्वितीयक स्त्रोत।

प्राथमिक स्त्रोत (Primary Source)

इसमें वे वस्तुएं सम्मिलित हैं जो किसी घटना, पुरुष या समूह से सम्बन्धित हैं या जिनका उनके जीवनकाल में ही कुछ महत्व रहा है, जैसे–सिक्के, शिलालेख, मृत शरीर, डायरी, आत्मकथा, पत्र, बर्तन, वस्त्र, भूषण आदि। इन सभी से उस समय के जीवन-स्तर तथा संस्कृति पर प्रकाश पड़ता है और वस्तुओं का सही अर्थ ज्ञात होता है।

द्वितीयक स्त्रोत (Secondary Source)

इसमें वे वस्तुएं सम्मिलित हैं जो घटना के विषय में दिये गये ब्योरे हों या उनके

इतिहास हों। ये स्त्रोत बहुत सीमित होते हैं।

किन्तु कभी-कभी द्वितीयक स्त्रोत प्राथमिक स्त्रोत बन जाता है, जबकि प्राथमिक स्त्रोत तो समाप्त हो जाए या पूर्णरूपेण नष्ट हो जायें किन्तु द्वितीयक स्त्रोत बना रहे। इसका एक उत्तम उदाहरण है देवी प्रसाद चट्टोपाध्याय का लोकायत पर अनुसंधान। लोकायत हमारे भारत की भौतिकवादी विचारधारा है किन्तु इस सम्बन्ध में आज कोई पुस्तक या यों कहिए कि प्राथमिक सूत्र वर्तमान नहीं है। केवल द्वितीयक सूत्र ही वर्तमान हैं और उनमें लोकायत की बड़ी तीखी तथा व्यंग्यात्मक आलोचनाएं सम्मिलित हैं। यह आलोचनाएं इतने व्यापक पैमाने पर हैं कि संदेह होता है कि कभी लोकायत पर पुस्तक या पुस्तकें रही होंगी। इस प्रकार इस अनुसंधान के लिए द्वितीयक सामग्री ही प्राथमिक सामग्री है।

ऐतिहासिक सामग्री को एकत्र करना बुद्धिमता का कार्य है, क्योंकि अनुसंधान में उन्हीं वस्तुओं का प्रयोग वांछित है जिनका विषय से सम्बन्ध हों। किसी भी ऐतिहासिक खोज में भिन्न-भिन्न प्रकार की सामग्री को देखना पड़ता है जिसमें से कुछ निम्नलिखित हैं–

(अ) लेख:

1. विधानसभाओं द्वारा पारित धारायें, राष्ट्र के लिखित संविधान
2. न्यायालय के फैसले
3. राज्य के कागज़-पत्र
4. शिक्षा अधिकारियों की बैठकों की कार्यवाहियां तथा उनकी तिथियां
5. शिक्षा संबंधी प्रतिवेदन
6. राष्ट्रीय तथा अंतर्राष्ट्रीय संगठनों की कार्यवाहियां तथा प्रतिवेदन
7. भिन्न-भिन्न स्थानों, राज्यों तथा देशों के पाठ्यक्रम तथा पाठ्यविषय
8. समाचार पत्रों में प्रकाशित लेख, विज्ञापन, समाचार, नोटिस
9. व्यक्तिगत सामग्री, जैसे जीवन, कानूनी कागज़ आदि
10. अन्य ऐसा साहित्य जो युग का विशेष वर्णन करता हो, जैसे प्रेमचन्द्र का साहित्य जो उत्तर भारत के 20वीं शताब्दी के प्रथम तीन दशकों के ग्रामों की दशा का वर्णन करता है।

(ब) खंडहर

1. स्कूल की इमारत तथा अन्य भीतरी चीज़ें
2. उसकी तस्वीरें
3. स्कूल की सनदें तथा रिक्त आवेदन पत्र
4. स्कूल का पाठ्यक्रम तथा पाठ्य विषय पर प्रकाश डालने वाली सामग्री
5. पाठ्य पुस्तकें, छात्रों की हस्तलिखित कापियां तथा उनके द्वारा बनाये गये चित्र।

सामग्री की आलोचना व व्याख्या (Criticism and Explaination of Data)

अनुसंधाता द्वारा अनवरत परिश्रम के पश्चात एकत्रित सामग्री की आलोचना अनुसंधान का एक महत्वपूर्ण चरण है। इस सामग्री को अनुसंधाता बाह्य तथा

आन्तरिक दोनों ही आलोचनाओं के प्रकाश में परखता है।

बाह्य आलोचना द्वारा किसी भी तथ्य के सत्य की परख की जाती है उदाहरण के लिये, किसी भी पुस्तक या शिलालेख की आयु तथा काल का पता लगाना बाह्य आलोचना में सम्मिलित हैं। जैसे–किसी भी पुस्तक में प्रयुक्त सामग्री से उस पुस्तक के काल का पता सरलता से लगाया जा सकता है।

गुड महोदय ने कुछ प्रश्न दिये हैं जो सामग्री के अध्ययन के समय बाह्य तथा आंतरिक आलोचना में सहायक सिद्ध हो सकते हैं:

1. कौन लेखक है या था? उसके व्यक्तित्व तथा स्तर के विषय में हम क्या जानते हैं ?
2. उसकी योग्यता के विषय में हमें क्या पता है?
3. क्या किसी घटना के लिये वह विशेष रूप से योग्य या अयोग्य माना जाना चाहिए।
4. यह पुस्तक तथा लेख किस प्रकार लिखा गया? स्मृति के सहारे, या देखकर या प्राचीन समय के लिखित तथ्यों से तुलना करके।
5. इस लिखित रचना का अन्य रचनाओं से क्या सम्बन्ध है? व्हिटने ने बाह्य आलोचना को निम्न स्तर की आलोचना बताया है तथा उसका मुख्य उद्देश्य किसी तथ्य की सच्चाई परखना है।

उसके अनुसार आंतरिक आलोचना उच्च स्तर की होती है और इसका मुख्य उद्देश्य प्रस्तुत सामग्री की व्याख्या द्वारा उसके सही अर्थ पर पहुंचना होता है। उदाहरण के लिए, इंग्लैण्ड के किशोर कवि चैटरटन ने अपनी ख्याति के लिये अपनी कविताओं में पुरानी भाषा तथा शैली का प्रयोग किया है, किन्तु आंतरिक आलोचना अर्थात वर्तनी, शब्द, भाषा-शैली के आधार पर यह पता लगा लिया गया कि वह किसी अन्य व्यक्ति की रचनाएं हैं।

प्रत्येक सामग्री के सत्य की जांच को करने की योग्यता ऐतिहासिक अनुसंधाता में होनी चाहिए, अन्यथा वह किसी भी बात के सत्य तक कभी नहीं पहुंचेगा।

ऐतिहासिक अनुसंधान का लेखन
(Report Writing of Historical Research)

ऐतिहासिक अनुंसधान में आवश्यक विशिष्टताओं के अतिरिक्त रचनात्मकता का गुण भी होना चाहिए, अन्यथा उसके तथ्य निर्जीव से प्रतीत होंगे। वैसे तो किसी भी अनुसंधान का लिखना प्रायः मशीनी कार्य है, किन्तु ऐतिहासिक विषय पर लिखना व्याख्यात्मक होने के कारण दार्शनिक रूप ले लेता है। प्रत्येक ऐतिहासिक अनुसंधाता में इतनी तीक्ष्ण बुद्धि अवश्य होनी चाहिए ताकि वह प्रत्येक विषय (Topic) पर लिखते समय उसका महत्व समझे। कभी-कभी यह भी होता है कि इस अज्ञान के कारण महत्वहीन बातें महत्वपूर्ण लगने लगती हैं। जैसे यूनानी लेखक हेरोडोटस किसी देश का वर्णन करते-करते वहाँ की रोचक तथा प्रचलित

कथाओं का वर्णन करने लगता है। इस प्रकार जिस समय पाठक को इतिहास के तथ्यों को समझना चाहिए था, वह एक कथा में उलझ जाता है, और महत्वपूर्ण समय बर्बाद करता है। एक और बात ध्यान में रखना चाहिये कि ऐतिहासिक घटनाओं को साधारण कारणों द्वारा जनित नहीं मानना चाहिए। जैसे कि अमुक व्यक्ति ने स्वप्न देखा था कि उसे दिल्ली पर राज करना चाहिये और इसलिये वह दिल्ली का बाद में शासक हुआ। प्रत्येक ऐतिहासिक घटना के पीछे सहस्त्रों कारण संभव हैं। वह कारण इतने जटिल हो सकते है, कि साधारण रूप से कठिनाई से समझ में आयें। इसलिए अनुसंधाता को धैर्य से कार्य करना चाहिए। यदि उसे किसी के विचारों या चिंतन प्रक्रिया का अनुमान लगाना पड़े तो बड़ी सावधानी से उसे यह आवश्यक कार्य करना चाहिए।

इस सम्बन्ध में अनुसंधाता को यह भी ध्यान रखना चाहिये कि इतिहास का लिखना कला है, किन्तु कविता या उपन्यास लेखन जैसी कला नहीं। अर्थात, उसे यह तो अवश्य ही समझना चाहिये कि उसको भाषा के प्रयोग के कारण तथ्य के स्वरूप को ही बदल देने का अधिकार नहीं होता। लेकिन इसका अर्थ यह नहीं कि उसे सदैव आकर्षणहीन शैली का ही प्रयोग करना चाहिए वरन् हाकेट महोदय के अनुसार विषय की एकरसता को दूर करने के लिए कभी-कभी उसे आकर्षक शैली का भी प्रयोग करना चाहिए। किन्तु शैली का आकर्षण लेखन का प्रमुख उद्देश्य नहीं बन जाना चाहिए और न इसके कारण सत्य का स्वरूप ही बदलना चाहिए।

ऐतिहासिक अनुसंधाता की अन्य कमियों में से कुछ ये हैंः तथ्यों का अधिक सरल करके रखना, शब्दों का अर्थ न लगा पाना, अत्यधिक सामान्यीकरण की आदत आदि। इसलिये इन सभी बातों से बचने का प्रयत्न करना ही हितकर होगा। यहां दोनों प्रकार के उदाहरण प्रस्तुत हैंः

अवांछित (Non-Desirable)

आज हम जब शताब्दियों पश्चात विजयनगर के हिन्दू राज्य के वैभव की कल्पना करते हैं तो यह कार्य असंभव सा प्रतीत होता है। किन्तु यह सत्य है, दिवास्वप्न नहीं कि एक समय विजयनगर की रणपताका दक्षिण आर्यावर्त के एक कोने से दूसरे कोने तक धवलकीर्ति से युक्त, विशाल एवं महानतम उद्देश्यों का दिग्दर्शन कराती, दसों दिशाओं का उपहास सी उड़ाती मलय के सुसुप्त वेग में कोमल, पूत, प्राचीनतम भावनाओं से ओतप्रोत, शिशिर कमल दल की भांति हृदय को रोमांचित करती कभी दिखलाई पड़ती होगी। किन्तु आज यह स्वप्नमात्र है, वह स्वप्न जो अब कभी यथार्थ का रूप नहीं ले सकेगा।,,, और हम समझते हैं कि ऐसे धनी, वैभवशाली तथा महान राज्य की शिक्षा व्यवस्था अच्छी हो तो क्या आश्चर्य की बात है।

कहना न होगा कि शैली बड़ी भावात्मक तथा कवितामयी है, इसलिये ऐतिहासिक विषयों के अनुसंधान के लिये उपयुक्त नहीं। फिर भी इसका प्रयोग हुआ है विशेष रूप से टाड के 'राजस्थान' में। उपर्युक्त तथ्य को अनुसंधान के उपयुक्त भाषा में इस प्रकार रखने का प्रयत्न करना चाहिये, यद्यपि किसी भी दशा में निम्नलिखित पंक्तियों को हम आदर्श नहीं मान सकते।

वांछित (Desirable)

आज शताब्दियों पश्चात विजयनगर के हिन्दू राज्य के वैभव की कल्पना कर पाना हमारे लिये दुष्कर कार्य है। किन्तु उस समय उसकी शक्ति, वैभव तथा संस्कृति का दक्षिण भारत में व्यापक प्रभाव होगा, इसका अनुमान लगाना अवश्य संभव है। इसी प्रकार यह भी अनुमान लगाया जा सकता है कि वहां का शासक वर्ग शिक्षा की ओर ध्यान देता होगा, यद्यपि हमारे पास इस अनुमान को सिद्ध करने के लिये उपयुक्त तथा पर्याप्त प्रमाण नहीं हैं।

और अंत में हम शिक्षा के कानूनी पक्ष के अनुसंधान के विषय में भी कुछ कहना चाहेंगे। यह शिक्षा के क्षेत्र में किये जाने वाले अनुसंधान ऐतिहासिक अनुसंधानों से अधिक दुष्कर कार्य है। इसमें न केवल शिक्षा के ज्ञान की आवश्यकता होती है, वरन् कानूनों की व्यवस्था करने की शक्ति भी अपेक्षित होती है। प्रायः ऐसा होना संभव नहीं भी हमारे देश में स्वयं शिक्षा ही, विशेष रूप से स्नातकोत्तर तथा उससे भी ऊपर डॉक्टरेट स्तर पर नई तो नहीं है, और उसके अधिकांश अनुसंधान की उपाधिप्राप्त व्यक्ति पहले तो विदेशों में पढ़े हैं। इसलिए इस पक्ष के सम्बन्ध में अनुमान लगाया जा सकता है, कि डॉक्टरेट स्तर के अधिक शोधग्रंथ होना संभव न होगा। अधिकांश अनुसंधान प्राचीन भारत की शिक्षा व्यवस्था से सम्बन्धित हैं, और कुछ अनुसंधान शिक्षा के वर्तमान स्वरूप तथा व्यवस्था पर हैं जिनमें कुछ दार्शनिक तथा आधुनिक शिक्षा की समस्याएं सम्मिलित हैं।

शिक्षा के कानूनी पक्ष का अनुसंधान आवश्यक तथा महत्वपूर्ण कार्य है और कुछ समय पश्चात हमारे देश में भी इस संबंध में कार्य होने लगेंगे। इस अनुसंधान से हमारा तात्पर्य यह है कि शिक्षा के सम्बन्ध में पारित धाराओं या एक्ट आदि का अध्ययन करके यह बताना है कि अमुक प्रकार की शिक्षा की कानूनी स्थिति क्या है। कभी-कभी कुछ कानून न्यायालयों के फैसले से भी बनते हैं, तथा कुछ केवल इसलिये कानून हैं कि सदैव से ऐसा होता चला आया है, यद्यपि इसके लिये कोई लिखित प्रमाण या कानून नहीं। प्रथम प्रकार के कानून को हम संविधानिक नियम कहते हैं, क्योंकि वह पारित धाराओं या संविधान द्वारा स्वीकृति प्राप्त होता है। द्वितीय प्रकार का देशाचार या पारंपरिक नियम कहलाता है। इस प्रकार के अनुसंधान पाश्चात्य देशों में आम हैं, इसलिये उनके यहां कार्य करने के साधन भी उपलब्ध हैं।

एडवर्ड्स न्यूटन के आधार पर भारतीय दशाओं के लिये उपयुक्त प्राथमिक तथा द्वितीयक सूत्रों को इस प्रकार उल्लिखित किया जा सकता है।

प्राथमिक सूत्र (Primary Sources)

1. संविधान (भारतीय संविधान तथा शिक्षा)।
2. शिक्षा के संबंध में पारित धारायें। उदाहरण के लिये-एजूकेशन एक्ट ऑफ उत्तर प्रदेश, 1957। उसके संशोधन, विधान सभा की कार्यवाही की लिखित रिपोर्ट, शिक्षामंत्री के आदेश। शिक्षा मंत्रालय तथा शिक्षा विभाग के आदेश। शिक्षा का अधिकार कानून (RTE Act)

3. इसी प्रकार केन्द्रीय सरकार की शिक्षा के सम्बन्ध में पारित धारायें, केन्द्रीय मंत्रालय के आदेश, शिक्षा का समवर्ती स्वरूप।
4. राज्य सरकार के उच्च न्यायालयों के फैसले तथा सर्वोच्च न्यायालय के फैसले (शिक्षा के संबंध में फैसले प्रायः होते रहते हैं)।
5. राज्य सरकारों तथा केन्द्रीय सरकार के शिक्षा मंत्रालय की रिपोर्ट, जैसेः
   (क) पंचवर्षीय योजनाएँ (शिक्षा)
   (ख) भारत 2017 (वार्षिकी)
   (ग) शिक्षा समितियों के प्रतिवेदन तथा उन पर आधारित शिक्षा के कानून
   (घ) शिक्षा की पंचवर्षीय रिपोर्टें

इसी प्रकार राज्य सभाओं द्वारा बनाई गई योजनायें तथा उनके प्रकाशन। जैसे–उत्तर प्रदेश के शिक्षा विभाग द्वारा प्रकाशित पत्रिका 'शिक्षा' आदि।

द्वितीयक सूत्र (Secondary Sources)

कानूनी पुस्तकों में दिये गये उद्धरण

इस प्रकार के कार्य में सफल होने के लिये अनुसंधाता की कानूनी पुस्तकालय तक पहुंच होनी चाहिए। इसकी रिपोर्ट लिखने के लिये पाठक को बेस्ट द्वारा उद्धृत हाकेट के विचार पढ़ने चाहिये। इस सम्बन्ध में हमारा एक सुझाव है, कि प्रत्येक राज्य सरकार तथा केन्द्रीय सरकार ऐसे पुस्तकालय अवश्य खोलें जहां शिक्षा संबंधी ऐतिहासिक सामग्री एकत्रित हो। इसके अतिरिक्त शिक्षा के कानूनी पत्रक-पत्रिकाएं प्रकाशित होते रहने चाहिए। तभी यह संभव होगा कि हम भी इस दिशा में कुछ उन्नति करें। खेद है कि उत्तर प्रदेश सरकार ने शिक्षा के क्षेत्र में अच्छा कार्य कर रहे एकमात्र मासिक पत्र 'शिक्षा' को बंद कर दिया। कितनी उदासीनता है शिक्षा के प्रति। यह सही है कि पिछले दशकों में राष्ट्रीय शैक्षिक अनुसंधान एवं प्रशिक्षण परिषद, दिल्ली, माध्यमिक बोर्ड, राजस्थान आदि अनेक संस्थाओं ने शिक्षा के क्षेत्र में अनेक अच्छी पत्र-पत्रिकायें निकाली हैं। फिर भी लोगों में शिक्षा की समस्याओं की न ठोस जानकारी है, और न उनके प्रति प्रबुद्ध जागरुकता।

6

आदर्शात्मक सर्वेक्षण
(Normative Survey)

बीसवीं शताब्दी की अनेक विशेषताओं में एक विशेषता तथ्यप्रधानता है। भूतकालीन तथ्य ही नहीं, हम वर्तमान के तथ्यों की जानकारी भी प्रत्येक दृष्टि से हितकर समझते हैं। ऐतिहासिक तथ्यों की जानकारी के बारे में हम पिछले अध्याय में चर्चा कर चुके हैं। वर्तमान के तथ्यों का पता लगाना, एकत्र करना सर्वेक्षण विधि के अंतर्गत आता है।

वर्तमान दृष्टि से सर्वेक्षण सहस्त्रों वर्ष पुरानी प्रक्रिया है। ईसा से 3000 वर्ष पूर्व मिस्र के राजा ने अपने यहाँ की संपत्ति तथा जनता का सर्वेक्षण कराया था। इंग्लैण्ड में 11वीं शताब्दी में विलियम दि कान्करर ने भी लगभग उपर्युक्त प्रकार का ही एक सर्वेक्षण कराया था। इसके पश्चात् कुछ अन्य सर्वेक्षण इस प्रकार हुए हैं:

1. जान हावर्डः जेल संबंधी तथ्यों का एकत्रीकरण जिसका उद्देश्य जेलों में सुधार करना था। (18वीं सदी)
2. लीप्लेः फ्रांस में लीप्ले ने 19वीं सदी में औद्योगीकरण के प्रभाव जानने के लिए सर्वेक्षण किया।
3. चार्ल्स बूथः 19वीं शती के अंत में चार्ल्स ने इंग्लैण्ड में ईस्ट साइड लंदन के मज़दूरों के जीवन अथवा अवस्था का सर्वेक्षण किया। इस कार्य की सहायता के लिए उसने वहां के कई प्रतिभाशाली व्यक्तियों से सहायता ली।
4. राउंट्री (बी.सी. राउंट्री): राउंट्री ने (इंग्लैण्ड) शहर के मज़दूर वर्ग की निर्धनता का अध्ययन किया। यह कार्य 20वीं सदी के प्रारम्भ में हुआ।
5. सर ह्यूवर्ट लेविलियन स्मिथः इन्होंने 20वीं सदी के तीसरे शतक में चार्ल्स बूथ का कार्य एक नए दृष्टिकोण से पूरा किया।
6. अमरीका 'मकरेर्स': अमरीका में यूरोपीय कार्यों की प्रायः छाया पड़ा करती है। इस क्षेत्र में भी उन्होंने यूरोप से प्रेरणा लेकर कार्य करना 20 वीं सदी के प्रारंभ में शुरू किया और आज इस दृष्टि से इंग्लैण्ड, फ्रांस आदि कोई भी देश अमरीका का मुकाबला नहीं कर सकता। अमरीका में मनुष्य, जीवन, समाज आदि कोई क्षेत्र बाकी नहीं है जिसमें सर्वेक्षण नहीं

हुआ। मनुष्य के योनि जीवन से लेकर, अपराध, वेश्यावृति तथा समाज के प्रत्येक पहलू पर तथ्य एकत्र करके उन्होंने हमारे जीवन को एक नया अर्थ प्रदान किया है। इस दृष्टि से अमरीकी सर्वेक्षण हमारे युग की अपूर्व देन हैं। अमरीका में विश्वविद्यालय, राज्य सरकारों, संघ, सामाजिक कार्यकर्ता, स्थानीय तथा अन्य लोगों में इस कार्य को करने में एक प्रकार की होड़ रहती है। यही कारण है कि अमरीकी जीवन एक प्रकार से सांख्यिकी रूप से रखा जाने लगा है।

7. संयुक्त राष्ट्र संघ की शाखा (यूनेस्को): सामाजिक तथा शिक्षा के आंकड़े एकत्र करने में यह विश्व संस्था अपने में महान तथा अकेली है। इसके प्रकाशनों ने क्षेत्रीय तथा राष्ट्रों के विषय में ऐसी जानकारी दी है जो हमें अन्य किसी प्रकार उपलब्ध नहीं हो सकती थी। इस संस्था के धन, उपकरण, साधन, व्यक्ति आदि पर्याप्त मात्रा में हैं और इसके द्वारा एकत्रित आंकड़े सभी के लिए लाभप्रद सिद्ध हुए हैं। धनी से धनी राष्ट्र जो कार्य नहीं कर पाया था वह इसने संपन्न किया है। इसलिए आज हम इसके प्रकाशनों द्वारा अपने विषय में ही नहीं, विश्व के प्रत्येक राष्ट्र के संबंध में जानकारी प्राप्त कर सकते हैं। फिर इसके प्रकाशन प्रत्येक क्षेत्र में हैं, जैसे–शिक्षा, संस्कृति, विज्ञान, दर्शन आदि। उदाहरण के लिए, शिक्षा की प्राइमरी शाखा पर इसने लगभग सभी देशों के सर्वेक्षण कराए हैं, उनकी जानकारी सबको कराई है, मांगों के प्रति ध्यान आकृष्ट किया है।

विशेषताएं (Characteristics)

उपर्युक्त सर्वेक्षणों की विशेषताएं हैं:

(1) यह तथ्यप्रधान तथा वस्तुनिष्ठ हैं।
(2) इनके पूर्ण करने में प्रायः अनेक व्यक्तियों ने एक साथ कार्य किया या कहना चाहिए कि यह सर्वेक्षण सामूहिक रूप से ही संपन्न हुए।
(3) सामग्री एकत्र करने के लिए सर्वेक्षकों को सर्वेक्षण क्षेत्र तथा वहां के व्यक्तियों का वैज्ञानिक विधियों से अध्ययन करना पड़ा।
(4) अधिकांश सर्वेक्षण कुछ साधन-संपन्न व्यक्तियों की सहायता से हुए या उनलोगों ने किए जिन्हें अपने सामाजिक उद्देश्य से बहुत प्रेम था।

सर्वेक्षणों के प्रकार (Types of Survey)

सर्वेक्षण कई प्रकार के हो सकते हैं:

सामाजिक सर्वेक्षण: यह सर्वेक्षण ठीक उसी प्रकार होते हैं, जिनका वर्णन हम ऊपर कर आए हैं– चार्ल्स बूथ, लीप्ले, राउंट्री आदि या किंसे का योनि जीवन का सर्वेक्षण।

स्कूल सर्वेक्षण: स्कूल की आवश्यकता या सामाजिक मांगों के पूरक के रूप में स्कूलों की जानकारी आदि को स्कूल सर्वेक्षण कहते हैं। इसके संबंध में हम विशेष रूप से आगे पढ़ेंगे।

जनमत सर्वेक्षण: किसी भी वर्तमान समस्या पर, जिस पर कि बहुमत होने की संभावना हो, जनमत सर्वेक्षण किए जाते हैं। उदाहरण के लिए, हाल के चुनावों में जनमत सर्वेक्षण कई स्थानों पर समाचार पत्रों व टी.वी चैनलों के प्रतिनिधियों या कार्यकर्ताओं ने आकस्मिक चुनाव के आधार पर (Random Sampling) किए। पाश्चात्य् देशों में इन सर्वेक्षणों के विशेष नाम हैं: जैसे–गैलप पोल, रोपर या ग्रौसले आदि।

बाज़ार सर्वेक्षण: जनमत सर्वेक्षण की विशेष शाखा बाज़ार सर्वेक्षण है जिसके द्वारा किसी वस्तु, विज्ञापन आदि के प्रभाव का पता लगाया जाता है। जनता की चीज़ों के प्रति मांग भी इसी के द्वारा पता लगाई जाती है।

सर्वेक्षण का अर्थ (Meaning of Survey)

जैसा–कि हम सभी जानते हैं कि परिभाषा एक कठिन कार्य है, फिर भी इसके बिना प्रायः हमें विषयों को समझने में कठिनाई होती है। उपर्युक्त सभी प्रकार के सर्वेक्षणों की परिभाषाएं अलग-अलग हैं, क्योंकि उनके उद्देश्य अलग-अलग हैं। किंतु सभी में विद्यमान विशेषता के आधार पर यह कहना संभव है कि सर्वेक्षण किसी भी विषय की जानकारी के लिए प्रयोग की गई वह विधि है जो अधिक से अधिक तथ्यों को तर्कसंगत रूप से रखती है। यह वर्तमान या भूतकाल दोनों के अध्ययन में काम लाई जा सकती है। किंतु अधिकांश सर्वेक्षण वर्तमान परिस्थितियों तथा दशाओं के अध्ययन हेतु किए जाते हैं। सर्वेक्षण की विशेषता उसके उपकरण हैं।

सर्वेक्षण तथा अनुसंधान (Survey and Research)

प्रत्येक सर्वेक्षण अनुसंधान नहीं होता। सर्वेक्षण का प्रमुख उद्देश्य तथ्य एकत्र करना है। अनुसंधान का उद्देश्य तथ्यों के साथ उन तथ्यों के पीछे छिपे कारणों का या स्वरूपों का अध्ययन करना है। प्रत्येक में एक साध्य मान्यता होती है और उसी के लिए एकत्र की गई सामग्री पर उसकी परख की जाती है। सत्य-असत्य का पता लगाया जाता है। एक निष्कर्ष निकाला जाता है। इन सर्वेक्षणों में तथा अनुसंधानों में एक ही प्रकार के उपकरण प्रयुक्त किए जा सकते हैं। इसीलिए दोनों को एक मानने का भ्रम संभव है। इसी संबंध में यह और स्मरण रखना चाहिए कि अपने-अपने स्थान पर दोनों ही उपयुक्त हैं। यदि वर्तमान को समझना है तो सर्वेक्षण अनुसंधान करना चाहिए। जैसे, छात्रों की त्रुटियों का सर्वेक्षण अनुसंधान ही होना चाहिए, जबकि स्कूलों के छात्रों की संख्या के आंकड़ों के लिए सर्वेक्षण करना उचित होगा। किंतु ये दोनों ही एक-दूसरे पर प्रभाव डालते हैं तथा एक-दूसरे पर आश्रित हैं।

जैसा कि हम ऊपर देख आए हैं कि प्रायः अनुसंधान इन संबंधों के नियमों का पता लगाता है, जो हमारे जीवन में महत्वपूर्ण होते हैं। किंतु इसका यह अर्थ नहीं कि प्रत्येक अनुसंधान केवल यही कार्य करता है। अनुसंधान ज्ञान की वृद्धि के

लिए सामग्री भी एकत्र करता है। वह वर्तमान में ही रही घटनाओं तथा अवस्थाओं का ब्योरा भी तैयार करता है। वह वर्तमान संबंधी सभी प्रकार के तथ्यों को एकत्र भी करता है। इस प्रकार (जैसे, आदर्शात्मक सर्वेक्षण) इतिहास लेखन में सहायता देता है। भविष्य के इतिहासवेत्ता एकत्र सामग्री से लाभ उठा सकते हैं। इसका यह भी अर्थ कदापि नहीं कि भविष्य के इतिहासवेत्ताओं की सहायता के लिये ही यह (आदर्शात्मक सर्वेक्षण) ऐसा करता है। यह तो केवल इसका स्वाभाविक परिणाम (Natural Byproduct) सिद्ध हो सकता है।

ऐतिहासिक अनुसंधान तथा आदर्शात्मक सर्वेक्षण दोनों ही उपयुक्त दृष्टि से महत्वपूर्ण अनुसंधान होते हैं। अंतर केवल इतना है कि ऐतिहासिक अनुसंधान किसी घटना या कारण का ऐतिहासिक दृष्टि से अध्ययन करता है, जबकि आदर्शात्मक सर्वेक्षण वर्तमान का अध्ययन करता है। यह भी संभव है कि आदर्शात्मक सर्वेक्षण किसी तिथि में हो रही घटनाओं का या उस समय की अवस्था का अध्ययन करे और इस प्रकार ऐतिहासिक अनुसंधान के बहुत निकट आ जाए किंतु उस समय भी अंतर इसी बात का रहेगा कि आदर्शात्मक सर्वेक्षण वर्तमान के किसी न किसी रूप से संबंधित अवश्य होगा, जबकि ऐतिहासिक अनुसंधान के लिए यह तनिक भी आवश्यक नहीं है। उदाहरण के लिए, प्राथमिक शिक्षा की प्रगति (1900–1980) एक ऐतिहासिक अनुसंधान का विषय है किंतु यही विषय आदर्शात्मक सर्वेक्षण का होगा, यदि यह इस प्रकार हो – "प्राथमिक शिक्षा की वर्तमान धाराएं – एक तुलनात्मक अध्ययन, 1900 तथा 1980. स्पष्ट है कि प्रथम प्रकार के अनुसंधान में मात्र ऐतिहासिक दृष्टि से शिक्षा की प्रगति की चर्चा होगी किंतु द्वितीय में 1900 तथा 1980 की शिक्षा की एक समस्या का तुलनात्मक दृष्टि से अध्ययन होगा। कहा जा सकता है कि यह द्वितीय प्रकार का अनुसंधान भी प्रथम जैसा होगा अर्थात् इसमें भी ऐतिहासिक तथ्यों का अध्ययन है। किंतु वस्तुस्थिति यह है कि द्वितीय प्रकार के अनुसंधान में एक विशेष समस्या को छांटकर उसकी तुलना हुई है। फलस्वरूप इस अनुसंधान से हम वर्तमान को समझने में अधिक सहायता प्राप्त कर सकते हैं। वर्तमान ही नहीं, इस अध्ययन से भविष्य की चीज़ों, जैसे– घटनाओं की दिशा, उनकी प्रगति आदि को परख या माप सकते हैं। स्मरण रहे, यह तभी संभव है जब उससे मिलता-जुलता अनुसंधान पहले भी हो चुका हो, अन्यथा तुलना किस प्रकार होगी? स्पष्ट है कि सर्वेक्षण का प्रथम उद्देश्य वर्तमान का अध्ययन है और उसके लिए यदि काल की विभिन्न ऐतिहासिक घटनाओं की तुलना करके वर्तमान पर प्रकाश डाला जाता है तो वह अध्ययन आदर्शात्मक सर्वेक्षण होगा।

अब प्रश्न यह है कि क्या आदर्शात्मक सर्वेक्षण व्यावहारिक होते हैं अर्थात् क्या उनके द्वारा समस्याओं का समाधान किया जाता है? इस अंश तक कि इस सर्वेक्षण द्वारा वर्तमान का पूर्ण अध्ययन हांता है तथा इसमें तथ्य वर्तमान संबंधी ही होते हैं, यह समस्याओं के निराकरण में सहायक सिद्ध हो सकता है। ऐसा हो सकता है, पर ज़रूरी नहीं कि ऐसा हो ही, क्योंकि समस्याओं के हल स इसका कोई सीधा संबंध नहीं। यह तो केवल वर्तमान पर एकत्र सामग्री का वैज्ञानिक विधि से किया गया अध्ययन है। इसके द्वारा तो समस्या के स्वरूप का पता

चलता है। स्वाभाविक है कि समस्या के स्वरूप के ज्ञान के पश्चात् कुशल तथा योग्य व्यक्ति उसका समाधान निकाल लें। किंतु समाधान इसका उद्देश्य किसी प्रकार नहीं होता।

यह सत्य है कि व्यवहार में जिन तथ्यों तथा सामग्री आदि के विषय में हम सोच भी नहीं सकते, इस सर्वेक्षण से उनका पता चल जाता है। उदाहरण के लिए, 'अध्यापक प्रशिक्षण के लिए छांट' अनुसंधान के अंतर्गत उन समस्याओं का तथा धाराओं का हमें ज्ञान हो सकता है जिसका हमें स्वप्न में भी ध्यान न हो। इस प्रकार यद्यपि इस अनुसंधान द्वारा हम भविष्य की उन्नति के लिए कार्य नहीं कर रहे हैं, फिर भी, जैसा हमने ऊपर कहा, यह तो इसका स्वाभाविक परिणाम होगा। स्मरण रहे कि सदैव ही यह स्वाभाविक परिणाम आवश्यक नहीं। यद्यपि इस सर्वेक्षण द्वारा किन्हीं सिद्धांतों का पता नहीं चलता, तथापि उन सिद्धांतों के व्यवहार पक्ष का ज्ञान अवश्य हो जाता है।

आदर्शात्मक सर्वेक्षण एक प्रकार के आदर्श (Norm) की स्थापना करता है जिससे कि हम आदर्श से हटे (Deviated) तथ्यों को तुलनात्मक दृष्टि से उनके आदर्शच्युत होने की अवस्था (Degree) को माप सकें। उदाहरण के लिए, 'अध्यापक प्रशिक्षण के लिए छांट' विषय को ही लीजिए। इसके अध्ययन से हमें स्पष्ट पता चल जाएगा कि प्रायः किस प्रकार के छात्र प्रशिक्षण के लिए आते हैं, उनके आने के क्या कारण हैं और उनकी भविष्य की क्या योजनाएं हैं। इस प्रकार हम अधिकांश छात्रों पर घटित बातों का ज्ञान कर सकते हैं और एक प्रकार का आदर्श बना लेते हैं कि अमुक प्रकार का होने पर अमुक छात्र प्रशिक्षण के लिए जाएगा और यदि इन आदर्शों (Norms) के विरुद्ध प्रशिक्षण के लिए छात्र जाते हैं और हम उनकी सांख्यिकीय विधि से प्रतिशत संख्या निकाल लेते हैं। इस प्रकार यदि अधिकांश छात्र, अर्थात 50 प्रतिशत से ऊपर, लगभग इस प्रकार के कारणों से प्रशिक्षण के लिए गए हैं तो हम कारणों को आदर्श कारण (Norm) मान लेंगे। आज के सर्वेक्षण प्रायः सांख्यिकीय व्याख्या (Statistical Interpretation) से पूर्ण होते हैं। अगले अध्याय में इस व्याख्या की विस्तार से चर्चा की गई है।

आदर्शात्मक सर्वेक्षण के प्रकार (Types of Normative Survey)

गुड, बार और स्केट्स ने 6 प्रकार के आदर्शात्मक सर्वेक्षण माने हैं। ये भेद उनमें प्रयोग किए जाने वाले उपकरणों के आधार पर किए गये हैं। यद्यपि हम इन उपकरणों का वर्णन 'अनुसंधान के उपकरण' नामक अध्याय में कर चुके हैं, किंतु यहाँ उनका संक्षेप में इस विषय से संबंधित आधारों पर पुनः वर्णन उपयुक्त नहीं रहेगा। स्मरण रहे कि इन उपकरणों का प्रयोग केवल आदर्शात्मक सर्वेक्षण में ही नहीं, अन्य प्रकार के अनुसंधानों में भी प्रयोग किया जाता है:

1. सर्वेक्षण परीक्षण (Survey Testing)
2. प्रश्नावली सर्वेक्षण (Questionnaire Survey)
3. लेख संबंधी आवृत्ति (Documentary Frequencies)
4. साक्षात्कार अध्ययन (Interview Study)

5. अवलोकन अध्ययन (Observation Study)
6. निर्णयात्मक विधि (Decision Method)

1. सर्वेक्षण परीक्षण (Survey Testing)

सर्वेक्षण परीक्षण में बुद्धि, व्यक्तित्व के परीक्षण आदि सम्मिलित होते हैं। इन सभी प्रकार के परीक्षणों का वर्णन हम पिछले अध्याय में कर चुके हैं। किसी भी एक प्रकार के परीक्षण या मापन के आधार पर अनुसंधान किया जा सकता है और किसी भी अनुसंधान में एक से अधिक परीक्षणों का प्रयोग किया जाना संभव है। परीक्षणों का तैयार करना प्रत्येक अध्यापक को आना चाहिए।

हमारे देश में स्वातंत्र्य-पूर्व इस दिशा में बहुत कम काम हुआ है। केंद्रीय सरकार द्वारा स्थापित राष्ट्रीय शिक्षा संस्थान तथा प्रत्येक राज्य सरकार का अपना मनोविज्ञान संस्थान इस दिशा में अब बहुत कुछ कर रहे हैं। बहुत से विदेशी परीक्षणों को भारतीय अवस्थाओं तथा दशाओं के लिए ठीक किया गया है। इलाहाबाद में स्थापित सेंट्रल पेडागाजिकल इंस्टीट्यूट ने बड़े ही महत्वपूर्ण परीक्षण तैयार किए हैं। इसके भूतपूर्व अध्यक्ष श्री सी.एम. भाटिया ने बहुत से अपने परीक्षण बनाए तथा विदेशी परीक्षण सुधारे। केन्द्रीय सरकार द्वारा दिए गये अनुदान से अध्यापकों द्वारा परीक्षण केंद्रों में इस प्रकार के बड़े ही उपयोगी परीक्षण तैयार किए गये हैं। हमारे विश्वविद्यालयों ने भी इस क्षेत्र में सराहनीय कार्य किया है। इन सबके वर्णन का अभिप्राय मात्र इतना है कि कहीं यह न समझ लिया जाए कि हम इस काम में विदेशों से बहुत पीछे हैं। यदि पीछे हैं तो केवल धनाभाव के कारण। छात्र यदि तनिक भी प्रयत्न करें तो भारतीय दशाओं के लिए उपयुक्त परीक्षण उन्हें मिल जाएंगे तथा बहुत से ऐसे विदेशी परीक्षण भी उपयोग कर सकते हैं जिनमें परिवर्तन की आवश्यकता ही न पड़े।

अनुसंधाता को इन परीक्षणों से प्राप्त सामग्री की व्याख्या करते समय यह ध्यान रखना चाहिए कि वह परीक्षण (Test) वैध है या नहीं, उसकी विश्वसनीयता कितनी है तथा परीक्षण किए जाने वाले व्यक्ति किस प्रकार के थे और किस अवस्था में परीक्षण किया गया। इन परीक्षणों की अपनी कमियां हैं और उनको ध्यान में रखना आवश्यक है, जैसे – कोई भी परीक्षण न तो आदर्श हो सकता है और न आदर्श अवस्था में दिया ही जा सकता है। परीक्षण लेने में प्रशिक्षित छात्र अपनी वास्तविक योग्यता तथा बुद्धि से 10 प्रतिशत अंक तक, अधिक प्राप्त कर सकते हैं। इस संबंध में लंदन विश्वविद्यालय के भूतपूर्व प्रोफेसर वर्नन ने परीक्षण किए और यह परिणाम उन्हीं का निकाला हुआ है। वैसे इससे पहले अमेरिका में मुनरो का भी अध्ययन प्रकाशित हुआ था जो वर्नन से मिलता-जुलता है।

इन सब बातों का ध्यान रखते हुए यदि सर्वेक्षण परीक्षण किया जाए तो अत्यन्त उपयोगी सिद्ध हो सकता है। इस सर्वेक्षण परीक्षण तरीके से छात्रों की योग्यता, बुद्धि, रुचि, सफलता आदि का अध्ययन भली-भांति हो सकता है। इस प्रकार के अनुसंधान के पश्चात अध्यापन की विधियों तथा सामग्री में आवश्यक परिवर्तन लाए जा सकते हैं। अध्यापन की सफलता का ज्ञान हो सकता है। संक्षेप में, अनुसंधान के प्रकारों में से सर्वेक्षण परीक्षण प्रायः उपयोग में लाया जाता है।

2. प्रश्नावली या मतावली सर्वेक्षण (Questionnaire Survey)

उन स्थानों पर जहां हम स्वयं जाकर पता नहीं लगा सकते, सामग्री एकत्र करने के लिए प्रायः प्रश्नावली का प्रयोग होता है। भारत में भी इसका उपयोग अधिक है। इसकी सामग्री में एक विशेष सुविधा रहती है–वर्गीकरण की। प्रश्नावली को इस प्रकार तैयार किया जा सकता है कि उसके द्वारा एकत्र सामग्री को पुनः वर्गीकरण की आवश्यकता ही नहीं पड़े। फिर इसकी सामग्री की सांख्यिकी व्याख्या आसानी से हो सकती है। प्रश्नावली की सामग्री की व्याख्या अत्यन्त कठिन कार्य है, क्योंकि एक तो दिए गए उत्तरों की सफलता संदेहजनक होती है। दूसरे, यदि बहुत उत्तर एक प्रकार के हों तब भी यह कहना कठिन होगा कि वह उत्तर निश्चित रूप से उचित आधार पर हैं। उदाहरण के लिए, ब्लोदिमोर नोबोकोव द्वारा लिखित 'लोलिता' अच्छा उपन्यास है या नहीं। इसी प्रकार भारतीय स्वतंत्रता की कहानी 'फ्रीडम ऐट मिडनाइट' के विषय में अनेक राय हैं। इस संबंध में यदि 75 प्रतिशत लोग कह भी दें कि वह अच्छा है या बुरा है, फिर भी निष्कर्ष निकालना कठिन होगा। इसी प्रकार स्कूल में प्रयुक्त किसी विशेष विधि द्वारा अध्यापन की सफलता तथा औचित्य का पता मतों की संख्या से बताना कठिन कार्य है। इसलिए अनुसंधाता को अकेले इसी विधि पर अनुसंधान नहीं करना चाहिए। उसे चाहिए कि वह साक्षात्कार द्वारा उत्तरों की गहराई मापे और सत्य या असत्य का पता लगाए। प्रायः अनुसंधान में प्रश्नावली या मतावली के साथ साक्षात्कार तकनीक को भी काम में लाया जाता है।

3. लेख संबंधी आवृत्ति (Documentary Frequencies)

ऐतिहासिक विषयों की भांति लेख संबंधी आवृत्ति भी लिखित तथा उपस्थित सामग्री से संबंधित अनुसंधान होता है। इसमें यह निश्चय करके कि अमुक प्रकार की चीज की आवृत्ति को गिनना है, अनुसंधाता अपना कार्य प्रारंभ करता है। इस प्रकार के अध्ययन की विशेषता उसकी संख्यात्मकता (Quantitative Character) है। अर्थ स्पष्ट है कि अमुक प्रकार की शब्दावली, चित्र, व्यवहार आदि की लेखक विशेष द्वारा या विषय विशेष में कितनी बार आवृत्ति हुई है– इसी को संख्यात्मकता कहते हैं।

यद्यपि इस प्रकार के अध्ययन भारत में भी होने लगे हैं किंतु इनका प्रचार पाश्चात्य देशों की विशेषता है। संख्यात्मकता पाश्चात्य सभ्यता के अनेक गुणों में से एक है। यही कारण है कि उनके यहां हर चीज़ की संख्या मिलनी संभव है: जनसंख्या, कार, हवाई जहाज़, विवाह, मृत्यु, बीमारी, तलाक आदि-आदि की संख्या।

लेख संबंधी आवृत्ति का सर्वेक्षण (Survey of Documentary Frequencies)

यह अनुसंधान प्रायः पाठ्यपुस्तकों से संबंधित हुआ करता है। अनुसंधाता चित्रों, कठिन शब्दों, पाठ के अंत में दिये गए अभ्यास प्रश्न आदि में से किसी एक की आवृत्ति का अध्ययन कर सकता है। गुड, बार तथा स्केट्स का कथन है, कि

प्रत्येक बात कक्षा में नहीं पढ़ाई जा सकती, इसलिए सबसे अधिक उपयोगी पाठ्य सामग्री का छांटना तथा पढ़ाना एक आवश्यक कार्यवाही है। आवृत्ति अध्ययन इसमें विशेष रूप से सहायक होते हैं, क्योंकि इनके द्वारा पाठ्यक्रम की दिशा निर्धारित की जाती है। उदाहरण के लिए, अंग्रेज़ी शब्दों को ही लीजिए। इसमें प्रत्येक शब्द की उपयोगिता अलग-अलग है। इसलिए इस पर सामान्य अधिकार प्राप्त करने के लिए केवल उपयोगी शब्दों को पढ़ाना उचित है। इस संबंध में निरन्तर प्रकाशित प्रतिवेदनों में, जैसे इंग्लैण्ड की 'नेशनल यूनियन ऑफ टीचर्स ने सबसे अधिक उपयोगी शब्दावली का वर्णन किया। इसी विचार से मिलते-जुलते विचार के आधार पर अंग्रेज़ी में सांचा या गठनविधि (Structural Approach) का प्रयोग प्रारम्भ किया गया।

इस आवृत्ति अध्ययन के अंतर्गत गलतियों की आवृत्ति का अध्ययन आता है। इसमें वर्तनी (Spelling), व्याकरण, वाक्य तथा शब्दों के चुनाव आदि की गलतियां सम्मिलित हैं। इस प्रकार के अध्ययन की कुछ कमियां हैं। गुड, बार तथा स्केट्स गलतियों के संबंध में हमारा ध्यान आकृष्ट करते हुए कहते हैं कि इस विधि की सबसे पहली कमी तो यह है कि यह गलतियों के कारणों को नहीं बताती। अमुक छात्र क्यों गलती करता है? इतना ही महत्वपूर्ण है जितना यह जानना कि वह क्या गलती करता है। दूसरी कमी यह है कि यह सामान्य गलती बताता है, उनका औसत बताता है पर विशेष गलतियों को छोड़ देता है। फलस्वरूप शिक्षा का उद्देश्य या दिशा निर्धारण संभव नहीं। तीसरा दोष यह है कि इस प्रकार के अध्ययन में कुछ विशेष क्षेत्रों को आवश्यकता से अधिक महत्व मिलता है। शिक्षा सदैव साधारण या बार-बार दुहराई जाने वाली चीज़ों में भी निहित नहीं है। शिक्षा साधारण अनुभवों के ऊपर है। इसका उद्देश्य प्रत्येक का अपनी-अपनी योग्यता तथा रुचि के अनुसार व्यक्तित्व का विकास है। यह अध्ययन किसी भी रूप में इस उद्देश्य से संबंधित नहीं। और चौथी कमी यह है कि इस प्रकार के अध्ययन में वस्तुनिष्ठता बनाए रखने के लिए अनुसंधान बच्चे की आवश्यकता को नहीं देखता। बच्चे की आवश्यकता की जानकारी भी एक महत्वपूर्ण बात है।

किंतु इन कमियों के कारण यह नहीं कहा जा सकता है कि इस प्रकार के अनुसंधान व्यर्थ होते हैं। वास्तव में इनका भी एक स्थान है। हमारे विचार से उपर्युक्त कमियों में सत्य की मात्रा अधिक होते हुए भी कुछ दोष हैं। हम समझते हैं कि जब इस प्रकार के अध्ययन या अनुसंधान का उद्देश्य ही किसी विशेष प्रकार की गलती का पता लगाना है, तब उससे यह आशा करना भूल होगी कि वह बालक की आवश्यकता बताए, उसकी असाधारण गलती की ओर ध्यान दिलाए, या उन क्षेत्रों की बात करे जिनमें इस प्रकार के अनुसंधान संभव नहीं। हां, यह सत्य है कि उपर्युक्त आलोचना किन्हीं अंशों में उचित है। किंतु स्मरण रहे कि इस आलोचना के लिए कार्य अन्य प्रकार की अनुसंधान विधियां हैं और अनुसंधाता जब चाहे इस आलोचना के प्रकाश में अनुसंधान कर सकता है। यहां यह उल्लेख करना भी आवश्यक है कि गुड, बार, स्केट्स या अन्य लेखक इस आवृत्ति विधि के अनुसंधान को कम महत्व नहीं देते हैं। वह तो केवल इसके दोषों की ओर ध्यान आकर्षित करते हैं। इस अपूर्णता में ही इस विधि की सफलता या विशिष्टता निहित है।

बोबिट ने आवृत्ति संबंधी अनुसंधान के प्रति बड़ा ही महत्वपूर्ण विचार प्रकट किया है। उनका कथन है कि इस प्रकार के अध्ययन या अनुसंधान का यह अर्थ नहीं समझना चाहिए कि यह प्रायः जीवन के बड़े आवश्यक पहलुओं से ही संबंधित होते हैं। वास्तव में इन अनुसंधानों का विषय के महत्व से कोई संबंध नहीं होता। उदाहरण के लिए, 'भाषा', जिसका प्रभाव तथा आवश्यकता सर्वव्यापी है, का अध्ययन अपेक्षाकृत उन अनुसंधानों से कम है, जो सामयिक समस्याओं से संबंधित हैं। इसी प्रकार यदि जीवन की अन्य समस्याओं को देखा जाए तो अधिक महत्वपूर्ण विषयों पर सबसे कम अध्ययन हुए हैं। अतः यदि किसी विषय पर अनुसंधान अधिक हुए हैं तो उन विषयों को बहुत महत्वपूर्ण नहीं मान लेना चाहिए। हम तो समझते हैं कि इसका कारण यह है कि बहुत महत्वपूर्ण विषयों पर समय अधिक लगता है, दिमाग अधिक खपाना पड़ता है तथा उनका स्तर साधारण व्यक्ति के मानसिक या बौद्धिक स्तर से ऊपर होता है और उनकी सामग्री का मिलना या समझना सरल नहीं होता। इसलिए उन पर कम अनुसंधान होते हैं, क्योंकि जीवन के अन्य क्षेत्रों की भांति यहां भी सुविधा की दृष्टि से अनुसंधाता कम कठिनाई वाला कार्य करता है।

और अंत में इस प्रकार के अनुसंधान करते समय अनुसंधाता को बड़ा सोच-समझकर सामग्री का श्रेणीगत वर्गीकरण करना चाहिए। प्रायः ऐसा होता है कि उपयुक्त श्रेणियों तथा वर्गीकरण के अभाव में अनुसंधान आवश्यकता से अधिक मशीनी हो जाता है तथा प्रायः अपने असली उद्देश्य तक नहीं पहुंच पाता। कभी तो सामग्री की व्याख्या भी कठिन हो जाती है। इसलिए चाहे प्रश्नावली बनाई जाए, चाहे परीक्षण तैयार किए जायें या अनुसूची बनाई जाए, सामग्री की श्रेणियों तथा वर्गीकरण का ध्यान पहले से ही रखना चाहिए। हम गुड, बार तथा स्केट्स के इस कथन से पूर्णतया सहमत हैं कि साधारण शब्दों की आवृत्ति का पता लगाने में भी लेख की शैली, विषय की रोचकता आदि का ध्यान रखा जा सकता है तथा व्याख्या करते समय उनकी आवृत्ति अंकित की जा सकती है। स्मरण रहे कि अनुसंधान को सदैव किसी सीमा में बांधना ठीक नहीं रहता। उदाहरण के लिए, जयशंकर प्रसाद की शब्दावली का अध्ययन शोधकर्ता को बड़ा सरल लग सकता है। इसलिए उसे अपने विषय की सीमा में बंधे होने के उपरान्त भी सहायक क्षेत्रों में जाने की मनाही नहीं है। किंतु इसका यह अर्थ नहीं है कि वह अपना क्षेत्र अन्य क्षेत्रों के लिए छोड़ दे या उसका महत्व कम कर दे। बात तो केवल इतनी है कि सुविधानुसार अनुसंधाता अपने क्षेत्र का विस्तार कर सकता है। क्षेत्र का बंधन अटूट तथा दैवी नहीं है।

4. साक्षात्कार अध्ययन (Interview Study)

आदर्शात्मक सर्वेक्षण की एक तकनीक साक्षात्कार भी है। प्रायः इसका उपयोग प्रश्नावली की भांति, स्वतंत्र रूप से नहीं किया जाता, क्योंकि इसके फल वस्तुनिष्ठ नहीं हो सकते। अनुसंधाता साक्षात्कार द्वारा उत्तरदाता के व्यक्तित्व, उसकी प्रतिक्रिया आदि के विषय में जान सकता है। इस तकनीक का सबसे बड़ा लाभ यह है कि जो बातें अन्य किसी प्रकार नहीं जानी जा सकतीं, उनका पता इसके द्वारा आसानी से लगाया जा सकता है। इसका शिक्षा, समाजशास्त्र, अर्थशास्त्र आदि में बहुत प्रयोग

होता है। यद्यपि सर्वेक्षण में इसका काफी प्रयोग होता है किंतु इसका यह अर्थ नहीं कि इसका अन्य प्रकार के अनुसंधानों में प्रयोग ही नहीं होता। साक्षात्कार एक कुशल अनुसंधाता के हाथ में बहुत बड़ी कला है। इसके द्वारा सामग्री एकत्र करने में तथा उसकी व्याख्या करने में बड़ी सहायता मिल सकती है।

5. अवलोकन विधि (Observation Method)

किसी भी प्रक्रिया, काम, प्रतिक्रिया आदि को वास्तव में होता हुआ देखने को अवलोकन कहा जाता है। अभी तक लोगों को संदेह था कि यह वैज्ञानिक नहीं है किंतु पिछले तीन दशकों से इसके आधार पर किए गए अनेक अध्ययनों ने सिद्ध कर दिया है कि यह विधि, लिखित परीक्षणों से किसी हालत में कम वैज्ञानिक नहीं। विद्वानों का कथन है कि लेख द्वारा किसी व्यक्ति के लिखित विचार तथा साक्षात्कार द्वारा उसके कहे गए विचारों की अभिव्यक्ति होती है तो अवलोकन द्वारा विभिन्न दशाओं में उसके उन विचारों को वास्तव में क्रियान्वित होते हुए देखा जा सकता है। निस्संदेह बहुत सी ऐसी दशाएं हैं जिनका अध्ययन इसी विधि द्वारा संभव है, विशेषकर बाल मनोविज्ञान के अध्ययन, जैसे बालकों के 5 वर्ष तक की अवस्था की सामाजिकता की जानकारी। अमरीका में तो बच्चों के अवलोकन परीक्षण भी हुए हैं: 'क्या बच्चा समय पर आता है? क्या वह साथियों के साथ खेलता है? क्या वह प्रसन्न रहता है? अवकाश के समय वह किस प्रकार की पुस्तकें पढ़ता है? आदि। वहाँ के कुछ विद्वानों का कथन है कि इन परीक्षणों से अध्यापक को बच्चों के बारे में रिपोर्ट से अधिक बातें ज्ञात होती हैं। अवलोकन विधि में अध्यापक बच्चों की (संख्या 6 से अधिक न हो) बातों, घटनाओं, खेलों आदि को रोज़ डायरी में लिखकर बड़ी महत्वपूर्ण सामग्री एकत्र कर सकता है।

चलचित्रों, तसवीरों, टेप रिकार्डरों आदि के उपयोग से अवलोकन विधि को और अधिक वैज्ञानिक बनाया जा सकता है। यदि किसी प्रक्रिया विशेष को छांटकर उसका अध्ययन किया जाए, अध्ययन का स्थान, अवधि तथा अवसर आदि चुना जाए तो इस विधि को पूर्णरूपेण वैज्ञानिक बना सकते हैं। किंतु स्मरण रखना चाहिए कि अवलोकन सहज में ही वैयक्तिक (Subjective) हो सकता है। फिर जिनका अध्ययन किया जा रहा है, यदि उन्हें अध्ययन का तनिक भी ज्ञान हो गया (तीन वर्ष से अधिक के सभी बच्चे समझदार होते हैं) तो दोनों ही अवस्थाओं में यह अध्ययन निरर्थक सिद्ध हो सकता है। अब वीडियो-ऑडियो रिकार्डिंग के उत्तम व सस्ते उपकरणों, जैसे मोबाइल, कैमरे, क्लोज़्ड सर्किट कैमरा आदि से यह कार्य सुविधापूर्वक संभव है।

फिर भी, जैसा ऊपर कहा जा चुका है, पिछले कुछ दशकों में अवलोकन का उपयोग बड़ी सफलता से हुआ है। पाठकों को चाहिए कि वे उत्तर प्रदेश सरकार के सेंट्रल पेडागाजिकल इंस्टीट्यूट के कुछ प्रकाशन देखें। अमरीका में दिए गए कुछ मशहूर अध्ययन कोलंबिया तथा येल विश्वविद्यालय में हुए हैं।

अवलोकन की विषेषताएं: गुड, बार तथा स्केट्स ने अनुसंधान के लिए उपयुक्त अवलोकन की पांच विशेषताएं बताई हैं: (1) निरर्थक देखने के ठीक

विपरीत अनुसंधान वाला अवलोकन प्रयोजनशील होता है। इसकी विशेषता इसके क्षेत्र के चुनाव तथा बंधे हुए होने में होती है। अनुसंधाता व्यर्थ में ही इधर-उधर मारा नहीं फिरता। (2) इस अवलोकन में देखने की अवधि, स्थान तथा प्रक्रिया का चुनाव पहले ही हो जाता है। (3) यह अवलोकन संख्यात्मक होता है अर्थात इससे यह पता चलता है कि अमुक कार्य कितनी बार किया गया, या कितने समय किया गया, या कितने छात्रों ने किया आदि। (4) यह अध्ययन प्रशिक्षित व्यक्तियों द्वारा ही संभव है। अप्रशिक्षित व्यक्ति का अवलोकन वैज्ञानिक होना कठिन है। (5) अंत में, वैज्ञानिक होने के नाते इस अध्ययन के परिणामों को पुनः परखा जा सकता है। स्थानांतरण से भी इस पर अधिक प्रभाव नहीं पड़ता।

6. निर्णयात्मक विधि (Decision Method)

आदर्शात्मक सर्वेक्षण के उपकरणों में सम्मिलित अंतिम प्रकार के प्रयुक्त निर्णयात्मक तरीके प्रायः वस्तुनिष्ठ होते हैं। इन तरीकों को वैज्ञानिक चिंतन तथा अनुसंधान के लिए उपयुक्त मानने को कुछ लोग तैयार नहीं हैं। किंतु विज्ञान के प्रत्येक क्षेत्र में भूल (Error) की संभावना रहती है, इसलिए ऐसे तरीकों में, जिनमें मनुष्यों के निर्णय का प्रश्न हो, यदि व्यक्तिनिष्ठता आ जाए तो आश्चर्य की बात नहीं।

(अ) वस्तुनिष्ठ तरीके

1. *प्रत्यक्ष तुलना (Direct Comparison)*: इसमें किसी भी क्षेत्र की एक समस्या को लेकर उसमें कार्यरत व्यक्तियों तथा विशेषज्ञों से उसके संबंध में राय पूछी जाती है। यदि उनमें मतैक्य हो, और कुछ बातों को यदि लगभग सभी मान लें तो वह समस्या का सही हल माना जाएगा। उदाहरण के लिए, अमरीका में हुर्ड ने सामयिक शिक्षा साहित्य से छांटकर अपने समय की समस्याओं के कुछ हल ढूंढ़े और 154 व्यक्तियों को दिखा कर पूछा कि उसकी दृष्टि में कौन से हल सबसे अधिक उपयुक्त हैं। परिणामस्वरूप उसके 43 हल सबको उचित लगे।
   इसी प्रकार लेख या निबंधों को लेकर उसका एक पैमाना तैयार किया गया और उस पैमाने को मापदण्ड मानकर अन्य लेखों तथा निबंधों के बारे में कुछ लोगों से राय ली गई। इस प्रकार का एक पैमाना थार्नडाइक ने बनाया था। यह पैमाना न केवल उसी समय काम में लाया गया वरन् इसका उपयोग बाद में भी हुआ। यह बात सभी पैमानों के लिए सही हैं, क्योंकि ये पैमाने एक बार तैयार करके बार बार काम में लाए जा सकते हैं।
2. *अनुसूची (Checklist)*: चेकलिस्ट या अनुसूची द्वारा किसी विशेष विषय के संबंध में 'हां' या 'ना' में राय ली जाती है। इसमें दिए उत्तरों में से किसी भी उत्तर की उपयुक्तता के विषय में जानकारी प्राप्त की जा सकती है। किसी के व्यवहार या कार्य करने के तरीके को इसके आधार पर मापा जा सकता है। 'हां' या 'ना' अथवा 'अच्छी' या 'बुरी' बातों की

संख्या को जोड़-घटा कर तथा प्रत्येक बात (Item) को अंक देकर चेकलिस्ट द्वारा किसी भी संबंध में अंक प्राप्त किए जा सकते हैं।

3. *श्रेणीय पैमाना (Rating Scale):* यह भी सर्वेक्षण में काम लाया जाने वाला बड़ा ही साधारण तरीका है। इसके द्वारा किसी भी संबंध में दिए गए पैमाने के अनुसार राय मांगी जाती है। इसके द्वारा किसी भी विषय के अध्यापक या किसी स्कूल के सभी अध्यापकों की अध्यापन कार्य संबंधी जानकारी प्राप्त की जा सकती है। उदाहरण के लिए, भूगोल के अध्यापक की योग्यता तथा पढ़ाने की कला की परख करनी है तो इसके लिए यह पैमाना अध्यापकों से, बाहर से लाए गए विशेषज्ञों से भरवाकर उसकी योग्यता तथा कला का ज्ञान प्राप्त किया जा सकता है। यदि यही काम बड़े क्षेत्र को लेकर अनुसंधान के लिए किया जाए तो पश्चिमी या पूर्वी उत्तर प्रदेश के माध्यमिक विद्यालयों के भूगोल अध्यापकों के संबंध में बड़ी वस्तुनिष्ठ सामग्री एकत्र हो जाएगी। यह पैमाना कई प्रकार से तैयार होता है और इसका वर्णन हम 'अनुसंधान के उपकरण' अध्याय में समाजमितीय पैमाने का जिक्र करते समय कर आए हैं।

4. *अंक पत्र (Score Card):* यह श्रेणीय पैमाने का ही एक प्रकार है और इसमें किसी भी क्षेत्र में अंक एकत्र किए जाते हैं। उदाहरण के लिए, मेरठ के माध्यमिक स्कूलों की इमारतों की तुलना कानपुर के माध्यमिक स्कूलों की इमारतों से करनी या इन दोनों के संबंध में अलग-अलग सामग्री एकत्र करनी है तो अंक पत्र (जिस पर स्कूल की इमारत संबंधी बातें लिखी होती हैं) द्वारा जानकारी प्राप्त कर ली जाती है, जैसे–खेल के मैदान, कला कक्ष, सभाकक्ष, वाटिका, कक्षा स्थान, स्कूल की स्थिति, फर्नीचर, अध्यापकों की शिक्षा, इमारतों की अच्छाई-बुराई पर सामग्री एकत्र हो जाती है।

अंक पत्र पुस्तकों की पठनीयता, उपयुक्तता, उपयोगिता आदि के लिए भी उपयोग में लाए जा सकते हैं। किंतु इनके संबंध में प्रायः यह कहा जाता है कि समान अंकों में इमारतों या पुस्तकों का समान होना आवश्यक नहीं। यह इस प्रकार के किसी भी पैमाने की कमी मानी जा सकती है। किंतु यह स्वीकार करना कठिन होगा कि यह पैमाने में निहित या विधि में निहित कमी है। यह संभव है कि पैमाने की तैयारी के समय यदि किसी विशेष पक्ष को अधिक बल दे दिया जाए तो परिणाम अन्य स्थान पर दिए गए बल (Stress) से भिन्न हों। जैसे–किसी व्यक्ति को किसी स्कूल की इमारत का आवश्यक अंग खेल का मैदान लग सकता है तो किसी को सभा-कक्ष या कक्षाएं और इस प्रकार उनके परिणामों में अंतर आ सकता है। किंतु इसमें यह सिद्ध नहीं होता कि स्वयं पैमाने में कोई दोष है, दोष तो वास्तव में पैमाना तैयार करने में है।

इन सभी प्रकार के पैमानों के बनाने के पीछे गुड, बार तथा स्केट्स की कुछ धारणाएं एवं मान्यताएं हैं:

(1) इन पैमानों द्वारा उत्तरदाता का ध्यान केंद्रित करके किसी भी संबंध में उचित, आवश्यक तथा पर्याप्त सामग्री एकत्र की जा सकती है।

(2) यह माना जाता है किसी भी वस्तु के अंगों को जोड़ने पर वही वस्तु प्राप्त होगी। जैसे–हाथ-पैर व शरीर के अन्य अवयवों को जोड़ने पर मनुष्य का शरीर बनेगा। यद्यपि इस प्रकार के तर्क में दोष हैं, तथापि इसके द्वारा हम किसी भी वस्तु के संबंध में लगभग पूर्ण चित्र (Composite Picture) बनाने में सफल हो सकते हैं।

वैसे वस्तुस्थिति के विषय में जानकारी प्राप्त करने के लिए इस पैमाने के साथ-साथ यदि अन्य निर्णयात्मक तरीकों का भी प्रयोग किया जाए तो हम लगभग आदर्श अवस्था तथा आदर्श साधनों को पा लेंगे।

(ब) लगभग वस्तुनिष्ठ तरीके

1. निदेशांक (Index Numbers): निदेशांक का प्रयोग शिक्षा के क्षेत्र में अर्थशास्त्र तथा समाजशास्त्र से आया है। इसके द्वारा जटिल सामग्री की तुलना की जाती है। वास्तव में जटिल सामग्री का निर्णय करना ही कठिन है, किंतु एक बार उसके विषय में निर्णय करने पर यह भी बहुत वस्तुनिष्ठ तरीका हो जाता है। शिक्षा के क्षेत्र में भारत में निदेशांकों का प्रयोग लगभग नहीं के बराबर हुआ है। पाश्चात्य देशों में इसका प्रयोग अधिक हुआ है। उदाहरण के लिए, अध्यापकों के व्यय का हम यदि किन्हीं दो तिथियों में पता लगाना चाहते हैं, तो उनसे संबंधी आवश्यक वस्तुओं पर खर्च तथा उनके वेतन का पता लगाएंगे और फिर व्यय की घटत-बढ़त के संबंध में निर्णय करेंगे।

व्यय तथा आय का तुलनात्मक अध्ययन

वस्तुएं	*2006*		*2016*	
	वास्तविक व्यय	*निदेशांक*	*वास्तविक व्यय*	निदेशांक
1. मकान	20	100	35	150
2. भोजन	50	100	60	120
3. वस्त्र	15	100	20	133.4
4. अन्य व्यय	15	100	20	133.4
योग		**400**		**536.8**
व्यय निदेशांक		**100**		**134.2**

उपर्युक्त निदेशांक द्वारा हमें उत्तर प्रदेश के माध्यमिक स्कूल के अध्यापकों के खर्च का पता दो तिथियों में चल गया है। सामान्य रूप से हम अर्थशास्त्र के निदेशांकों को तैयार करने के सिद्धांतों को शिक्षा के निदेशांकों को तैयार करने के समय भी ध्यान में रखते हैं।

निदेशांक बनाने के भी दो तरीके हैं। किंतु शिक्षा में प्रायः उपर्युक्त प्रकार के निदेशांक का ही उपयोग होता है। इसलिए दूसरे तरीके अर्थात भारतीय निदेशांक का वर्णन हमने जानकर नहीं किया है। अन्य कारण भी हैं, भार (Weightage) देना बड़ा कठिन कार्य है, क्योंकि संभव है दो

व्यक्ति दिए गए भार के संबंध में एकमत न हों। फिर, इन दोनों निदेशांकों के फल में भी अंतर होता है। इसलिए निदेशांकों के तरीके को लगभग वस्तुनिष्ठ तरीका माना जाता है।

2. स्कूल सर्वेक्षण *(School Survey)*: हम ऊपर उल्लेख कर चुके हैं कि स्कूल सर्वेक्षण, सर्वेक्षण के प्रकारों में से एक प्रकार है और हमने सर्वेक्षण का संक्षिप्त इतिहास भी दिया है जिसमें हमने पाठकों का ध्यान इस ओर आकर्षित किया है कि ये स्कूल या कि अन्य प्रकार के सर्वेक्षण समाजशास्त्र की देन हैं। स्कूल सर्वेक्षणों में स्कूल की किसी भी प्रक्रिया, सामग्री, विधि दशा आदि का सर्वेक्षण किया जा सकता है। इसके लिए हम किन्हीं भी अनुसंधान या सर्वेक्षण के कोई भी उपयुक्त उपकरण प्रयोग में ला सकते हैं।

स्कूल सर्वेक्षण को उसके स्तर से (जैसे–माध्यमिक, प्राथमिक आदि), क्षेत्र से (जैसे–उत्तर प्रदेश के पश्चिमी भाग, या पूर्वी भाग आदि), या कार्यविधि (जैसे–बाल या किशोर शिक्षा आदि) प्रकारों में बांटा जा सकता है। आज भारत के अनुसंधानों में सर्वेक्षण बहुत ही सामान्य तरीका है। सर्वेक्षण द्वारा सामान्य सामग्री का एकत्रीकरण भी हो सकता है तथा उसके द्वारा अनुसंधान का कार्य भी। स्कूल सर्वेक्षण द्वारा स्कूलों के संबंध में जानकारी ही प्राप्त नहीं होती, उनसे स्कूलों के कार्यों में सुधार के लिए आवश्यक पृष्ठभूमि भी तैयार होती है।

सीयर्स महोदय ने गुड, बार तथा स्केट्स को इस संबंध में अपने विचार एक पत्र द्वारा भेजे, वे इस प्रकार हैं:

सर्वेक्षण न वस्तुसूची होता है और न किसी उपचार का सुझाव, वरन वह तो समस्या का विश्लेषण तथा निदान होता है। उसका प्रमुख बल केवल स्कूल या उससे संबंधित आंकड़ों पर नहीं, अपितु दोनों की खोज पर होता है। यह समस्याएं प्रायः अलग-अलग होकर नहीं घटतीं, बल्कि समूह में घटती हैं। सर्वेक्षण का सबसे महत्वपूर्ण पक्ष मूलभूत समस्याओं की पहचान करना है।

प्रत्येक स्कूल सर्वेक्षण की विशेषता उसकी समस्या की छांट में होती है। उसके द्वारा समाज या जाति (Community) की आवश्यकताओं का पता लगाया जाता है। फिर यह देखा जाता है कि स्कूल किस मात्रा में उसकी पूर्ति करता है।

यह स्मरण रखना चाहिए कि सर्वेक्षण के पद भी वही हैं जो किसी अनुसंधान के होते हैं। इन पदों का वर्णन किया जा चुका है, इसलिए उन्हें दुहराना उचित नहीं होगा। साधारण सर्वेक्षण तथा अनुसंधान में केवल एक अंतर है। सर्वेक्षण का कार्य किसी विशेष क्षेत्र में सामग्री एकत्र करना है, जबकि अनुसंधान उसकी व्याख्या में विशेषता प्राप्त करता है। इसलिए सर्वेक्षण को अनुसंधान बनने के लिए सामग्री की व्याख्या करना होगा, तथ्यों के कारण तथा सिद्धांतों का पता लगाना होगा।

7

प्रयोगात्मक अनुसंधान
(Experimental Research)

प्रयोग प्रारम्भ से ही विज्ञान की वस्तु रहे हैं। शिक्षा या समाजशास्त्र के क्षेत्र में उनका आगमन कुछ ही दशकों की बात है और वह भी इसलिये कि ये विषय भी आंशिक रूप से अब वैज्ञानिक होते जा रहे हैं। प्रयोग द्वारा अनुसंधाता लगभग दो एक सी दशाओं में से किसी एक में अनित्य कारक (Single Variable Factor) को जोड़कर परिवर्तन का अध्ययन करता है तथा उसके आधार पर सामान्यीकरण करता है। साधारण भाषा में इसी अनित्य कारक के कारण उत्पन्न अवस्था के अध्ययन को प्रयोग कहते हैं। प्रयोग का सबसे अच्छा उपयोग प्रयोगशाला में ही संभव है, क्योंकि वहां प्रत्येक वस्तु पर नियंत्रण करना संभव है। विज्ञान के सभी प्रयोग बार-बार प्रयोगशाला में दोहराये जाकर नियम बनाने में सहायक होते हैं। यह सब बातें मानवीय प्रयोगों में असंभव हैं, क्योंकि न तो उन पर अन्य वैज्ञानिक नियम ही लागू होते हैं और न उनका अध्ययन किसी विज्ञान विषय की भांति संभव है। आज भौतिक जगत के सभी नियंत्रण मनुष्य पर लगाये जाने लगे हैं किन्तु सफ़लता अभी कोसों दूर है, पाश्चात्य सभ्यता की विशेषता ही प्रत्येक वस्तु को उसकी जाति, नियम के आधार पर एकत्र करके करीने से सजाने में हैं। जन्म से मृत्यु तक के प्रत्येक कारक तथा रूप का अध्ययन पाश्चात्य विद्वानों ने किया है। इससे हमें अपने को जानने में सहायता मिली है, तो दूसरी ओर हमारी आस्थाओं, विश्वासों आदि को ठेस पहुंची है। बात कुछ भी हो, भौतिक जगत को समझने के प्रयत्नों ने हमारी बुद्धि को सर्वग्राह्य कर दिया है, इसलिए हम समाजशास्त्र हो या शिक्षा, विज्ञान हो या दर्शन, प्रत्येक को वस्तुनिष्ठ तरीके से समझने का प्रयत्न करते हैं। इसका प्रमुख कारण अपनी वस्तुस्थिति को सुधारने की इच्छा है। निरंतर सामने आने वाली कमियों से ऊबकर हम आदर्श विश्व की स्थापना के लिये प्रयत्नशील हैं। वैज्ञानिक विधियां इस दिशा में हमारी सहायता कर सकती हैं और यह विश्वास हमें उस ओर ले जा रहा है जहां चिरंत सत्य के दर्शन होंगे।

ह्विटने ने प्रयोगात्मक विधि के ऐतिहासिक पक्ष पर प्रकाश डालते हुये बताया कि विज्ञान के प्रयोग के चरण चिह्नों पर चलते हुये पाश्चात्य शिक्षाशास्त्री 19वीं शताब्दी में इस विधि का उपयोग शिक्षा में करने लगे। यूरोप में हरबर्ट, पेस्तालॉजी,

बेसडो तथा अमरीका में डीवी, पार्कर आदि ने शिक्षा में प्रयोग किये। इन सभी प्रयोग का केवल एक उद्देश्य था–शिक्षा की उन्नति। इससे पूर्व कि हम इस विधि के प्रकार या गुण–अवगुण का वर्णन करें, यह यहां बता दें कि प्रयोग आज शिक्षा से अधिक मनोविज्ञान में होते हैं। मनोविज्ञान के प्रत्येक पहलू पर असंख्य प्रयोग हो चुके हैं। कहना न होगा कि मनोविज्ञान विज्ञान की श्रेणी में इन्हीं प्रयोगों के फलस्वरूप आ गया है और इस बात का लाभ शिक्षा ने अनेक रूपों में उठाया है। छात्रों के बुद्धिमापन, योग्यता तथा रुचि की जानकारी, अध्ययन–अध्यापन की विधियों की सफलता आदि बातें मनोविज्ञान ने शिक्षा को दी है।

प्रयोग चाहे विज्ञान के विषय का हो या समाजशास्त्र का, प्रत्येक प्रयोग में किसी भी एक अनित्य कारक को किन्हीं दो, लगभग एक सी वस्तुओं या दशाओं में जोड़कर उसके फल का नियंत्रित अवस्था में अध्ययन किया जाता है। फिर भी बहुत से ऐसे अनित्य कारक होते हैं जो नियंत्रित नहीं किये जा सकते। बहुत सी ऐसी दशायें होती हैं जिनका सामान्य रूप से वैज्ञानिक नियंत्रण तथा अध्ययन कठिन है। इसलिये हमें भूल का ध्यान रखना पड़ता है। इस भूल का अध्ययन या मात्रा विज्ञान विषयों में भी ध्यान में भी रखनी पड़ती है। जैसे कि, वायट तथा फ्रेजर ने कहा है:

> विज्ञान के प्रयोगों से प्रत्येक अनियंत्रित चल को समाप्त नहीं किया जा सकता है। इसलिये प्रत्येक परिणाम में भूल की गुंजाइश रखनी होती है। व्यावहारिक समझदारी संभावनाओं के प्रति निर्णय देते समय प्रायः आंकड़ों का स्थान ले लेती है, क्योंकि संभावित भूल प्रयोगात्मक चल के कहे जाने वाले कारण से उत्पन्न संख्यात्मक अंतर से न अधिक होगी और न उसके बराबर ही।

शिक्षा में अनुसंधान का अर्थ होगाः किसी भी शैक्षिक कारक को छात्रों का प्रयोग करते समय नियंत्रित करना तथा उसका अध्ययन करना। इस शैक्षिक कारक को वर्तमान कारकों में जोड़ा या घटाया जा सकता है। इन दोनों अवस्थाओं में ही इसका अध्ययन अवलोकन या परीक्षण प्रयोग कहलाता है। साधारण रूप से हम शिक्षा में प्रयोग करते समय प्रयोग देने से पूर्व की सभी अवस्थाओं को विधिपूर्वक लिख लेते हैं तथा उनका परीक्षण द्वारा पता लगा लेते हैं। अंत में एक या कई अनित्य कारक द्वारा उत्पन्न परिवर्तन का परीक्षण करके पता लगा लेते हैं। यही परिवर्तन यदि बार–बार प्रयोग करके प्राप्त हों तो हम एक नियम बना लेंगे। उदाहरण के लिये, हमें सांचा विधि (Structural Approach) तथा साधारण रूप से भारत में अंग्रेज़ी पढ़ाने की अनुवाद विधि (Translation Method) की उपयोगिता का तुलनात्मक अध्ययन करना है। इसके लिये हम निम्नलिखित तरीका अपनायेंगे –

1. हम दो ऐसी कक्षाओं की छांट करेंगे जिनमें अंग्रेज़ी की पढ़ाई प्रारम्भ की जा रही है तथा उनके छात्रों की वयस, बुद्धि तथा योग्यता लगभग (औसतन) बराबर हो।

2. दो अध्यापकों द्वारा जिनकी शिक्षा, प्रशिक्षण, रुचि तथा उत्साह लगभग एक से हों, ऐसी कक्षाओं को दोनों तरीकों से पढ़वायेंगे।
3. निश्चित समय पश्चात परीक्षण द्वारा उनकी योग्यता तथा सफलता का पता लगायेंगे और फिर दोनों कक्षाओं की तुलना करेंगे।
4. यदि कई बार इस प्रयोग के पश्चात फल एक ही आये तो हम एक नियम बना देंगे कि अमुक विधि अच्छी है।

स्मरण रहे कि अमुक बातों को आदर्श रूप से पता लगाना, नियंत्रण करना तथा परीक्षण करना संभव नहीं। इसलिये भूल का सदैव ध्यान रखना होगा। जिन बातों का कक्षा के प्रयोग में नियंत्रण असंभव या लगभग असंभव है, इनका बेस्ट महोदय ने वर्णन इस प्रकार किया है:

1. अध्यापक का किसी विधि के लिये उत्साह या पसंद
2. अध्यापक की किसी विशेष विधि में योग्यता
3. उपस्थिति की अनिवार्यता
4. छात्रों की मानसिक या शारीरिक अवस्थायें

हम जानते हैं कि इन अवस्थाओं का असंतुलन साधारण सी बात है। तनिक सी बात के कारण छात्रों की पढ़ने की योग्यता में अंतर आ सकता है, जैसे–प्रयोग के कालांश से पूर्व किसी कारणवश उनका फटकारा जाना।

पाठक इनमें निम्नलिखित कारक और जोड़ सकते हैं:

1. मौसम का परिवर्तन
2. परीक्षणों का आदर्श न होना
3. अनुसंधाता की स्वयं की पंसद
4. घर की परिस्थितियां

यद्यपि आज के आदर्श परीक्षणों, उपकरणों तथा तरीकों ने परीक्षण व उसके नियंत्रण को आसान कर दिया है, फिर भी दोषों का रह जाना साधारण सी बात है। किन्तु इसका यह अर्थ कदापि नहीं कि प्रयोगात्मक विधि अनुपयुक्त है या अन्य विधियों की अपेक्षा हेय है। वास्तव में विधि की उपयुक्तता तो सामग्री तथा विषय पर निर्भर होती है। इसलिये कोई विधि न तो अच्छी कही जा सकती है और न बुरी। केवल इतना कहना संभव है कि अमुक विधि का प्रयोग अमुक विषय के लिये अधिक उपयुक्त होता है। पाठक यह भी समझ लें कि किसी भी विधि के विशेष उपकरण नहीं होते। आदर्शात्मक सर्वेक्षण या प्रयोगात्मक विधि दोनों में ही, उदाहरण के लिये, परीक्षणों का उपयोग संभव है। दोनों में ही अवलोकन किया जा सकता है।

प्रयोग के प्रकार तथा तरीके

सामान्य रूप से प्रयोग दो प्रकार के होते हैं:

1. प्रथम वे जिनमें एक व्यक्ति या एक समूह पर प्रयोग किये जायें।
2. द्वितीय वे जिनमें अधिक समूह या व्यक्ति सम्मलित हों। शिक्षा तथा समाजशास्त्र के प्रयोग प्रायः द्वितीय प्रकार के होते हैं।

1. एक समूह वाले प्रयोग

जब किसी एक वस्तु, व्यक्ति या समूह में किसी एक प्रयोगात्मक कारक को जोड़ा जाता है या घटाया जाता है और फिर परिवर्तन के स्वरूप को मापा जाता है तब वह एक समूह वाला प्रयोग कहलाता है। उदाहरण के लिये, किसी समूह की पढ़ने की दशा का अध्ययन विभिन्न मानसिक दशाओं में करना है, उस समय किसी प्रामाणिक परीक्षण के एक भाग को साधारण (Normal) तथा अन्य भाग को विभिन्न मानसिक दशाओं में देकर (जैसे–हतोत्साहित, उत्तेजित आदि अवस्थाओं में) परिवर्तन की मात्रा को मापेंगे। इस प्रकार किसी भी एक मानसिक दशा को हम प्रयोगात्मक कारण कहेंगे। किंतु इस प्रकार के प्रयोग की प्रथम बात यह है कि उपर्युक्त समूह के साधारण रूप से कार्य करने की दशा तथा प्राप्ति का पता होना चाहिये, अन्यथा परिणाम या फल की व्याख्या किसी प्रकार संभव न होगी। इसलिये मान लीजिये कि हमने उपर्युक्त परीक्षण कक्षा 6 के बालकों पर किया तो कक्षा 6 के सामान्य रूप से योग्यता प्राप्त करने का स्तर का ज्ञान होना हमें बहुत आवश्यक है। उनकी बुद्धि, योग्यता, रुचि, वय, घर की दशा आदि की औसतन जानकारी इस प्रयोग का प्रथम चरण होगा। साथ ही साथ उनके जैसे ही अन्य समूहों की योग्यता प्राप्त करने के स्तर का भी पता हम लगा लेंगे, तभी हम प्राप्त फल की व्याख्या कर पायेंगे।

किन्तु यह प्रयोग साधारण सा लगते हुये भी कठिन है। यद्यपि इस प्रयोग में अध्यापक कक्षा, छात्र आदि नित्य कारक हैं, तथा मात्र प्रयोगात्मक कारक ही अनित्य हैं, फिर भी छात्रों में समय के हिसाब से परिवर्तन आना, प्रयोग की प्रथमावस्था में सीखने की तीव्र गति का होना प्रयोग के कारण छात्रों का विधि में निपुण हो जाना ऐसी बातें हैं जिन पर किसी प्रकार का नियंत्रण संभव नहीं। इसलिये इस प्रकार के प्रयोगों का विशेष महत्व नहीं। फिर भी इस प्रयोग में हम एक प्रारंभिक परीक्षण करते हैं। फिर प्रयोगात्मक कारक जोड़ते हैं और परिणाम को जांचते हैं। इसके पश्चात दूसरा परीक्षण करते हैं, और दूसरा प्रयोगात्मक कारक उपयोग में लाते हैं तथा फलों की परीक्षा करते हैं। फिर इसी प्रकार हमें प्रत्येक नये कारक को जोड़ते समय इन्हीं दो पदों को बार-बार दोहराते हैं। यह हमारी इच्छा तथा प्रयोग की प्रकृति पर निर्भर है कि हम कितने कारण जोड़ कर परीक्षण करें। इस प्रकार का एक प्रयोग कोलोरेडो (अमरीका) में हुआ था जिसमें 22 कक्षाओं के छात्रों को 20 से लेकर 40 के समूहों में रखा गया है तथा उनमें 20 की एक कक्षा को एक सेमेस्टर या छमाही तक अकेले पढ़ाया गया। इन सभी छात्रों की वय, योग्यता, बुद्धि आदि सामान्य रूप से एक सी थी। देखना केवल यह था कि छोटी कक्षाओं की पढ़ाई एक सी होती है या बड़ी कक्षाओं की? उसी समूह या कक्षा को विभिन्न स्थितियों में पढ़ने को कहा गया और अंत में परीक्षण किये गये। छोटी कक्षा एवं बड़ी कक्षा में पढ़ने के पश्चात के परिवर्तनों तथा दोनों

परिवर्तनों का अंतर मापा गया। यही अंतर उस कक्षा पर किये गये प्रयोगों का फल देने वाला था। यदि फल आता है कि बड़ी कक्षाओं में बैठकर उन छात्रों की योग्यता बढ़ी तो तो बड़ी कक्षायें अच्छी होती हैं और यदि योग्यता छोटी में बढ़ी तो छोटी कक्षायें अच्छी होती हैं। पाठकों की ज़िज्ञासा को शांत करने के लिये बता दें कि इस परीक्षण का फल अनिर्णीत रहा।

हम प्रयोगात्मक विधि के प्रकारों को डब्ल्यू. ए. मेकाल के आधार पर दे रहे हैं। मेकाल महोदय ने एक समूह वाले प्रयोग के लिए छांटने के तरीके इस प्रकार बताये हैं:

(1) जहां प्रयोगात्मक कारक द्वारा सामान्य रूप से अधिक अंतर उत्पन्न करता है, वहां कर्म के कारकों का (जिसकी चर्चा ऊपर हो चुकी है और जिन पर नियंत्रण कठिन है) प्रभाव नहीं पड़ता।
(2) जब प्रयोग छोटी अवधि का हो तब छात्रों की योग्यता पर उम्र की परिपक्वता (Maturation) के कारण पड़ने वाले प्रभाव का असर नहीं पड़ता।
(3) जब प्रयोगात्मक कारक में विधि या उद्देश्य का प्रभाव कार्य में निहित न हो।
(4) जब परीक्षण का उसी इकाई के आधार पर पैमाना तैयार किया जाये जिस पर कि संभावित समान इकाइयों में बढ़ोतरी होने वाली हो।

2. (अ) बराबर के समूह वाले या समानांतर प्रयोगात्मक तरीके

एक से अधिक समूह या व्यक्ति वाले प्रयोग का यह पहला तरीका है। इस तरीके के प्रयोग द्वारा किसी विधि या कारक की अच्छाई या बुराई मापी जाती है। हम ऊपर इस तरीके के प्रयोगों का विस्तार से वर्णन कर आये हैं। उसमें हमने अंग्रेज़ी विधि के एक प्रयोग का वर्णन किया था। इस विधि के द्वारा यह जानने की चेष्टा की गयी थी कि सांचा विधि अनुवाद विधि द्वारा अंग्रेज़ी पढ़ाने के तरीके से अच्छी तथा अधिक सफलतादायक हो सकती है या नहीं। हम उस समय इस प्रकार के प्रयोग की कमियों का भी वर्णन कर चुके हैं। इन सब कमियों के होते हुये भी इस प्रयोगात्मक तरीके का प्रयोग ही किया जाता है। इस प्रकार के प्रयोग में दो (लगभग एक से) समूह होते हैं जिनमें एक नियंत्रित समूह होता है और द्वितीय प्रयोगात्मक समूह। प्रयोग करने से पूर्व के फल तथा बाद के फलों के अंतर को माप कर हम किसी विधि या तरीके की अच्छाई या बुराई बताते हैं। इस विधि की विशेषता यह है कि इसमें केवल एक ही प्रयोगात्मक कारक के उपयोग की चेष्टा की जाती है। जैसे–उपर्युक्त कक्षा में अंग्रेज़ी पढ़ाने के लिये प्रयोगात्मक कारक सांचा विधि होगी।

डब्ल्यू ए. ब्रोनेल महोदय ने इस प्रयोग को सफल बनाने के कुछ उपाय बताये हैं:

(1) प्रयोग का प्रबन्ध इस प्रकार करना चाहिए कि नियंत्रित समूह को प्रयोगात्मक कारक के सम्बन्ध में योग्यता दिखाने का अवसर प्राप्त हो।
(2) प्रयोग में दिया जाने वाला प्रशिक्षण महत्वपूर्ण हो।

(3) प्रामाणिक परीक्षणों को उपयोग में लाने से पूर्व प्रयोग में उनकी उपयोगिता पर विचार करना आवश्यक है ('क्या उनका प्रयोग करना उचित होगा'?)।

(4) मापन पूर्ण तथा व्यापक होना चाहिए।

(5) मापन फलों की व्याख्या में बुद्धि का अधिक से अधिक उपयोग करना चाहिये।

(2) (ब) क्रमिक प्रयोगात्मक विधि (Rotation Method)

इस विधि का उपयोग एक ही प्रयोग को कई समूहों में क्रमानुसार दोहराकर किया जाता है। अधिकतर इसका उपयोग तब किया जाता है जब या तो समानांतर समूह या बराबर के समूह न हों, या उनके बनाने में कठिनाई हो, या दो समूह या प्रयोगकर्ता द्वारा मानसिक दशाओं के परिवर्तन के पश्चात एक ही परीक्षण बार-बार दिया जाये या तीन समूह पर (जो लगभग बराबर के हों या एक से हों या एक जैसी लाभ उठाने की क्षमता रखते हों) प्रयोग किये जायें और उनमें से किन्हीं दो विधियों का प्रयोगों के फलों को शेष फल से घटाकर अंतर निकाला जाये। उदाहरण के लिये, गठन विधि (Structural Method) व अनुवाद विधि की अंग्रेज़ी भाषा पढ़ने में सफलता की दृष्टि से प्रयोग करना है। उस समय 'क' समूह को गठन विधियों द्वारा पढाकर और समूह 'ख' को अनुवाद विधि से पढ़ाकर फल निकाले जायें और फिर विधियों को समूह में बदलकर प्रयोग किया जाये और फल निकाले जायें। इन दोनों फलों का अंतर प्राप्त किया जाये। या गठन विधि को ही विभिन्न मानसिक दशाओं में दोनों समूहों पर प्रयोग में लाया जाये। और फल निकाला जाये । या प्रयोग च छ, ज, समूह क, ख, ग, पर किये जायें और किसी एक को किन्हीं दो के फलों के योग से घटा दिया जाये । शर्त यह है कि तीनों विधियों का तीनों समूहों पर प्रयोग किया जाये। यह हुई क्रमिक प्रयोगात्मक विधि।

किंतु इस विधि की कठिनाई यह है कि यह आवश्यक नहीं कि इसके परिणाम वस्तुनिष्ठ हों या ठीक हों, क्योकि वैध फल तभी संभव हैं जब समूह एक से हों और हम जानते हैं कि यह कार्य बड़ा कठिन है।

उपर्युक्त सभी प्रयोगों के लिये प्रयोज्यों का चुनाव, समूहों की परख तथा छांट उपकरणों का चुनाव, प्रयोग के स्थान तथा समय का निर्णय, आवश्यक कारकों का नियंत्रण आदि बातें बड़ी ही आवश्यक हैं। पाठकों को गुड, बार तथा स्केट्स द्वारा दी गई बिक्सलर की चैकलिस्ट विस्तार से पढ़ने के लिये बताई जाती है। वैसे हम लगभग इन सभी का वर्णन अलग-अलग स्थान पर कर चुके हैं।

हम अभी तक उन सभी प्रयोगों का वर्णन करते हैं जिन्हे कक्षा में किया जाता है। अब हम प्रयोगशाला में किये जाने वाले प्रयोगों का वर्णन करेंगे। प्रयोगशाला के प्रयोग में अधिकांश प्रयोग मनोविज्ञान के क्षेत्र में होते हैं। इसके द्वारा हम शरीर के कुछ अवयवों की गति या प्रतिक्रिया को तथा कुछ विशेष विधि की सफलता या गुणों पर प्रकाश डालते हैं। इस विधि के प्रयोग के संबंध में यह जान लेना आवश्यक है कि यह विधि कठिन है, व्ययसाध्य है, तथा केवल इने गिने लोगों पर ही प्रयुक्त की जा सकती है। फिर भी इस विधि का सबसे बड़ा लाभ यह है कि

यह सामान्यीकरण के लिये सहायक होती है तथा नियम बनाती है। इस प्रयोग के अन्य लाभ हैं। इसके द्वारा जिज्ञासा को शांत करने हेतु प्रयोग करना, इसमें साधारण किंतु आधारभूत प्रतिक्रियाओं का उपयोग करना, प्रयोग के लिये पूर्ण नियंत्रण की दशा को उत्पन्न करना आदि। किंतु इस प्रयोग में यह विश्वास निहित है कि कुछ नित्य कारक होते हैं, कुछ सार्वभौमिक सिद्धांत होते हैं तथा कुछ वे नियम होते हैं जो प्रत्येक मनुष्य पर एक प्रकार से लागू होते हैं। इस प्रयोग के द्वारा किसी दुर्बलता विशेष के कारकों की जानकारी (Diagnosis) भी की जा सकती है।

अब इस विधि का प्रयुक्त रूप देखिए। विभिन्न सामग्री को पढ़ने के समय आंख की गति का अध्ययन किया गया। इसके द्वारा यह पता लगाया गया कि अमुक प्रकार के लोग अमुक विषय को एक निश्चित विधि (Pattern) से पढ़ते हैं तथा आंखों को चलाते हैं। इस विधि के लिये फिल्म तथा कैमरे का प्रयोग किया गया। फल निकाला गया कि विशेष प्रकार की स्थिति में अमुक व्यक्ति की आंख की गति इस प्रकार थी। सामान्यीकरण के आधार पर उस आंख की गति को मापकर यह बताया जा सकता है कि यह गति साधारण थी या असाधारण।

प्रयोगात्मक विधि के सम्बन्ध में लोगों के अलग-अलग मत हैं। हालांकि कुछ विषय में उनका एकमत होना संभव है और उसी आधार पर हम भी कुछ कहना चाहेंगे। अधिकांश विद्वानों का मत है कि यह विधि यदि नियंत्रित दशाओं में उपयोग में लायी जाये तो परिणाम वैध तथा विश्वसनीय निकल सकते हैं किंतु नियंत्रण कर पाना अपने आप में बहुत कठिन है। प्रयोगों के आधार पर भविष्य में किसी विधि की सफलता तथा औचित्य के बारे में कुछ कह पाना बहुत कठिन है। फिर प्रयोग के परिणाम भी भिन्न-भिन्न निकला करते हैं। फलस्वरूप लोगों ने उनकी उपयोगिता में ही संदेह करना प्रारंभ कर दिया है। अंत में सबसे बड़ी कठिनाई तो इस प्रयोग के लिये उपकरणों के चुनाव की है।

किंतु इससे यह न समझ लिया जाये कि इस विधि का उपयोग व्यर्थ है या यह विधि किसी विधि से हेय साबित हुयी है। कठिनाई का होना किसी विधि की उपयोगिता पर संदेह उत्पन्न नहीं कर सकता। उपकरणों का न होना भी विधि के दोष का द्योतक नहीं है। मनोविज्ञान के क्षेत्र के अधिकांश प्रयोग इसी के द्वारा किये गये हैं। उनकी सफलता तथा उपयोगिता के संबंध में किसी को संदेह नहीं, जैसे–सीखने के नियमों का पता लगाना (Laws of Learning) या विषयों का मनोविज्ञान (Psychology of Subjects) आदि। हमें विश्वास है कि इस दिशा में भी भारत के शिक्षामनीषी कुछ महत्वपूर्ण कदम उठायेंगे। सदैव पैसे की कमी के लिये रोना अच्छी बात नहीं।

8

अनुसंधान की अन्य विधियां
(Other Methods of Research)

अब हम अनुसंधान की शेष विधियों के विषय में जानकारी प्राप्त करेंगे। विधियों के संबंध में विशेषज्ञ प्रायः एकमत नहीं हैं, इसलिए हम सामान्य रूप से स्वीकृत आधारों पर अनुसंधान की शेष विधियों का वर्णन कर रहे हैं। स्मरण रहे कि कोई भी विधि पूर्ण रूप से दोषरहित नहीं तथा प्रत्येक विधि का सभी विषयों में समान रूप से प्रयोग संभव नहीं। इसलिए यह तो संभव है कि हम किसी एक विधि को किसी विषय के लिए उपयुक्त मान लें और अन्य को नहीं, किंतु यह संभव नहीं कि हम विधियों में किसी को कम तथा किसी को अधिक महत्वपूर्ण घोषित कर दें। निष्कर्षतः इस अध्याय में वर्णित कोई भी विधि किसी अन्य विधि से कम महत्वपूर्ण नहीं समझी जानी चाहिए।

कारणों की तुलना की विधि
(Causal Comparative Method)

इस विधि को समझने के लिए पाठकों को इसमें तथा अन्य विधियों में अंतर समझना होगा, क्योंकि यह विधि कुछ अंशों में अन्य विधियों से मिलती-जुलती है। इस विधि की विशेषता केवल इसी में है कि यह कार्य-कारण संबंध की खोज करती है तथा किन्हीं दो या अधिक प्रभावों (Effects) या परिणामों के कारणों की तुलना करती है तथा यह निश्चित करती है कि किसी विशेष परिणाम के कौन-कौन से कारण उपस्थित या अनुपस्थित हैं। इसका अर्थ हुआ कि यह घटनाओं, प्रभावों, परिणामों तथा अन्य ऐसी ही चीज़ों के कारणों की जानकारी के लिए काम में लाई लाने वाली विधि है। कोई घटना या परिणाम किसी विशेष प्रकार का क्यों हुआ तथा अन्य क्यों नहीं, किन परिस्थितियों के कारण कौन से फल हुए – इन सबकी जानकारी के लिए इस विधि का प्रयोग किया जाता है।

यद्यपि बहुत युक्तिसंगत तो नहीं, तथापि कहा जा सकता है कि यह विधि एक प्रकार की 'अनियंत्रित प्रयोगात्मक विधि' है, क्योंकि इसमें भी हम प्रयोग करते हैं 'किंतु ये प्रयोग नियमित नहीं होते' जैसा उनका किसी प्रयोगात्मक विधि में होना आवश्यक है। इस विधि का ऐतिहासिक विधि से मुख्य अंतर इस दृष्टि से है कि यह वर्तमान की किसी समस्या के अध्ययन के लिए उपयोग में लाई जाती है

अर्थात वर्तमान समस्याओं के कारणों का अध्ययन इसके द्वारा किया जाता है, भूत की समस्याओं का नहीं। इस विधि तथा सर्वेक्षण विधि का प्रमुख अंतर यह है कि सर्वेक्षण विधि द्वारा हम किसी आदर्श स्तर की स्थापना करने की चेष्टा करते हैं या उनका विवेचन करते हैं किंतु इस विधि से हम केवल घटनाओं के कारणों को जानने का प्रयत्न मात्र करते हैं। और अंत में इस विधि में तथा सहसंबंध विधि में प्रमुख अंतर यह है कि सहसंबंध विधि द्वारा कारणों के परिवर्तन द्वारा परिणामों के परिवर्तन का संबंध निकाला जाता है, जबकि इसमें मात्र परिणामों की तुलना का ही अध्ययन करते हैं।

यह विधि वर्तमान की किसी घटना के कारणों को सर्वेक्षण के आधार पर ज्ञात करने में सहायता प्रदान करती है या फिर अनियंत्रित प्रयोगों द्वारा सांख्यिकीय उपकरणों से कारणों की तुलना करती है। स्पष्ट है कि इस विधि का प्रयोग किन्हीं विशेष विषयों में ही किया जाता है, जैसेः यदि हम मोटरगाड़ियों की दुर्घटनाओं के कारणों की जानकारी चाहते हैं तो हमें इस विधि के प्रयोग द्वारा कारणों का पता लगाना होगा। दुर्घटनास्थल पर जाकर स्थिति का जायज़ा लेना होगा, ड्राइवरों की अवस्था का पता लगाएंगे, सड़क की दशा तथा मोटर की परीक्षा करेंगे आदि-आदि। और यदि किन्हीं कारणों को हम दुर्घटना का प्रमुख कारण पाएंगे तो उस संबंध में सिफारिश करेंगे। जैसे, यदि ड्राइवर शराब के नशे के कारण अधिक दुर्घटना करते हैं तो शराब पीकर चलाने के लिए मनाही का सुझाव दिया जा सकता है। उदाहरण के लिए, बाल अपराधों के क्षेत्र में बाल अपराधी तथा अच्छे बालकों की सामाजिक तथा शैक्षिक पृष्ठभूमि का अध्ययन करके हम बाल अपराधियों के संबंध में प्रमुख कारणों का पता लगाएंगे जो उन्हें अन्य बालकों से भिन्न बना देते हैं। इन्हीं कारणों को दूर करने का सुझाव देकर या दूर करके हम बाल अपराधों को कम करने में सहायता दे सकते हैं।

शिक्षा के क्षेत्र में इस विधि का उपयोग हम उन विषयों में करते हैं जिनमें सामान्य रूप से प्रयोग संभव नहीं। ए.एस. बार ने इस विधि के उपयोग से सामाजिक अध्ययन के शिक्षण में प्रभावपूर्ण तथा प्रभावरहित अध्यापक के कारणों का अध्ययन किया। उन्होंने निश्चित आधार पर अच्छे और बुरे अध्यापक चुने। फिर उन्होंने उनके अध्यापन को विधिपूर्वक देखा और निष्कर्ष निकाला कि किन कारणों से अमुक अध्यापक प्रभावपूर्ण अध्यापन करते हैं तथा अन्य प्रभावरहित। फिर इस निष्कर्ष के आधार पर उन्होंने अध्यापक के व्यक्तिगत गुणों, अवगुणों की तुलना की और भिन्न या विषम तथा मिलते-जुलते कारणों को मापा और उनके अध्यापन को देखकर अच्छे-बुरे अध्यापक के गुणों-अवगुणों के संबंध में विशेष जानकारी प्राप्त की।

तुलनात्मक शिक्षा के क्षेत्र में तो इस विधि का अनेक रूपों में उपयोग करना संभव है, जैसेः किसी देश की शिक्षा प्रणाली की किसी विशेषता का दूसरे देश की उसी प्रकार की विशेषता से तुलना की जा सकती है। कुछ समय पूर्व अमरीका के कई अध्ययनों में इस विधि का प्रयोग किया गया है। इस आधार पर रूस तथा अमरीका में वैज्ञानिक शक्ति के कारणों का पता लगाया गया है तथा उनके वैज्ञानिक तैयार करने के तरीकों का भी अध्ययन किया गया है।

सहसंबंध विधि (Correlation Method)

गुड, बार तथा स्केट्स का कथन है कि यद्यपि सहसंबंध विधि का जन्म हाल ही में हुआ है, तब भी यह अनुसंधान की विधियों में काफी महत्वपूर्ण मानी जाने लगी है। इस विधि के द्वारा लगभग सभी प्रकार के कारकों तथा कारणों का अध्ययन संभव है, जबकि उपर्युक्त कारणों की तुलना की विधि में संभव नहीं। इस विधि ने प्रयोगात्मक विधि द्वारा अध्ययन की जाने वाली समस्याओं को नए तरीकों से अध्ययन करने का अवसर प्रदान किया है। अर्थात् जबकि प्रयोगात्मक विधि में हम एक चर (Variable) को ही लेकर अध्ययन कर पाते थे, इस विधि द्वारा अनेक चरों (Variables) को लेकर हम किसी समस्या का अध्ययन कर सकते हैं। स्पष्ट है कि इस प्रकार सहसंबंध विधि प्रयोगात्मक विधि से अधिक सुविधाएं प्रदान करती है। अनेक अनित्यों के एक साथ अध्ययन करने से हमें वस्तुस्थिति के अधिक समीप जाने का अवसर मिलता है। इसलिए हम सहज ही सामाजिक शास्त्र तथा सामाजिक विज्ञान में इस विधि की उपयोगिता तथा महत्व की कल्पना कर सकते हैं।

वैसे हम सभी जानते हैं कि सहसंबंध एक सांख्यिकीय विधि है जिसमें सहसंबंध गुणांक (Coefficient of correlation) निकालना पड़ता है किंतु यहां हम उसके केवल सैद्धांतिक पक्ष पर ही विचार कर रहे हैं। यह सत्य है कि जब तक इसके असली सांख्यिकीय रूप का हमें ज्ञान न हो, हम विधि को नहीं समझ सकते। अतः अगले अध्याय में हम इसकी अलग से चर्चा करेंगे।

सहसंबंध कारकों (Factors) के आपसी संबंध की श्रेणी बतलाता है और यह बतलाता है कि यदि एक कारक में परिवर्तन आ गया है तो अन्य कारक या कारकों पर उसका क्या प्रभाव पड़ा है। यदि दोनों कारकों की समकक्षता पूर्ण है तो यह संबंध भी पूर्ण है अर्थात एक कारक के परिवर्तन होने के कारण दूसरे कारक के परिवर्तन पर जो प्रभाव पड़ेगा उसे गणितीय भाषा में लिखा जा सकता है। और यदि सहसंबंध का रूप नकारात्मक भी है (जो पूर्ण सकारात्मक सहसंबंध की ठीक विपरीत अवस्था है) तो भी एक कारक के ज्ञात होने पर हम दूसरे कारक के संबंध में बता सकेंगे। इन दोनों छोरों के बीच की भी बहुत सी दशाएं हैं जो गणितीय भाषा में व्यक्त की जा सकती हैं।

उपयोग

सहसंबंध की विशेषता इसमें है कि इसके द्वारा भविष्य की बातों की संभावना व्यक्त की जा सकती है। विशेष रूप से यदि हमें पता हो, अमुक छात्र की बुद्धिलब्धि (IQ) इतनी है तो यह संभव है कि हम उसकी विज्ञान विषयों में या पढ़ाई-लिखाई में भविष्य की सफलता के विषय में पहले से अनुमान लगा लें। यह बात इस पर निर्भर है कि ज्ञात का अज्ञात से सहसंबंध पहले से निश्चित किया जा चुका हो। उदाहरण के लिए, मान लीजिए कि कुशाग्र बुद्धि वाले छात्र प्रायः विज्ञान विषयों में सफलता प्राप्त करते हैं तो ऐसी दशा में हमारे लिए बुद्धि के पता लग जाने पर भविष्यवाणी करना सरल हो जाएगा। स्मरण रहे कि यह भविष्यवाणी औसत रूप से ही सत्य होती है, सदैव नहीं।

सहसंबंध का उपयोग अध्यापकों के अध्यापन की सफलता के लिए भी किया जाता है। हम जानते ही हैं कि सफल अध्यापकों पर ही किसी राष्ट्र की उन्नति निर्भर होती है। इसलिए सफल अध्यापकों के गुण जानकर प्रशिक्षण के लिए उसी प्रकार के छात्रों का चुनाव करना हमारा कर्तव्य होना चाहिए। किंतु यह चुनाव तथा प्रशिक्षण तभी तक अर्थपूर्ण होगा जब हमें सफल अध्यापक के गुण पता हों। इन गुणों के आधार पर भविष्यवाणी करना इन गुणों की जानकारी तथा छांटने के तरीकों की विश्वसनीयता पर निर्भर होगा। यदि ये तरीके विश्वसनीय हैं तो आगे की औसत सफलता बता देना कोई आश्चर्य की बात नहीं। यह केवल सहसंबंध की जानकारी की बात है।

सहसंबंध का उपयोग समाजशास्त्र के विषय–जनसंख्या तथा जीवन स्तर, गंदी बस्तियां तथा अपराध आदि के क्षेत्र में किया जा सकता है। इसके द्वारा आगे आने वाली स्कूल की छात्र संख्या की जानकारी भी प्राप्त की जा सकती है, जैसे–तेरहवीं पंचवर्षीय योजना के अंत में माध्यमिक कक्षाओं के छात्रों की संख्या बताना।

अनुसंधान में वैसे भी सहसंबंध बड़ी महत्वपूर्ण चीज है। सहसंबंध द्वारा किसी भी परीक्षण की विश्वसनीयता तथा वैधता को निश्चित किया जा सकता है। चूंकि हम विश्वसनीयता तथा वैधता के संबंध में 'अनुसंधान के उपकरण' नामक अध्याय में पढ़ आए हैं, इसलिए उसका यहां वर्णन नहीं किया जाएगा।

ध्यान दें (Note): सहसंबंध गुणांक को (Coefficient of Correlation) गुणों का प्रतिशत नहीं मानना चाहिए, क्योंकि यह अनुसंधानकर्ता के पैमाने के आधार पर ही निश्चित किया जा सकता है कि क्या 80 वास्तव में 40 का दोगुना है या नहीं। इसके अतिरिक्त बहुत सी अन्य जानकारी पाठकों को इस संबंध में होनी चाहिए जिसका वर्णन यहां न संभव है और न उचित ही।

किंतु यहां कार्यकारकों की जानकारी के संबंध में यह जान लेना उचित होगा कि यदि अनुसंधाता विशेषज्ञ नहीं है तो वह सहसंबंध निर्धारण में भूल भी कर सकता है। फ्रीमेन तथा होलजिंगर ने यह साबित कर दिया है कि यदि विशेष सावधानी न बरती गई तो अनुसंधाता सरलता से यह कर सकता है। उदाहरण के लिए, स्कूल की विशेष पढ़ाई तथा बुद्धिलब्धि (I.Q.) के कारण एक बालक इतने वर्ष का हो गया होगा।

आडेल महोदय का कथन है कि:

यहां इस बात पर बल देना आवश्यक है कि गुणांक चाहे वह काफी ऊंचा क्यों न हो, इस बात को प्रमाणित नहीं करता कि दो चरों में कोई एक चर दूसरे पर सीधा प्रभाव डाल रहा है और न इसको ही साबित करता है कि कोई कारक या अनेक कारक दोनों चरों पर सीधे ही प्रभाव डालते हैं। गुणांक केवल एक ही काम कर सकता है, कि वह कई कारकों का ऐतिहासिक दृष्टि से काफी पुराना प्रभाव बता सकता है, मात्र एक का नहीं।

एक उदाहरणः आई.बी.मालर ने न्यूयार्क में एक बड़ा ही रोचक अध्ययन किया जिसके द्वारा उन्होंने प्राथमिक कक्षाओं में बालकों की प्रगति तथा उनके सामाजिक–आर्थिक कारणों के सहसंबंध की स्थापना की। उन्होंने पता लगाया कि बुद्धिलब्धि (औसत) तथा उन्नति का सहसंबंध 0.70 था। सामाजिक–आर्थिक कारणों

का शिक्षा की उन्नति पर प्रभाव का पता लगाया गया। फिर उन्होंने निष्कर्ष निकाला कि छः संश्लिेष्ट सामाजिक-आर्थिक कारणों का स्कूल की प्रगति पर बुद्धिलब्धि से भी अधिक प्रभाव पड़ता है।

वैयक्तिक विषय अध्ययन विधि (Case Study Method)

यह विधि जटिल कारणों को जानने तथा उनका विश्लेषण करने की एक विधि है, अन्य दो विधियों का हम ऊपर वर्णन कर आए हैं। बर्नार्ड महोदय का इस विधि के जन्म के संबंध में कथन है कि इसका 'सबसे पहले उपयोग अनुमान द्वारा किसी नई साध्यमान्यता पर पहुंचने की अपेक्षा प्रस्तावना एवं मत को समझने तथा समर्थन करने के लिए किया गया था।'

ली प्ले तथा हरबर्ट स्पेंसर ने इस विधि का सामाजिक विषयों के अध्ययन में बहुत उपयोग किया। कहना न होगा कि यह विधि आधुनिक वैज्ञानिक रूप में आने से पूर्व भी प्रयुक्त होती रही है।

पी.वी. यंग ने इस विधि की परिभाषा इस प्रकार दी है: 'इस विधि से एक किसी इकाई, जैसे व्यक्ति, घर, संस्था, सामाजिक समूह या समुदाय (Community) का सर्वांगीण गहन अध्ययन किया जाता है। समाजशास्त्री बरगैस ने तो इसे सामाजिक सूक्ष्मदर्शक यंत्र (Social Microscope) बताया है जिसके द्वारा किसी भी स्थिति या इकाई की गहन अध्ययन द्वारा जानकारी प्राप्त की जा सकती है। यंग ने आगे लिखा है:

वैयक्तिक अध्ययनों को, जो वैज्ञानिक उद्देश्यों की पूर्ति के लिए उपयोगी होते हैं, ऐसे तथ्यों की इच्छा करनी चाहिए जो प्रक्रियाओं, निर्धारक कारकों तथा प्रतिनिधि सामाजिक प्रतिभागी में परिवर्तन की दिशा तथा गति पर प्रकाश डालें। उनको ऐसे तथ्यों की इच्छा रखनी चाहिए, जो इस प्रकार के परिवर्तनों का मानव व्यवहार तथा व्यक्तित्व के संगठन तथा विघटन पर प्रभाव दिखाने में सहायता करें।

इस वर्णन से इस विधि को समझने में सहायता मिल सकती है। वैसे हमें स्मरण रखना चाहिए कि इस विधि का सर्वाधिक प्रयोग चिकित्सा तथा कानून में होता रहा है। इस संबंध में फ्रायड का नाम विश्वविख्यात हो चुका है जिन्होंने (केस हिस्टरीज) लिखकर अपने चिकित्सा करने के तरीके (साइको-ऐनेलिसिस) को उन्नत किया। अब समाजशास्त्र तथा शिक्षा में भी इसका प्रचलन हो गया है, जैसे: एम.मीड के अध्ययन 'ग्रोइंग अप इन समोआ' तथा ग्रोइंग अप इन न्यू गायना' आदि समाजशास्त्र के क्षेत्र में, फ्रायड का 'लिओनार्डो द विंसी: ए स्टडी इन साइको-सेक्सुअलटी' (न्यूयार्क 1947) मनोविज्ञान के क्षेत्र में तथा डा. वी.के. आर. वी.राव का 'यूनिवर्सिटी एजूकेशन-ए केस स्टडी ऑफ डेलही ग्रेजुएट्स' (एशिया पब्लिशिंग हाउस, 1961) शिक्षा के क्षेत्र में आदि। मैक्सफील्ड के मतानुसार शिक्षा के क्षेत्र में इसका उपयोग शिक्षा के सार्वजनिक हो जाने पर अधिक होने लगता है, क्योंकि तब समस्याओं को समझने का तरीका यही होता है। बुद्धिहीन, कुशाग्र बुद्धि, सामान्य या असाधारण बालक आदि की समस्याओं, उनके व्यक्तित्व आदि के अध्ययन में इस विधि से बड़ी सहायता मिलती है।

हम ऊपर कह आए हैं कि इस विधि द्वारा किसी व्यक्ति, समुदाय, घटना, स्थिति, काल आदि का अध्ययन किया जाता है। समाजशास्त्र तथा शिक्षा में प्रायः व्यक्ति, संस्था, समुदाय का अध्ययन किया जाता है। जैसेः किसी शिक्षाशास्त्री की जीवनी से लेकर, छात्रों की छात्रवृत्ति की परेशानियां, नौकरी की समस्या, अध्यापकों की प्रारम्भिक कठिनाइयां आदि सभी में इस विधि का उपयोग संभव है। इस विधि में एकत्र सामग्री का निर्वचन सांख्यिकीय तरीकों से किया जाता है। यदि हमें कारणों की तुलना करनी है तो हमें समस्या विशेष को लेकर बहुत से वैयक्तिक अध्ययन करने होंगे। फिर यदि कोई सामग्री तुलनात्मक अध्ययन के लिए एकत्र की गई है तो हम उसका उपयोग उपर्युक्त दोनों विधियों (सहसंबंध विधि तथा कारणों की तुलना विधि) में से किसी एक विधि के द्वारा कर सकते हैं।

वैयक्तिक अध्ययन लगभग सभी प्रकार के विषयों पर हो चुके हैं। किंतु उन सबकी मान्य विशेषता किसी विशेष घटना या उसके अध्ययन के स्वरूप में होती है। जैसे हम छात्रों की समस्याओं में से बाल अपराधियों की समस्याओं को छांट कर उनका अध्ययन करते हैं तो इस अध्ययन की विशेषता बाल अपराध है।

वैयक्तिक विषय अध्ययन विधि के पद (Steps of Case Study Method)

हम जानते हैं कि किसी भी कार्य के संपन्न करने के लिए उसके पदों (steps) की जानकारी आवश्यक है, ठीक उसी प्रकार इस विधि की पूर्ण सफलता के लिए हमें इसके पद जानने होंगे।

विषयवस्तु की जानकारीः किसी भी समस्या, घटना या विषयवस्तु को समझने के लिए, विशेष रूप से उस पर अनुसंधान करने के लिए, उस समस्या, घटना या स्वयं विषयवस्तु के संबंध में जानकारी आवश्यक होती है। यह संभव है कि वह जानकारी हम सरसरी नजर डालकर ही प्राप्त कर लें। किंतु यदि हम सहसंबंध विधि या कारकों की तुलना की विधि का सामग्री के निर्वचन के समय उपयोग करना चाहते हैं तो हमें विषयवस्तु को गंभीरता से देखना होगा। हमें देखना होगा कि उसमें कौन-कौन सी विशेषताएं हैं, वे कितनी मात्रा में हैं और उनमें से कितनी का अध्ययन करना चाहिए। उदाहरण के लिए, हमें किसी छात्र की असाधारण बुद्धि का अध्ययन करना है। इसका अर्थ हुआ कि यह निश्चय करने तक कि हमें छात्र-विशेष की असाधारण बुद्धि का अध्ययन करना है, हम वैयक्तिक विषय अध्ययन विधि के प्रथम पद को ही प्राप्त कर पाए हैं। हम गह जान गए हैं कि छात्र-विशेष कौन है तथा उसकी किस विशेषता का अध्ययन करना है। यदि हमें उसके अध्ययन से प्राप्त निष्कर्षों की ऐसे ही किसी अन्य छात्र से तुलना करनी है तो हम उस अध्ययन के प्रथम पद पर ही सोच लेंगे और सामग्री इस प्रकार एकत्र करेंगे कि तुलनात्मक अध्ययन में आगे आसानी हो जाए।

सामग्री का एकत्रीकरणः समस्या-विशेष पर सामग्री एकत्र करने के लिए साध्यमान्यता (Hypothesis) की स्थापना करनी होती है, फिर उसी के अनुरूप हम सामग्री एकत्र करते हैं। इस साध्यमान्यता की स्थापना अन्य अध्ययनों के आधार पर प्राप्त सामग्री से संभव है, क्योंकि उन अध्ययनों से अनेक कार्य-कारण संबंध स्थापित हो गए होंगे जिनके आधार पर हमारा कार्य सरल हो जाएगा। उदाहरण

के लिए, अपने प्रथम उदाहरण को आगे बढ़ाते हुए हम यह कह सकते हैं कि बहुत से अन्य अध्ययनों के आधार पर हमें यह जानकारी प्राप्त हो सकती है कि किन-किन कारणों से बुद्धि असाधारण हो जाती है। उन आधारों पर साध्यमान्यता की स्थापना कठिन कार्य नहीं।

सामग्री विश्लेषण: इस पद पर हम साध्यमान्यता के आधार पर सामग्री में कार्य-कारण संबंध का अध्ययन करेंगे और देखेंगे कि हमारे सोचे हुए कितने कारण प्रस्तुत अध्ययन में नहीं हैं। यदि वे कारण विद्यमान हैं तो प्रस्तुत अध्ययन उनकी पुष्टि करेगा और यदि वे विद्यमान नहीं हैं या कोई अन्य कारण महत्वपूर्ण दृष्टिगोचर होता है तो उसको अन्य कारणों से अलग किया जाएगा। इसका अर्थ हुआ कि उस समस्या, विषयवस्तु या घटना पर प्रभाव डालने वाले सभी कारकों का लक्षण निर्णय (डाइग्नोसिस) करना होगा और उनमें से भी अधिक और कम महत्वपूर्ण लक्षणों को छांटना होगा।

लक्षण-निर्णय का वैध बनाना: प्राप्त लक्षण-निर्णयों को यदि हम वैध बनाना चाहते हैं तो उस समस्या या विषयवस्तु के लक्षणों को अलग-अलग करके मापना होगा, उनकी वैधता की जांच करनी होगी। मान लीजिए कि असाधारण बुद्धि के कारणों में सामाजिक-आर्थिक कारण प्रमुख रहे तो हमें इस बात की पुष्टि के लिए उस छात्र को सामाजिक-आर्थिक वातावरण से अलग रखकर देखना होगा कि क्या हमारे निष्कर्ष वैध हैं? यदि घटना, विषयवस्तु या समस्या में परिवर्तन करके हमने उसकी उचित दिशा में उन्नति की चेष्टा नहीं की तो हमारा अध्ययन उच्च कोटि का नहीं माना जाएगा, क्योंकि हम इस विधि द्वारा मात्र लक्षण निर्णय ही नहीं करना चाहते वरन् वे तरीके भी प्राप्त करना चाहते हैं या यों कहिए कि वे दिशाएं भी जानना चाहते हैं जिनमें विषयवस्तु में पर्याप्त तथा निश्चित मात्रा में ठीक प्रकार के परिवर्तन भी लाए जा सकें।

परिवर्तनों का पुनः मापन: अंतिम पद होगा लक्षण-निर्णय के पश्चात किए गए परिवर्तनों का पुनः मापन ताकि यह पता लग सके कि किए गए परिवर्तनों का परिणाम क्या हुआ। बिना पुनः मापन के हमारे लक्षण-निर्णय का लाभ ही क्या होगा?

उपकरण: इस विधि में भी अनुसंधान के लगभग सभी उपकरण उपयोग में लाए जाते हैं। अस्तु, इसके उपकरण कोई अलग नहीं। किंतु उपकरणों का चुनाव, जैसा हमें सदैव करना चाहिए, विषय, आवश्यकता, उपयोगिता, तथा वस्तुनिष्ठता के आधार पर करना चाहिए। इस विधि में हम लक्षण-निर्णय करते हैं, विषयवस्तु की वस्तुस्थिति का निश्चय करते हैं, परिवर्तन लाने का संभव प्रयास करते हैं और परिवर्तन की मात्रा तथा दिशा की परख करते हैं। इसलिए उपकरणों का चुनाव बड़ा ही महत्वपूर्ण कार्य है जिसे अनुसंधाता को सोच-समझकर करना चाहिए।

वैयक्तिक विषय अध्ययनों में सामग्री एकत्र करने के तरीकों में सम्मिलित हैं: व्यक्ति-विशेष की डायरी की प्राप्ति तथा अध्ययन, क्योंकि इसमें उसके जीवन का क्रमिक विकास तिथिक्रम से दिया जाता है। यहां तक कि जीवन के गोपनीय पहलुओं पर भी इसमें सामग्री प्राप्त हो जाती है। पत्र भी इस प्रकार के अध्ययन में

बड़े सहायक सिद्ध हो सकते हैं और प्रायः संस्मरण लिखने में तो इनका बड़ा ही महत्वपूर्ण योग रहता है। अन्य लिखित सामग्री में सम्मिलित हैं–जीवन इतिहास (Life History) तथा कुछ द्वितीयक सामग्री। इनमें जीवन इतिहास का उपयोग अकसर किया जाता है। वैसे वैयक्तिक विषयविधि स्वयं इसी के अंतर्गत आ सकती है। जैसा नाम से स्पष्ट है, जीवन इतिहास में पारिवारिक पृष्ठभूमि, घटनाएं, जीवन का क्रमिक विकास, अनुभव आदि के विषय में वर्णन होता है जो व्यक्ति-विशेष के जीवन को समझने में सहायक हो सकता है। यहां यह स्मरणीय है कि डायरी, पत्र, जीवन इतिहास पर आधारित वैयक्तिक विषय अध्ययन महत्वपूर्ण तथा लब्धप्रतिष्ठ व्यक्तियों का ही संभव है, जैसेः कलाकार, नेतागण, समाज या शिक्षाशास्त्री आदि। इसलिए हमें अन्य प्रकार के वैयक्तिक विषय अध्ययन में 'अनुसंधान के उपकरण' में वर्णित उपकरणों में से छांट करनी होगी, जैसेः बुद्धि मापन, साक्षात्कार, अवलोकन, प्रश्नावली आदि।

महत्व तथा सीमाएं (Importance and Limitations)

अनुसंधान की कोई विधि अमहत्वपूर्ण नहीं होती। यह बात हम बार-बार कह आए हैं। यह तो विषय-सामग्री पर निर्भर करती है कि हम उसमें किस विधि का उपयोग करें। इसलिए कोई विधि महत्वपूर्ण या अमहत्वपूर्ण नहीं कही जा सकती, उपयुक्त तथा अनुपयुक्त अवश्य कही जा सकती है। उपर्युक्त वर्णन से जाहिर है कि यह विधि गहन अध्ययन के लिए बड़ी ही उपयुक्त है। इससे हम विषयवस्तु के संबंध में सूक्ष्म जानकारी प्राप्त कर लेते हैं, विशिष्ट पहलुओं पर प्रकाश डालते हैं, व्यक्ति की विचारधारा के विषय में जानकारी प्राप्त करते हैं तथा गत घटनाओं पर आधारित विषयवस्तु की एक पूर्ण तथा जीवंत तसवीर खींच देते हैं। किंतु इस विधि की सबसे महत्वपूर्ण बात तो यह है कि इसके द्वारा हम लक्षण निर्णय करके विषयवस्तु में परिवर्तन लाने के सुझाव ही नहीं देते, चेष्टा भी करते हैं कि परिवर्तन आ जाए और फिर उसे मानते भी हैं। लेकिन अधिकांश वैयक्तिक विषय अध्ययन में तो यह संभव नहीं होता, क्योंकि बहुत से व्यक्ति मर गए होते हैं या इतने बड़े होते हैं कि हम उनसे शिक्षा ले तो सकते हैं, दे नहीं सकते। समाजशास्त्र में बहुत से ऐसे समुदायों का अध्ययन किया जाता है जिनमें लक्षण निर्णय प्रायः छोड़ ही दिया जाता है। शिक्षा में अवश्य यह संभव है तथा उसका सबसे महत्वपूर्ण अंग है।

इस विधि की अपनी सीमाएं भी हैं। इसकी सामग्री की विश्वसनीयता के विषय में संदेह हो सकता है, क्योंकि संबंधित रिकार्ड दोषपूर्ण हो सकते हैं, उनका किसी प्रकार से वैज्ञानिक निरीक्षण संभव नहीं। हम जानते हैं कि जीवन इतिहास, डायरी, पत्र आदि अवैज्ञानिक तथा दोषपूर्ण होते हैं, क्योंकि ये इस दृष्टि से तो तैयार किए नहीं जाते कि उन पर अनुसंधान होगा, इसलिए उनमें वस्तुनिष्ठता बरती जाए। फिर इस प्रकार सामग्री पर आधारित अध्ययन सीमित क्षेत्र का ही हो सकता है। इस प्रणाली का सबसे बड़ा दोष है कि इसमें व्यय अधिक होता है और समय भी अधिक लगता है।

प्रकाशन (Publication): प्रश्न उठता है कि क्या वैयक्तिक विषय अध्ययनों का प्रकाशन होना चाहिए और यदि हां, तो उससे लाभ क्या हैं? समाजशास्त्र में तो ये प्रकाशन समुदाय के या किसी कलाकार, लेखक आदि के विषय में जानकारी प्राप्त कराते हैं इसलिए हम मान सकते हैं कि ये उपयुक्त होते हैं, यद्यपि इस प्रकार का कार्य प्रत्येक अध्ययन से संभव नहीं।

शिक्षा के क्षेत्र में इस प्रकार के अध्ययन के दो कार्य होते हैं: (1) किसी विषयवस्तु के प्रभावक कारकों की जानकारी प्राप्त करना तथा (2) बहुत सी विषयवस्तुओं में, समान कारकों की तुलना करना तथा उनके महत्व को तोलना। इनमें द्वितीय प्रकार का कार्य बड़ा ही महत्वपूर्ण हो सकता है। इसलिए उसका प्रकाशन होना चाहिए। किंतु यह कार्य बिना प्रथम प्रकार के कार्य के संभव नहीं, इसलिए प्रथम प्रकार के कार्य का प्रकाशन अपने आप आवश्यक हो जाता है। अतः इन अध्ययनों का प्रकाशन होना चाहिए।

उदाहरण के लिये 1960 में दिल्ली के आर्थिक विकास संस्थान की ओर से डा. वी.के.आर.वी. राव द्वारा दिल्ली विश्वविद्यालय के छात्रों की नौकरी तथा शिक्षा का अध्ययन किया गया। यह अध्ययन तब भारत के लिए नए प्रकार का था, यद्यपि पाश्चात्य जगत में इस प्रकार के अध्ययन सामान्य हो चुके हैं। उपर्युक्त अध्ययन द्वारा उन छात्र-छात्राओं के संबंध में जानकारी प्राप्त की गई जो 1950 तथा 1954 में स्नातकोत्तर परीक्षा दे चुके थे।

इस अध्ययन में 1950 के 1124 में 601 छात्र-छात्राओं का पता चल सका तथा 1954 के 2456 में से 2456 स्नातकों का पता चल सका। सामग्री साक्षात्कार तथा प्रश्नावली द्वारा एकत्र की गई। क्षेत्र था, छात्रों का निवासस्थान, उनकी शिक्षा तथा आर्थिक कार्य। डा. राव ने सामग्री के निर्वचन को 6 अध्यायों में बांटा तथा सातवें और अंतिम अध्याय में निष्कर्ष दिए। सामान्य रूप से प्रचलित बहुत से विचारों का उन्होंने खंडन किया, जैसे: कम ही लड़कियां वास्तव में विवाह के पश्चात पढ़ती हैं तथा बड़ी संख्या में लड़के विवाह के पश्चात भी पढ़ते रहते हैं। इस प्रकार के अन्य सर्वेक्षण भी किए जा चुके हैं। पत्रकारों को इस प्रकार के विषयों में काफी रुचि होती है।

प्रजनन विधि (Genetic Method)

जटिल प्रभावों के अध्ययन के लिए अंतिम विधि प्रजनन विधि है। वैसे वैयक्तिक विषय अध्ययन विधि भी लगभग इसी प्रकार की होती है किंतु इस विधि में सामान्य रूप से कम अवधि का अध्ययन होता है, जबकि प्रजनन विधि में लंबी अवधि का। प्रजनन विधि का उपयोग किसी विषयवस्तु के परिवर्तन, विकास आदि के अध्ययन के लिए किया जाता है, विशेष रूप से लंबी अवधि का। किंतु इस विधि का उपयोग सामान्य तथा साधारण प्रक्रियाओं के अध्ययन के लिए ही किया जाता है, असाधारण के लिए नहीं (जिसके लिए वैयक्तिक विषय अध्ययन विधि का उपयोग होता है)।

कुछ प्रजननशास्त्रियों का कथन है कि इस विधि तथा कार्य-कारण संबंध की खोज में से किसी भी विधि का प्रयोग संभव नहीं, किन्तु गुड, बार तथा स्केट्स

इस बात को नहीं मानते है। वह कहते हैं कि इस विधि का उद्देश्य केवल विकास या परिवर्तन का अध्ययन ही नहीं वरन् कार्य-कारण की खोज भी है। उनका कथन है कि यदि इस अध्ययन की कोई भी उपयोगिता है तो वह केवल कार्य-कारण संबंध की खोज के कारण ही है। यदि ऐसा नहीं है तो हम प्रजननशास्त्रियों के अतिरिक्त अन्य किसी के सामान्यीकरण (Generalization) को क्यों नहीं मानते? हमारी दृष्टि में उपर्युक्त लेखकों का मत ही ठीक है।

प्रजनन विधि के 433 प्रयोगों के अध्ययनों को लेकर गुड, बार तथा स्केट्स ने इस विधि को कार्य-कारण के संबंध की खोज करने में उपयोगी माना है। उनका कथन है कि शारीरिक तथा मानसिक विकास, जैसेः बचपन से किशोरावस्था तक, किशोरावस्था से यौवनकाल तक आदि विषयों को लेकर अध्ययन हुए हैं जिनमें कार्य-कारण संबंध को प्रमुखता प्रदान की गई है। उदाहरण के लिए, गैसेल की 'दि मेंटल ग्रोथ ऑफ दि प्री-स्कूल चाइल्ड' नामक अध्ययन को ही लीजिए जिसमें उपर्युक्त संबंध की गहन खोज की गई है।

प्रजनन विधि के प्रकार (Types of Genetic Method)

प्रजनन विधि के दो प्रकार होते हैं–(1) जिसमें किसी एक या अनेक छात्रों को लेकर कई वर्ष तक अध्ययन किया जाए। यह एक प्रकार का वैयक्तिक विषय अध्ययन है। (2) दूसरा, वह प्रकार जिसमें बहुत से वैयक्तिक विषय अध्ययन को समानांतर रूप से खोज का विषय बनाया जाए। इसका उद्देश्य किसी एक व्यक्ति या समूह का अध्ययन नहीं होता वरन् उनकी आपसी समानताएं तथा असमानताएं अध्ययन का विषय बनती हैं। स्मरण रहे कि यद्यपि यह विधि सामग्री एकत्र करने के लिए किसी भी विधि या उपकरण का प्रयोग कर सकती है, जैसेः ऐतिहासिक, आदर्शात्मक सर्वेक्षण, कारणों की तुलना आदि, तथापि यह अपने उद्देश्य, संगठन और उपकरण तथा विधि के कारण अन्य विधियों से भिन्न ही रहती है।

और अंत में हम एक अन्य विधि का वर्णन करना चाहेंगे जो यद्यपि आजकल उपयोग में लाई जाती है, फिर भी उसका वर्णन प्रायः अनुसंधान विधिशास्त्री नहीं करते।

इस विधि को कांटेंट ऐनेलिसिस या डाक्युमेंटरी ऐनेलिसिस (प्रलेख विश्लेषण) कहते हैं। इस विधि में चालू रिकार्ड या प्रलेख का अध्ययन किया जाता है। प्रायः यह प्रलेख लिखित होते हैं किंतु यह चित्र, कार्टून, तस्वीर तथा अन्य ऐसे ही और चीजों वाले भी हो सकते हैं। इस विधि का उद्देश्य प्रलेख विश्लेषण है अर्थात् प्रस्तुत सामग्री का निर्वचन तथा विश्लेषण करना है। किसी-किसी समय इनका उद्देश्य सामग्री का वर्गीकरण तथा मूल्यांकन भी होता है। इसका यह अर्थ नहीं कि इस विधि द्वारा आवृत्ति (Frequency) का ही अध्ययन किया जाता है। वस्तुतः इसके द्वारा किसी प्रलेख की प्रमुखता या स्थान या श्रेणी को भी मापा जा सकता है। साथ ही विश्लेषण करते समय प्रलेख की वैधता तथा उसके सत्यापन को अवश्य ध्यान में रखना चाहिए।

इस विधि की सामग्री के स्रोत यह हैं: सरकारी रिकार्ड, फार्म, पाठ्यपुस्तकें, पत्र, जीवनी, डायरी, प्रबंध, किसी पुस्तक की रूपरेखा, पत्र-पत्रक, समाचार-पत्र,

कालेज कैटलॉग, पाठ्य-सूची, तस्वीरें , चित्र तथा कार्टून आदि।

इस विधि के प्रयोग के उद्देश्य निम्नलिखित हैं:

1. इसके द्वारा वस्तुस्थिति का सही पता चलता है।
2. इसके द्वारा विषयों से संबद्ध महत्व का ज्ञान होता है।
3. इसके द्वारा उन कठिनाइयों का ज्ञान होता है जो पाठ्यपुस्तक तैयार करने में आती हैं।
4. इससे पुस्तक में प्रोपेगेंडा के प्रयोग तथा किसी की रुचि का पता चल जाता है, जैसे सोवियत संघ या अमरीकी पाठ्यपुस्तकें इसका ज्वलंत उदाहरण हैं।
5. छात्रों की गलतियों का पता चलता है।
6. इसके द्वारा लेखक की शैली का बोध होता है।

इस विधि से शिक्षा या सामाजिक क्षेत्र के संबंध में ज्ञान कराने का बड़ा ही अच्छा अवसर मिलता है जिसके फलस्वरूप इन क्षेत्रों में उन्नति की जा सकती है।

9

सामग्री का वर्गीकरण, सारणीयन तथा व्याख्या
(Classification, Tabulation and Exploration of Data)

अब हम अपने अनुसंधान की उस सीमा पर पहुंच गए हैं जहां पर हमें एकत्र सामग्री का वर्गीकरण, सारणीयन, विश्लेषण तथा निर्वचन करना होगा। हम आगे देखेंगे कि ये सब क्यों इतने महत्वपूर्ण हैं किन्तु यहां हमें यह जान लेना चाहिए कि यह काम भी अनुसंधान का एक आवश्यक पद है। एकत्र सामग्री बिना वर्गीकरण, सारणीयन आदि के व्यर्थ है, क्योंकि उसका समझना कठिन है। प्रत्येक अनुसंधान का प्रमुख कार्य है–समस्या का हल। हल तक पहुंचने के लिए हमें धीरे-धीरे ही चलना होगा, प्रत्येक पद को तोलना होगा तथा निश्चित दिशा में अग्रसर होना होगा। इस अध्ययन का विषय उस दिशा में हमारी प्रगति को सरल तथा लाभप्रद बनाएगा। मुख्यतः इसका कार्य होगा विषय के प्रस्तुतीकरण को सरल तथा ग्राह्य बनाना।

वर्गीकरण (Classification)

अनुसंधाता सामग्री एकत्र करते समय यह नहीं जानता कि कौन सी सामग्री उसके लिए सबसे अधिक महत्वपूर्ण रहेगी तथा कौन सी सामग्री को पहले और किसको बाद में उपयोग में लाना होगा। यह काम वर्गीकरण के स्तर पर करना होता है। प्रो. तोमर ने अपनी पुस्तक' सामाजिक अनुसंधान' में वर्गीकरण की परिभाषा इस प्रकार दी है: 'वर्गीकरण वस्तुओं को वास्तविक या उनके भावों के अनुसार कुछ समूहों अथवा वर्गों में व्यवस्थित करने की एक प्रक्रिया है जिसके द्वारा समान गुणों वाली वस्तुएं एक साथ रखी जाती हैं।' इस प्रकार वर्गीकरण विभिन्नताओं के बीच समान वस्तुओं को खोजकर एक साथ रखने का कार्य करता है।

स्पष्ट है कि वर्गीकरण द्वारा न केवल सामग्री का संक्षिप्तीकरण किया जाता है वरन् समानताओं के आधार पर सामग्री को व्यवस्थित किया जाता है। फलस्वरूप

शोधग्रंथ के पाठक का समय बचता है, उसे समझने में कष्ट नहीं उठाना पड़ता और निष्कर्ष निकालने में सहायता मिलती है।

लक्षण (Features)

उपर्युक्त आधार पर हम सरलता से वर्गीकरण के आवश्यक लक्षण सोच सकते हैं।

1. वर्गीकरण को स्पष्ट होना चाहिए, अन्यथा अस्पष्टता के कारण उसका उद्देश्य ही पूर्ण नहीं हो पाएगा।
2. वर्गीकरण में जिन वर्गों (Classes) का उपयोग किया जाए वे न तो बड़े हों और न अधिक छोटे । छोटे वर्गों से वर्गीकरण का आकार बढ़ जाएगा और बड़े वर्गों से उनकी विश्वसनीयता पर भी प्रभाव पड़ेगा।
3. वर्गीकरण का अनुसंधान में एक ही मापदंड होना चाहिए, वरना पाठक को वर्गों के समझने में बड़ी कठिनाई होगी। अपवादस्वरूप आवश्यकतानुसार परिवर्तन किया जा सकता है। हम सब जानते ही हैं, कोई भी कार्य करते समय हमें लचीला होना चाहिए। किन्तु इसका यह अर्थ नहीं कि स्थायित्व तथा सैद्धांतिक कठोरता का कोई महत्व नहीं। इसलिए इस विशेषता को पढ़ते समय पाठक स्मरण रखें कि लचीलापन (Flexibility) या सैद्धांतिक कठोरता (Rigidity) सामग्री पर निर्भर करते हैं और साथ-साथ आवश्यकता पर भी। यदि आवश्यकता नहीं, तो व्यर्थ में वर्गीकरण का ढंग बदलना अनुचित होगा।

आकड़ों का वर्गीकरण (Types of Data)

बेस्ट ने कहा कि वर्गीकरण के दो आधार होते हैं: (1) गुणात्मक (Qualitative) तथा (2) गणनात्मक (Quantitative)। गुणात्मक आधार से तात्पर्य है सामग्री में किन्हीं विशेष गुणों का होना या न होना और इसी प्रकार उसका प्रस्तुत किया जाना। जैसे, हम यदि बाल अपराध पर अनुसंधान कर रहे हैं तो वर्गीकरण के समय हम समान बुद्धिलब्धि (IQ), सामाजिक आर्थिक दशा और क्षेत्र वाले बाल अपराधियों को इन्ही वर्गों में बांटेंगे। इस प्रकार तुलना तथा निष्कर्ष में सहायता मिलना संभव है, क्योंकि इस प्रकार के वर्ग एक-दूसरे से बिलकुल भिन्न होते हैं। गणनात्मक आधार से तात्पर्य सामग्री के उस वर्गीकरण से है जिसके परिणाम तथा राशि के वर्ग हों और आवृत्ति वितरण (Frequency Distribution) भी जिसमें दिया जाए। उदाहरण के लिए, बाल अपराधियों की अवस्था, बुद्धिलब्धि, संख्या, समय, स्थान आदि का वर्णन गणनात्मक तरीके से करेंगे। यहां समय तथा स्थान का अर्थ स्पष्ट करना उचित होगा। जिस समय या जिन तिथि के बाल अपराध का अध्ययन किया जा रहा है, उसके आधार पर हम सामग्री का वर्गीकृत रूप प्रस्तुत कर सकते है। इसी प्रकार जिन-जिन स्थानों का अध्ययन किया जाता है, उनका प्रस्तुतीकरण संख्या सहित उसी प्रकार किया जा सकता है। समय का उदाहरण लीजिए:

4 वर्ष के बाल अपराधों का गणनात्मक प्रस्तुतीकरण

वर्ष	*संख्या*
2014	58
2015	70
2016	60
2017	80

सामग्री का वर्गीकरण, सारणीयन तथा व्याख्या

स्थान	*संख्या*
दिल्ली	20
कोलकाता	25
मुंबई	18
कानपुर	30

इन दोनों वर्गीकरणों को एक साथ भी प्रस्तुत किया जा सकता है, जैसे:

स्थान	*वर्ष*	*बाल अपराध संख्या*	*% जनसंख्या*
भारत	2010–15	3425	
श्रीलंका	,,	600	

आवृत्ति वितरण के सभी तरीकों को इसी वर्गीकरण के अंतर्गत माना जाता है। प्रायः आवृत्ति वितरण वर्गांतर (Class Intervals) में किया जाता है।

सारणीयन (Tabulation)

सारणीयन द्वारा एकत्र सामग्री को सरल तथा ग्राह्य बनाया जाता है। सारणी में हम सामग्री पर एक दृष्टि डालकर ही वस्तुस्थिति समझ जाते हैं और बिना बहुत से पृष्ठ पढ़े सामग्री की तुलना कर लेते हैं। इसके द्वारा सामग्री को व्यवस्थित किया जाता है तथा वर्गीकरण की भांति संक्षिप्त भी किया जाता है।

सारणीयन गणानात्मक तथ्यों का वह व्यवस्थित एवं वैज्ञानिक प्रदर्शन है जिससे विचाराधीन समस्या स्पष्ट हो जाती है। वैसे सारणीयन का स्पष्ट अर्थ है सामग्री का तर्कसंगत तथा व्यवस्थित क्रमानुसार स्तंभों तथा रेखाओं में प्रस्तुतीकरण। सारणीयन की विशेषता है क्रमानुसार स्तंभ तथा रेखाएं।

उपर्युक्त वर्णन के आधार पर सारणीयन के गुणों तथा लाभों को समझना सरल है। जैसा हमने अभी कहा, सारणी से सामग्री को संक्षिप्त किया जाता है, उसे सरल बनाया जाता है। सारणीयन से स्थान की बचत होती है तथा इसके द्वारा सरसरी निगाह मात्र से तुलनात्मक अध्ययन संभव है।

स्वरूप (Nature)

विज्ञान ने सारणीयन में और क्षेत्रों की भांति एक क्रांति कर दी है। कम्प्यूटर द्वारा असंख्य सामग्रियों का सारणीयन थोड़े से समय में ही हो जाता है। इन मशीनों का उपयोग सभी देशों में बहुत होता है। मशीनों से वर्गीकरण (यदि कार्डों का सामग्री के लिए उपयोग हुआ है) तथा सारणीयन इतना सुविधाजनक हो गया है कि अनुसंधाता अब बड़े से बड़े विषय पर आसानी से अनुसंधान के लिए तैयार हो सकता है।

किन्तु भारत में अब भी प्रायः निम्नलिखित प्रकार की सारणी ही बनाई जाती है, इसलिए हम उन्हीं का वर्णन करेंगे। ऐसा नहीं है कि कंप्यूटर की सुविधा भारत में नहीं है पर उसकी सीमाएं हैं।

उदाहरण के लिए, मान लीजिए कि हम बाल अपराध विषय पर 2 क्षेत्रों में अध्ययन कर रहे हैं। इसके संबंध में हमने 10 स्कूलों से सामग्री एकत्र की है। हमें पता चला कि 10 –15 आयु वर्ग वाले बाल अपराधी कई प्रकार के बाल अपराध करते हैं तो हम फिर इसकी सारणी किस प्रकार बनाएंगे?

सारणीः बाल अपराधों का वर्गीकरण क्षेत्रः नई दिल्ली

स्कूल का नाम	आयुवर्ग	लिंग	अपराधों के प्रकार
संख्या	(10–15)	लड़के / लड़कियां	चोरी / मार-पीट / गुटबंदी
1...............			

इसी प्रकार हम अन्य 9 स्कूलों की भी सारणी तैयार कर लेंगे और अंत में वर्गीकरण के आधार पर बाल अपराधों का आवृत्ति वितरण तुलनात्मक तरीके से कर लेंगे।

प्रश्नावली के उत्तरों के आधार पर एकत्र सामग्री का सारणीयन इस प्रकार किया जाता है। मान लीजिए कि आपने किसी कालेज के छात्र-छात्राओं से विवाह की आयु के संबंध में सामग्री एकत्र की है जिसमें प्रश्नावली का प्रथम प्रश्न इस प्रकार था:

1 क्या शिक्षाकाल में छात्र-छात्राओं का विवाह करना उचित होता है?

उत्तरः
1. हां
2. नहीं।
3. शायद हां।
4. शायद नहीं।
5. मुझे पता नहीं।

सारणीः छात्र-छात्राओं के विवाह संबंधी विचार

शिक्षास्तर	*लिंग*	*हां*	*नही*	*शायद हां*	*शायद नहीं*	*मुझे पता नहीं*
एम॰ए॰	लड़का	....	....	....	....	....
	लड़की	....	....	....	....	....
बी॰ए॰	लड़का	....	....	....	....	....
	लड़की	....	....	....	....	....

यदि सारणी में एक ही प्रकार की सामग्री की आवृत्ति का अध्ययन बताया गया तो वह सारणी सरल तथा एक गुण वाली सारणी (Easy and one way-tabulation) कहलाती है। किन्तु प्रायः सारणियां उपर्युक्त प्रकार की जटिल तथा बहुगुणीय (Manifold Tabulation) होती हैं। इसलिए हमने उन्हीं के उदाहरण दिए हैं।

सारणी बनाने के नियम (Rules of Tabulation)

किसी भी कार्य को करने के लिए सामान्य बुद्धि की आवश्यकता होती है। उसी के सहारे हम सामान्य बातें सोच सकते हैं। फिर भी विशेष बातों के लिए विशेष प्रकार का ज्ञान होना तथा विशेष कार्य करना जरूरी है। सारणी के संबंध में सामान्य बातें इस प्रकार हैं:

प्रत्येक सारणी का शीर्षक होना आवश्यक है तथा उसमें स्तंभ (बार) होना चाहिए। सारणी इस प्रकार बनाई जानी चाहिए कि वह स्पष्ट हो तथा सामग्री के अनुरूप और उपयुक्त हो। व्यर्थ के स्तंभों या सामग्री से उसकी स्पष्टता में रुकावट पड़ेगी। इसका ध्यान प्रत्येक अनुसंधाता को रखना चाहिए। सारणी के बनाने का प्रमुख उद्देश्य स्पष्टता है, जटिलता नहीं। इसलिए बड़ी सामग्री को सुचारू रूप से हिस्सों में बांटकर, अनुशीर्षक लिखकर तथा उनके विशिष्ट उद्देश्यों को ध्यान में रखते हुए सारणी बनानी चाहिए।

उपर्युक्त सामान्य बातों के अतिरिक्त कुछ विशेष बातें इस प्रकार हैं:

सारणी में तुलनात्मक सामग्री को इस प्रकार प्रस्तुत करना चाहिए कि तुलना का उद्देश्य बिलकुल स्पष्ट हो जाए तथा तुलना उन्हीं चीजों की हो जिन्हें अनुसंधाता विशेष उद्देश्य के कारण महत्वपूर्ण समझता है। सारणी में बड़ी-बड़ी संख्याओं का प्रयोग नहीं करना चाहिए अर्थात यदि लाखों या करोड़ों की संख्या देनी है तो सारणी के ऊपर लिख देना चाहिए 'आंकड़े लाखों या करोड़ों में'। इसी से संबंधित यह बात है कि सारणी के अंत में संख्याओं का योग देना चाहिए। लेकिन कभी-कभी योग देना आवश्यक नहीं होता, अतः उस दशा में अनुसंधाता को योग नहीं देना चाहिए।

सारणी में क्रम का ध्यान रखना चाहिए। यह क्रम किसी प्रकार का हो सकता है – स्थान, काल, समय,संख्या,आदि का। उदाहरण के लिए, भारतवर्ष के राज्यों का वर्णन करते समय अनुसंधाता को राज्यों का वर्णन (संख्यात्मक) एक ओर से करना

चाहिए, जैसे उत्तर से दक्षिण के राज्य, या वर्णानुक्रम में। क्रम के पालन में कभी-कभी अनुसंधाता को सामान्य मान्यताओं से यदि अलग भी हटना पड़े, तब भी चिंता नहीं करनी चाहिए। सारणी में न कोई पद छोड़ना चाहिए और न उस सामग्री की, जिसकी सारणी न बन सकती हो, कभी सारणी बनाने की चेष्टा करनी चाहिए।

सारणीयन की दो सीमाएं भी हैं: (1) इसके प्रत्येक पद का महत्व अलग से नहीं दिया जा सकता, तथा (2) समस्त एकत्र सामग्री को सारणी के द्वारा प्रस्तुत नहीं किया जा सकता।

आधुनिक यांत्रिक सारणीयन (Computerised Tabulation)

आज के युग में, जबकि हम प्रत्येक चीज़ को स्पष्टता, स्वच्छता तथा शीघ्रता से रखने तथा करने के आदी हो चुके हैं तो क्या आश्चर्य है कि हमें सारणीयन में मशीनों की सहायता लेनी पड़े। भारत सहित सम्पूर्ण विश्व में इन मशीनों का प्रचलन हो चुका है। बढ़ती हुई संख्याओं, आंकड़ों आदि को हाथ द्वारा बनाई हुई सारणी से प्रस्तुत कर पाना असंभव है। इसका अर्थ यह नहीं कि उपर्युक्त सारणी व्यर्थ होती है। वस्तुतः ऐसी सारणी में अधिक समय लगता है। इसलिए मशीनी या यांत्रिक सारणीयन लाभप्रद होता है। यंत्र द्वारा बड़े-बड़े आंकड़ों को सरलता से जोड़ा, घटाया तथा क्रमबद्ध किया जा सकता है। पंचिंग मशीन द्वारा आंकड़ों को निश्चित कार्डों पर छेदों द्वारा अंकित कर दिया जाता है, फिर मशीनें ही उनको क्रम में लगा देती हैं।

इसके अतिरिक्त कार्डों को सांकेतिक भाषा में भी तैयार किया जा सकता है। उदाहरण के लिए, सांकेतिक भाषा में किसी कार्ड में दाएं कोने पर दो छेद करने हैं और शेष के बाएं पर। इस प्रकार के 'एज्ड पंच्ड कार्डों को उनकी सांकेतिक भाषा के अनुसार लगाया जा सकता है। एक साधारण सुई से दाईं ओर वाले कार्डों के छेद में धागा डालने से कार्डों का स्वतः प्रबंध तथा क्रम हो जाएगा, क्योंकि बाईं ओर छेद वाले कार्ड अलग हो जाएंगे, और दाईं ओर वाले अलग।

वैसे आजकल यंत्रों से क्रम तथा सारणीयन ही नहीं योग, आवृत्ति, वस्तुओं का क्रमनिर्धारण (Arrangement of Items), सांख्यिकीय हिसाब आदि सभी कुछ संभव हैं। कुछ मशीनें सस्ती हैं तथा कुछ कीमती। हमारा अपना मत है कि हमें प्रत्येक अनुसंधान संस्थान (रिसर्च इंस्टीट्यूट) में दोनों प्रकार की मशीनों का प्रबंध करना चाहिए, क्योंकि अनुसंधान जैसा जटिल कार्य बिना मशीनों के सरलता से संपन्न नहीं हो सकता। डिजिटल कम्प्यूटर ने इन सब कार्यों को सरल व सुलभ बना दिया है।

चित्र (Diagrams) तथा रेखाचित्र (Graphs) द्वारा सामग्री प्रदर्शन

चित्र (Diagram)

प्रत्येक अनुसंधान किसी न किसी प्रकार के आंकड़ों या सामग्री का उपयोग करता है। आंकड़े वाली सामग्री का प्रस्तुतीकरण चित्रों द्वारा संभव है। चित्रों द्वारा आंकड़ों को बोधगम्य बनाया जा सकता है। सुंदर वस्तु में आकर्षण होता ही है। चित्र लगभग ऐसा ही आकर्षण उत्पन्न करते हैं। जो वर्णन अनेक पृष्ठों में संभव नहीं होता, चित्र उसे बड़े ही सजीव ढंग से एक पृष्ठ में ही सम्मुख ला देता है।

इस प्रकार चित्र प्रभावशाली, आकर्षक, बोधगम्य, सरल तथा लाभप्रद होते हैं। फिर चित्रों को देखकर बिना पढ़े-लिखे लोग भी बातें सरलता से समझ सकते हैं, यद्यपि इन लोगों को चित्रों का अर्थ बताना होगा। चित्रों की सहायता से पढ़े-लिखे लोग आंकड़ों की तुलना कर सकते हैं। इस तुलना में अधिक समय नहीं लगता। कहना न होगा कि चित्रों को देखकर क्षण-भर में ही बहुत कुछ समझा जा सकता है।

यहां एक बात का उल्लेख और करना चाहेंगे। कुछ लोगों का कहना है कि चित्रों द्वारा भविष्य की ओर संकेत किया जा सकता है। हमारे विचार से यह कार्य केवल चित्र द्वारा ही नहीं, वर्णन द्वारा भी संभव हैं। जैसे यदि हमें पता चल जाए कि अमुक दशाओं में किसी राष्ट्र का ह्रास होना है तो उन दशाओं को वर्णन द्वारा या चित्रों द्वारा रखने पर एक जैसा ही प्रभाव होगा। चित्रों में भविष्यवाणी की कोई विशेष शक्ति नहीं होती।

किन्तु चित्रों में कुछ कमियां भी होती हैं। उनकी सीमाएं उनकी कमियां हैं। चित्रों की प्रथम सीमा यह है कि इनसे केवल उन्हीं तथ्यों का प्रदर्शन किया जा सकता है जो सजातीय और तुलनीय हो। अतः ज़ाहिर है कि हम उन सभी तथ्यों का, जो हमारे पास हों, सदैव चित्रों द्वारा एक साथ प्रस्तुतीकरण नहीं कर सकते। जैसे–विवाह तथा मृत्यु संख्या के आंकड़ों को एक साथ चित्र द्वारा नहीं दिखाया जा सकता। चित्रों की दूसरी सीमा अंकों के माप का प्रदर्शन न कर पाना है। इस संबंध में सारणी बड़ी ही सहायक तथा लाभप्रद सिद्ध हो सकती है। इनकी अंतिम और सबसे बड़ी सीमा है इनके द्वारा विस्तृत विश्लेषण या व्याख्या का न हो पाना, क्योंकि इन चित्रों द्वारा सामान्य ज्ञान वर्णन के लिए आंकड़ों को प्रस्तुत किया जाता है। जहां तक शोधकार्य का संबंध है, इनका प्रयोग लगभग नहीं के बराबर किया जाता है।

चित्र कैसे हों: जैसा हम शोधकार्य के सभी अंगों में आवश्यक समझते हैं, चित्रों में स्पष्ट शीर्षक होने चाहिए। स्पष्टता से अभिप्राय है अर्थ की स्पष्टता। चित्रों का आकार न बहुत बड़ा हो और न बहुत छोटा ही। इन दोनों ही अवस्थाओं में चित्र भोंडा तथा व्यर्थ लगेगा। चित्र में सभी आंकड़े या तथ्य आकर्षक ढंग से प्रस्तुत किए जाने चाहिए अर्थात् चाहे आंकड़े दंड (बार) द्वारा प्रस्तुत किए जा रहें हों या वृत्त द्वारा, वे आकर्षक, स्वच्छ और सुथरे ढंग से प्रस्तुत किए जाने चाहिए।

चित्र में प्रयुक्त सामग्री सजातीय होनी चाहिए। सामग्री को चित्र द्वारा प्रस्तुत करने से पूर्व अनुसंधाता को सोच लेना चाहिए कि अमुक प्रकार के आंकड़ों के लिए चित्रों का माध्यम उपयुक्त होगा या नहीं।

चित्रों के संबंध में यह बात भी ध्यान रखनी चाहिए कि आंकड़ों का माप (Measure of Figures) कैसा है। माप, चित्र तथा कागज़ की लंबाई-चौड़ाई का ध्यान रखकर ही बनाना चाहिए।

सारांश यह कि अनुसंधाता को चित्र के विषय में चुनाव करने में बड़ी बुद्धिमत्ता दिखानी चाहिए, अन्यथा चित्र सामग्री का साम्य न होने पर चित्र की उपयोगिता ही न्यून रह जाएगी।

चित्र (Diagram) कैसे बनें: शोधकार्य में चित्रों की प्रायः आवश्यकता नहीं पड़ती। किन्तु संभव है कि अनुसंधाता को बाद के जीवन में इनकी आवश्यकता पड़ जाए, इसलिए उसे इनके खींचने या बनाने की कला आनी चाहिए।

चित्र प्रायः 6 प्रकार के होते हैं:

1. दंड ग्राफ (Bar Graph)
2. रेखा ग्राफ (Line Graph)
3. वृत्त, पाई या सेक्टर चार्ट (Pie Chart)
4. क्षेत्र चार्ट (Area Chart)
5. चित्र (Picture)
6. नक्शे (Maps)

(i) दंड ग्राफ: दंड खड़ी या पड़ी वर्टिकल और हॉरिजेंटल) दोनों ही प्रकार की रेखाओं द्वारा बनाए जा सकते हैं। इनके द्वारा आंकड़ों को समान चौड़ाई वाले दंडों से लंबाई की भिन्नता द्वारा प्रस्तुत किया जाता है। आंकड़े दंड के भीतर या बाहर दिए जा सकते हैं। निश्चित माप के आधार पर प्रस्तुत आंकड़े एक दृष्टि में ही अंतर को स्पष्ट कर देते हैं। आगे हम विभिन्न प्रकार के दंडों के नमूने दे रहे हैं:

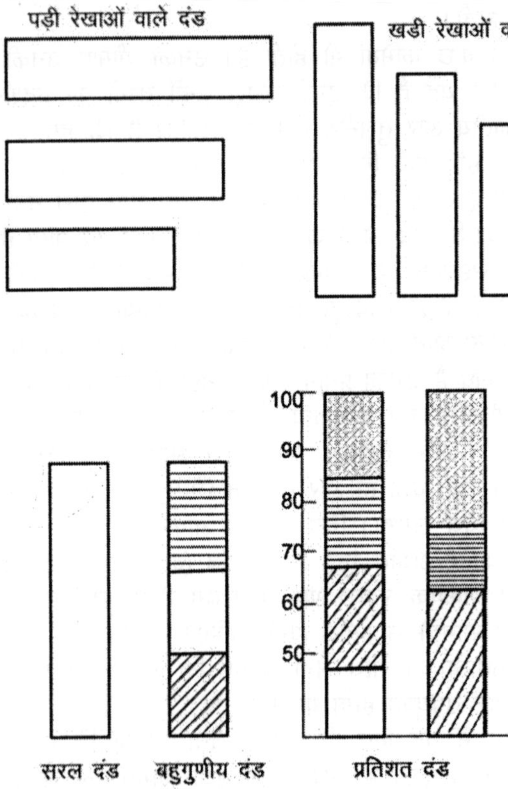

चित्र 5: दंड ग्राफ के नमूने

इन दंडों में पड़ी तथा खड़ी रेखाओं वाले दंडों को ही प्रायः इच्छानुसार उपयोग में लाया जाता है। यह उपयोग सरल दंड (सिंपल बार), बहुगुणीय दंड (Multiple Bar) तथा प्रतिशत विभाजित दंड (पर्सेन्टेज सब-डिवाइडिड बार) आदि के रूप में किया जाता है।

सरल दंड का उपयोग तब किया जाता है जब एक प्रकार के ही आंकड़े हों

और उनका प्रस्तुतीकरण करना हो, जैसेः विभिन्न देशों में आत्महत्या के आंकड़ों का प्रदर्शन करने में। यदि दो अथवा अधिक प्रकार के संबंधित आंकड़ों का प्रदर्शन करना हो, उस समय हम बहुगुणीय दंड चित्र बनाएंगे, जैसेः आत्महत्या के आंकड़े, मृत्यु के आंकड़े आदि इस प्रकार के दंड से प्रस्तुत किए जाएंगे। तीसरी प्रकार के दंडों द्वारा प्रतिशत आंकड़ों का प्रदर्शन किया जाता है, जैसेः सामान्य रूप से 4000 रु. वेतन पाने वालों का व्यय किस प्रकार होता है—घर, भोजन, वस्त्र, मनोरंजन आदि पर कितना प्रतिशत व्यय होता है तथा इनकी तुलना में 8000 रु. पाने वाले अपने वेतन को किस प्रकार खर्च करते हैं।

(ii) रेखाग्राफ/ग्राफः रेखाग्राफ का प्रयोग प्रायः भविष्यवाणी के लिए किया जाता है। इससे वर्तमान तथा भूत के बाज़ार भावों, मृत्यु दरों, आमदनी का उतार-चढ़ाव आदि का वर्णन भी किया जाता है, किन्तु कम। आगे दिए गए रेखाग्राफ को देखिए और उसके नीचे वर्णित उसकी विशेषता को पढ़िए।

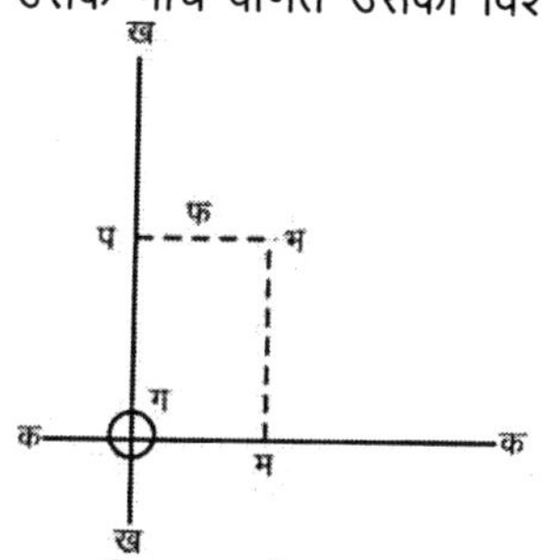

चित्र 6: रेखाग्राफ

रेखा 'क' राजस्व चल (Independent Variable) है तथा रेखा 'ख' प्रमाणित विशेषता (मेजर्ड करैक्टरस्टिक) है। ग इसका शून्य है जहां से रेखा का माप

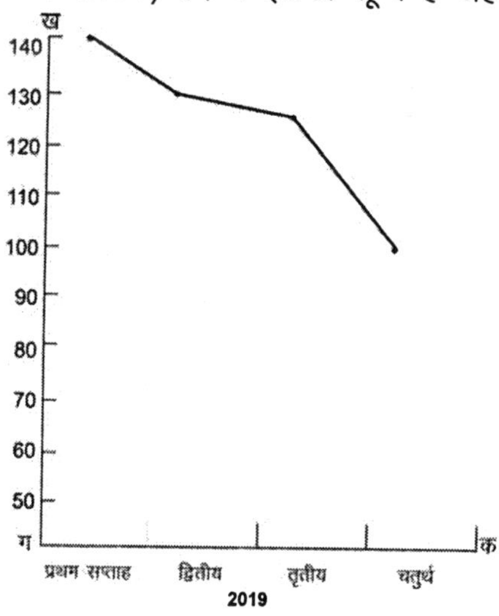

चित्र 7: बाज़ार का झुकाव (फ़रवरी): सोने का भाव

प्रारंभ होता है। रेखाग्राफ में इसका दिखाना बहुत आवश्यक है। खड़ी तथा पड़ी रेखाएं समान अंतर के साथ प्रमाणित होनी चाहिए, जैसे, यदि पड़ी रेखा पर 10 का अंतर रखना है तो यह अंतर सदैव रखना चाहिए। 'सदैव' शब्द उस रेखाग्राफ की संख्या तथा सीमा से संबंधित है।

कहना न होगा कि रेखाचित्र की रेखाएं स्पष्ट तथा स्वच्छ होनी चाहिए। यदि बहुत सी रेखाएं खींचनी हैं तो उनको विभिन्न रंगों तथा प्रकारों में खींचा जाना चाहिए। रेखाग्राफ का प्रत्येक झुकाव (Curve) शीर्षकयुक्त होना चाहिए। रेखाग्राफ पर प्रयुक्त शब्दों का आकार तथा व्यवस्था सुचारु रूप से होनी चाहिए।

पीछे दिए गए रेखाग्राफ (चित्र 7) द्वारा काल्पनिक आंकड़ों के आधार पर बाज़ार में सोने का भाव दिखाने का प्रयत्न किया गया है। इस ग्राफ से बाज़ार में सोने के भाव के गिरने की बात स्पष्ट रूप से प्रकट हो रही है। इस प्रकार का रेखाग्राफ परीक्षाफलों तथा लोकप्रियता के लिए तैयार किया जा सकता है।

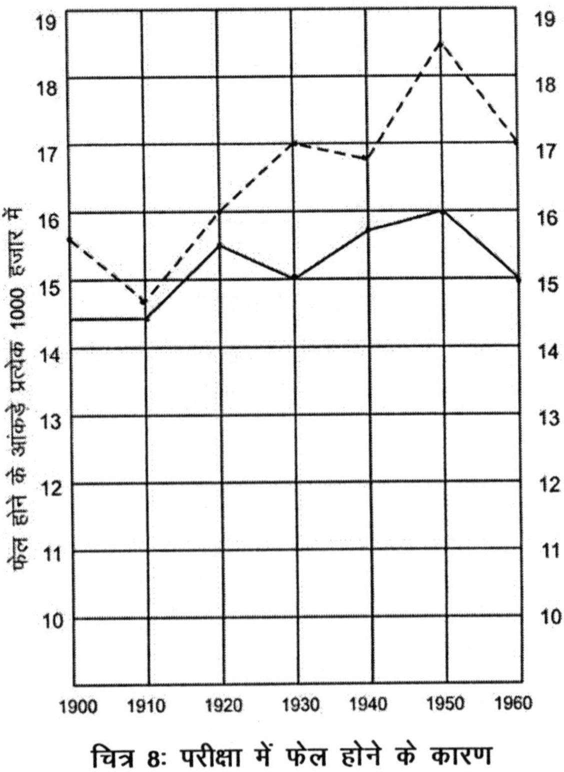

चित्र 8: परीक्षा में फेल होने के कारण

उपर्युक्त रेखाग्राफ में केवल एक भाव का ही वर्णन है। इस प्रकार के रेखाग्राफ द्वारा अनेक बातें एक साथ प्रस्तुत की जाती हैं। जैसे, परीक्षा में फेल होने के सभी कारणों के आधार पर लड़के-लड़कियों का रेखाग्राफ बनाया जाये। इसमें लड़कियों के अधिक अनुत्तीर्ण रहने की बात को तुलनात्मक रूप से प्रस्तुत किया गया है। फेल होने के सब कारण रेखा बिंदुओं द्वारा दर्शित हैं।

(iii) वृत्त, पाई तथा सेक्टर चार्टः वृत्ताकार चित्रों की स्पष्टता तथा बनाने की सरलता इनकी लोकप्रियता का कारण हैं। देखने में वृत्ताकार चित्र सुंदर तथा आकर्षक लगते हैं। वृत्त का अर्धव्यास अंकों के वर्गमूल के अनुपात में होता है। अंकों का वर्गमूल निकालकर वृत्त का अर्धव्यास निश्चित किया जाता है। चूंकि प्रत्येक वृत्त 360° का होता है, इसलिए क्षेत्र वर्गमूल निकालकर प्रतिशत क्षेत्र निश्चित कर लिया जाता है और इस प्रकार वृत्त बना दिया जाता है।

नीचे भारत सरकार द्वारा तैयार एक वृत्त को उदाहरण के रूप में प्रस्तुत किया जा रहा है जिसमें लगभग प्रत्येक प्रकार के आंकड़े दिए हुए हैं।

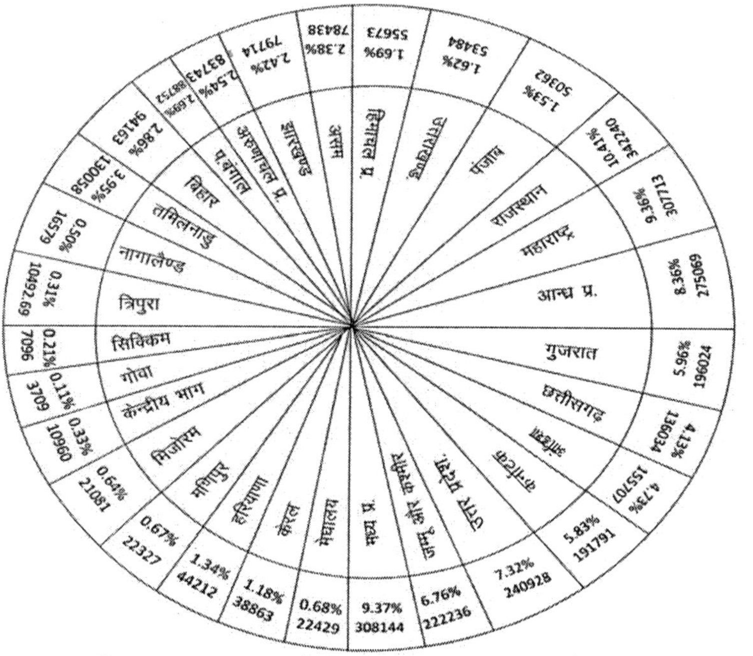

चित्र 9: भारत का क्षेत्रफल (1,127,344.85 वर्गमील)

(iv) यहां पर हमने जान-बूझकर क्षेत्र तथा घनत्व चित्र (Area and Volume Charts) का वर्णन नहीं किया है। इसका प्रमुख कारण श्रीमती यंग के शब्दों में इस प्रकार है। सिद्धान्त रूप में क्षेत्र तथा आयतों की चित्रमय तुलना करने का प्रयत्न नहीं करना चाहिए, क्योंकि काम आसान करने की अपेक्षा इसमें भ्रम अधिक उत्पन्न होता है। एकदम सही प्रकार से क्षेत्र तथा आयतों में आपसी अंतर कर पाना सरल नहीं है। कभी-कभी क्षेत्रफल तथा घनत्व, जब उनका आकार अनियमित हो, काम को और उलझा देते हैं। यही चित्र चार्टों के साथ भी सही है। उदाहरण के लिए, दो सेनाओं की तुलना करते समय सिपाहियों के चित्रों के प्रयोग किए जा सकते हैं। यदि एक राष्ट्र की सेना दूसरे की तुलना में दुगनी हो तो संकेतों (Symbol) को कितना बड़ा बनाना चाहिए? क्या तुलना ऊंचाई या क्षेत्रफल के आधार पर होगी ?

किन्तु कभी-कभी इनका प्रयोग भी होता है, इसलिए पाठकों को इनके स्वरूप में परिचित अवश्य होना चाहिए (देखिए चित्र 10)

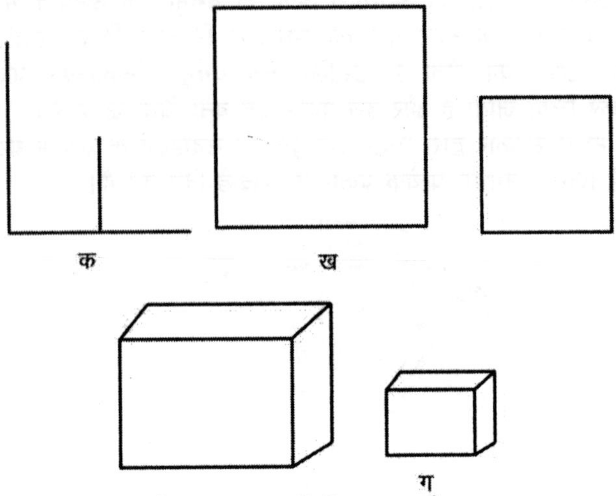

चित्र 10: ज्यामिति का प्रयोग

(v) चित्र: आधुनिक युग में आंकड़ों के सार्वजनिक प्रयोग के लिए चित्रों का माध्यम बहुत ही लोकप्रिय है। चित्रों के द्वारा तथ्य का वर्णन या प्रस्तुतीकरण बड़ा ही सजीव हो जाता है। मान लीजिए हमें कई देशों की औद्योगिक निधि का वर्णन करना है। उस समय हम उन उद्योगों के द्वारा उत्पन्न किए जाने वाले वस्तुओं का चित्रण करके बड़े ही सजीव रूप से आंकड़ों तथा प्रकारों को बता सकते हैं। इस प्रकार के चित्रों को बनाने में निम्नलिखित सावधानी बरतनी चाहिए:

1. चित्रों के अर्थ बताने की आवश्यकता न पड़े। अर्थात् चित्र अपने में पूर्ण अर्थयुक्त हों। जैसे–जहाज़ उद्योग का प्रतीक जहाज़ है।
2. स्पष्ट तथा साफ-सुथरे चित्र आकर्षक होते हैं, यह ध्यान रखना चाहिए।
3. जिन तथ्यों को चित्रों द्वारा प्रस्तुत नहीं किया जा सकता, उनको प्रस्तुत करने की चेष्टा भी नहीं करनी चाहिए।
4. केवल तुलनात्मक या सजातीय आंकड़ों, तथ्यों आदि को चित्रों का रूप देना चाहिए। असंबंधित तथ्यों को चित्रों में नहीं प्रकट करना चाहिए।

(vi) नक्शे (Maps): यंग का कथन है कि नक्शे सामाजिक अनुसंधान में बड़े ही लाभदायक उपकरण हैं। इनके द्वारा तथ्यों को प्रस्तुत करने में सहायता मिलती है। इनके द्वारा समस्या को निश्चित स्थान देने, साध्य मान्यता का सत्यापन करने, सामग्री का विश्लेषण करने, तथा छिपे संबंधों तथा तथ्यों को प्रकट करने में विशेष सुविधा होती है।

नक्शे कई प्रकार के होते हैं: 1. रेखाचित्र 2. बिंदुचित्र तथा 3. तिरछी रेखाओं वाले चित्र।

रेखाचित्रों द्वारा प्राथमिक सामग्री को प्रस्तुत करने में सुविधा रहती है। इसमें दोनों प्रकार के वातावरण को चित्रित किया जाता है: प्राकृतिक तथा मनुष्य का स्वयं का बनाया हुआ वातावरण। मनुष्य द्वारा निर्मित वातावरण के अंग हैं: स्कूल, नहरें, रेलें, सड़कें आदि। लेकिन इस प्रकार के नक्शों में कभी भी बहुत सी चीज़ें एक साथ नहीं दिखानी चाहिए, क्योंकि फिर वे तथ्य जिन्हें हम अधिक स्पष्ट करना चाहते हैं, वे अस्पष्ट ही रह जाएंगे। यदि बहुत बड़ा नक्शा है तो सभी बातें एक साथ दी जा सकती हैं।

बिंदुचित्र या नक्शे प्रायः अधिक प्रयोग में लाए जाते हैं। इनमें तथ्यों की आवृत्ति को बिंदु, गोले, त्रिभुज आदि द्वारा प्रस्तुत किया जाता है। पाठकों से अनुरोध है कि विस्तृत वर्णन के लिए वे यंग की पुस्तक पढ़ें। वैसे बिंदु, वृत्त, त्रिभुज आदि नक्शे में आकार, तथ्यों के बल आदि को ध्यान में रखकर बनाए जाते हैं। इनके द्वारा आवृत्ति तथा संख्या दोनों का ही वर्णन किया जाता है।

केरल राज्य'

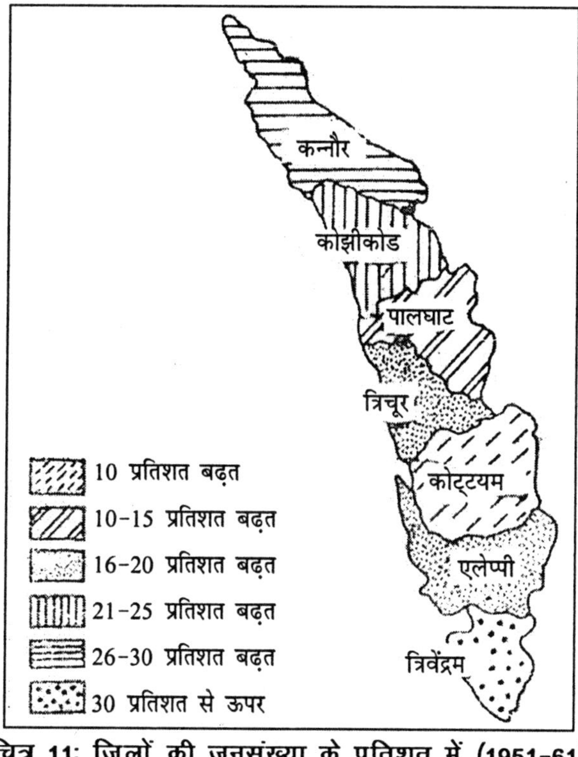

चित्र 11: ज़िलों की जनसंख्या के प्रतिशत में (1951-61) के दशक में बढ़ोतरी

तिरछी रेखाओं वाले नक्शों के माध्यम से अनुपात तथा प्रतिशत के आंकड़े या तथ्य प्रस्तुत किए जाते हैं। अनुपात या आवृत्ति इन नक्शों से सरलता से प्रस्तुत हो जाती है। इस तृतीय प्रकार के नक्शे को, जिसका उपयोग सामाजिक

अनुसंधान में अधिकांश समय होता है, हमने चित्र संख्या 11 द्वारा समझाने का प्रयत्न किया है। इसी प्रकार के नक्शे से हम किसी भी क्षेत्र की साक्षरता का अनुपात प्रस्तुत कर सकते हैं। इससे स्पष्ट हो जाएगा कि किस क्षेत्र में साक्षर व्यक्तियों की संख्या कम तथा किस क्षेत्र में अधिक है।

उपर्युक्त सभी प्रकार के नक्शों को अनुसंधाता की आवश्यकतानुसार उपयोग में लाना चाहिए। उसे यह देखना चाहिए कि किस प्रकार का नक्शा उसकी आवश्यकता की पूर्ति करता है तथा किसके द्वारा तथ्य सरलता से लोगों की समझ में आ सकते हैं। इसलिये अनपढ़ या कम पढ़े-लिखे लोगों के लिए तैयार नक्शे जटिल नहीं होने चाहिए। भारत में अनुसंधाताओं को जनता के सामने अपने तथ्यों को प्रकट करने के लिए सरल नक्शे बनाना चाहिए। किन्तु यदि तथ्यों को किसी योग्य जनता के सम्मुख प्रस्तुत करना है तो इस दृष्टिकोण से सोचने की कोई आवश्यकता नहीं।

यहां एक बात और स्मरण रखनी चाहिए कि अनुसंधानों में सारणियों की अपेक्षा नक्शे का कम उपयोग होता है।

सामग्री का विश्लेषण तथा निर्वचन (Analysis and Summarisation of Data)

सामग्री के विश्लेषण के संबंध में हम यहां यही कहना चाहेंगे कि प्रत्येक समस्या पर सामग्री का एकत्र करना किसी भी दशा में अपने में पूर्ण उद्देश्य नहीं। इसी विश्लेषण तथा निर्वचन में उपरिलिखित सभी बातें सहायक होती हैं। आंकड़ों की सारणी बनाई जाए या उनको चित्रों द्वारा प्रस्तुत किया जाए, इन सभी का एकमात्र यह अर्थ है कि साध्यमान्यता को दृष्टि में रखते हुए हमारे तथ्य क्या बोलते हैं। यह विश्लेषण तथा निर्वचन वस्तुनिष्ठ (Objective) होगा, यह तो हम मानकर ही चलते हैं। किन्तु इसके अतिरिक्त अनुसंधाता तथ्यों पर आधारित अपनी राय भी दे सकता है। इस राय को किसी प्रकार एकत्र सामग्री के विरुद्ध नहीं जाना चाहिए।

सामग्री के निर्वचन द्वारा हम साध्यमान्यता को परखते हैं, उसकी दिशा तथा दशा को प्रस्तुत करते हैं, निष्कर्ष निकालने में सहायता लेते हैं। वैसे हमने सांख्यिकीय निर्वचन तथा विश्लेषण में इस बात का वर्णन किया है किन्तु यहां बिना एक-आध उदाहरण के प्रस्तुत अध्याय को अपूर्ण ही मानेंगे।

उदाहरण

एक सारणी के द्वारा प्रस्तुत तथ्यों को देखिए।

सारणी: इंग्लैण्ड तथा वेल्स की जनसंख्या तथा विक्षिप्त व्यक्तियों का अनुपात

वर्ष	*जनसंख्या*	*विक्षिप्त व्यक्ति*	*अनुपात*
1859	19686,701	36,76	18.67
1869	22223,299	53,177	23.93
1877	24547,307	66,636	27.14

उपर्युक्त सारणी का निर्वचन करने पर स्पष्ट पता लग रहा है कि इंग्लैण्ड तथा वेल्स में 1859–77 के बीच बहुत बड़ी संख्या में विक्षिप्त व्यक्तियों की बढ़ोत्तरी हुई। ऐसा क्यों हुआ ? क्या इंग्लैण्ड की जनता उस समय किसी विशेष रोग का शिकार होकर विक्षिप्त होने लगी या वहां किसी विशेष प्रकार की अन्य बात विक्षिप्त होने के लिए बाध्य करने लगी। वस्तुतः बात तनिक गंभीर है। इन आंकड़ों से वस्तुस्थिति का ठीक पता नहीं चलता। इसलिए अनुसंधाता को कारण ढूंढ़ने के लिए और अधिक बुद्धि का प्रयोग करना पड़ा। कारण ढूंढ़ने पर ज्ञात हुआ कि एक तो जनसंख्या के अनुपात में व्यक्तियों के विक्षिप्त होने की संख्या बढ़ी और दूसरे अधिक विक्षिप्त व्यक्ति सरकारी कागज़ों में दर्ज किए गए। ऐसा पहले नहीं होता था, क्योंकि अपने निकट संबंधी को सरकार की नज़र में पागल के रूप में लाने में लोग हिचकिचाते थे। विज्ञान की प्रगति तथा विक्षिप्तों के इलाज तथा रखने की सुविधा के कारण लगभग सभी उनको सरकारी केन्द्रों में लाए और आंकड़े तैयार हुए। पाठक देख सकते हैं कि तथ्य तथा आंकड़ों में केवल दूर का संबंध है। यह बात निर्वचन तथा विश्लेषण के द्वारा पता चलती है। सांख्यिकीय निर्वचन हम एक अलग अध्याय में पढ़ेंगे। इसी प्रकार जैसा हम ऐतिहासिक अनुसंधान विधि के विषय में पढ़ आए हैं, भारतवर्ष में भौतिकवादी विचारधारा का वर्णन केवल उसके आलोचकों की पुस्तकों में मिलता है, उसकी अपनी पुस्तकें उपलब्ध नहीं हैं। ऐसा क्यों है? आलोचक उसका वर्णन क्यों करते हैं, यदि भौतिकवादी भारत में प्राचीन काल में शक्तिशाली विचारधारा नहीं थी। तथ्यों के निर्वचन तथा विश्लेषण से पता चलता है कि इस विचारधारा को दबाने के प्रयत्नों में से केवल कुछ ही प्रयत्न आज भी शेष हैं। उनमें से कुछ हैं, कड़ी आलोचनाएं, अपूर्ण बात कहना, गलत ढंग से बात को प्रस्तुत करना आदि।

अच्छे और बुरे अनुसंधान की परख तथ्यों के एकत्रीकरण में नहीं है वरन् तथ्यों के निर्वचन तथा विश्लेषण के ढंग में है। अच्छा अनुसंधाता तथ्यों को केवल उतना ही महत्व देता है जितना वह तथ्य सत्य प्रकट करते है। तथ्यों के पीछे जाकर कारण ढूंढ़ना एक अनुसंधाता की पहचान है। प्रायः अनुसंधाता आंकड़ों में ही उलझ जाते हैं और छिपे सत्य तक पहुंच ही नहीं पाते। यह एक प्रशिक्षित अनुसंधाता के साथ संभव नहीं। इस सम्बन्ध में ह्विटने का कहना हैः

साधारण रूप से विश्लेषण (तथा निष्कर्ष) का अर्थ प्रस्तुत सामग्री को सही प्रकार से सामने रखना है। यह विशेष रूप से अध्ययन के उद्देश्य तथा उसके अध्याय आदि के अनुरूप विश्लेषण सामग्री की सही संदर्भ सहित विवेचना करता है। उसमें पहले के विश्लेषण अर्थात् आंकड़ों के अन्य अर्थों का संकेत होता है और संस्तुतियों के तर्कसंगत फलों को भी वह इंगित करेगा। यह बात सदैव ध्यान में रखने की है कि विश्लेषण में तुलनात्मक अध्ययन की सामग्री तथा उसके निष्कर्ष सदैव पहले के अनुसंधानों के प्रकाश में प्रस्तुत करने चाहिए।

10

गुणात्मक अनुसन्धान
(Qualitative Research)

परिमाणात्मक/गणनात्मक अनुसन्धान और गुणात्मक अनुसन्धान (Quantitative and Qualitative Research)

अनुसन्धान विधियों को दो व्यापक श्रेणियों में विभाजित किया जा सकता है : एक परिमाणात्मक और दूसरा गुणात्मक। इन्हें हम सामान्य तौर पर क्वान्टिटेटिव रिसर्च और क्वालिटेटिव रिसर्च भी कहते हैं। परिमाणात्मक आंकडों पर आधारित होता है और इसका निष्कर्ष भी आंकड़ों द्वारा निर्धारित होता है। आंकडों के आधार पर एक नए आंकड़े को निकालना ही परिमाणात्मक अनुसन्धान का उद्देश्य होता है। परिमाणात्मक अनुसन्धान किसी भी प्रकार के पक्ष या फिर भाव से रहित होता है। यह अपेक्षाकृत घटना और उसके परिणाम या प्रभाव के बीच संबंधों पर केन्द्रित होता है और क्रिया और प्रतिक्रिया, घटना और उसके परिणाम या प्रयोजन और प्रभाव से जुड़ा हुआ होता है।

गुणात्मक अनुसन्धान, मात्रात्मकता के स्थान पर व्यक्तिगत अनुभवों और विश्लेषण पर जोर देता है गुणात्मक शोध के निष्कर्ष में भाव एवं पक्ष को स्थान दिया जाता है। अनुसंधान की यह विधि कारण के विश्लेषण और सत्यापन से सम्बद्ध है।

गणनात्मक अनुसंधान (Quantitative Research)

समाजिक जीवन में बहुत सी घटनाएँ और तथ्य इस तरह के होते हैं जिनका प्रत्यक्ष रूप से अवलोकन करके उनकी गणना की जा सकती है। शाब्दिक रूप से Quantity अथवा परिणाम का अर्थ है मात्रा इस प्रकार के अनुसंधान में गणनात्मक मापन एवं सांख्यकीय विश्लेषण को अपनाया जाता है। तथ्यों के विश्लेषण में विभिन्न प्रकार की सांख्यकीय विधियों का प्रयोग किया जाता है जिससे अध्ययन में परिदर्शिता की मात्रा बढ़ जाती है। उदाहरणस्वरूप, सातवें वेतन आयोग के लागू हो जाने से विभिन्न वर्गों के वेतन में बढ़ोत्तरी का प्रतिशत क्या रहा? इस प्रकार के अनुसंधान में निर्देशन एवं अनुसंधान प्ररचना पर विशेष बल दिया जाता है।

गुणात्मक अनुसंधान (Qualitative Research)

सामाजिक घटनाओं के अध्ययन के लिए अनेक ऐसी पद्धतियों का भी उपयोग किया जाता है जो गुणात्मक विशेषताओं जैसे लोगों की मनोवृत्तियों तथा मानव व्यवहारों पर विभिन्न संस्थाओं और विश्वासों के प्रभाव को स्पष्ट कर सकें। जब अनुसंधान का उद्देश्य व्यक्तियों के गुणों का विश्लेषण करना हो, तो गुणात्मक अनुसंधान को अपनाया जाता है।

परिमाणात्मक अनुसन्धान और गुणात्मक अनुसन्धान में अंतर

परिमाणात्मक या मात्रात्मक अनुसन्धान	*गुणात्मक अनुसन्धान*
• मात्रात्मक अनुसन्धान मात्रात्मक या सांख्यकीय सूचनाओं पर आधारित होता है। यह सर्वेक्षण, स्ट्रक्चर्ड इंटरव्यु, ऑब्जरवेशन, रिकार्ड्स और रिपोर्ट्स के रिव्यू पर आधारित होता है।	• गुणात्मक अनुसन्धान फोकस ग्रुप, गहन साक्षात्कार, इंटरव्यू और डाक्यूमेंट्स के रिव्यू पर आधारित होता है।
• मात्रात्मक अनुसन्धान के अंतर्गत मुख्यतः डिडकटिव मेथड प्रक्रिया का प्रयोग किया जाता है। इसका उपयोग पूर्व निर्धारित या पूर्व स्थापित कांसेप्ट या कंस्ट्रक्ट, या हाइऋपोथिसिस के परिक्षण के लिए किया जाता है, जिससे स्पेसिफाइड थ्योरी सिद्धांतों का निर्माण होता है।	• गुणात्मक अनुसन्धान के अंतर्गत मुख्यतः इन्डकटिव मेथड प्रक्रिया का प्रयोग किया जाता है। इसका उपयोग थ्योरी और हाइपोथिसिस, सिद्धांतों और प्राक्कथन के निर्माण के लिए किया जाता है।
• मात्रात्मक अनुसन्धान ज़्यादातर ऑब्जेक्टिव (वस्तुनिष्ठ) होता है। यह किसी भी स्थिति या समस्या के स्पष्ट दिखने वाले प्रभाव या परिणाम का वर्णन होता है। इसके अंतर्गत शोध से सम्बद्ध समस्या या स्थिति के प्रभाव या परिणाम स्पष्ट दृष्टिगत होते हैं।	• गुणात्मक अनुसन्धान ज़्यादातर सब्जेक्टिव (विषयनिष्ठ) होता है। इसके अंतर्गत किसी समस्या या स्थिति का वर्णन करना, शोधकर्ता जो इन समस्याओं से सम्बद्ध हो, के दृष्टिकोण पर निर्भर करता है।
• मात्रात्मक अनुसन्धान संख्यात्मक संख्या आधारित होता है।	• गुणात्मक, अनुसन्धान गुणात्मक या वर्णनात्मक वर्णन आधारित होता है।
• मात्रात्मक अनुसन्धान में प्रयोग के सांख्यकीय परीक्षण (स्टैटिस्टिकल टेस्ट) और सांख्यकीय विश्लेषण की सम्भावना होती है।	• गुणात्मक अनुसन्धान में किसी भी सांख्यकीय परीक्षण की सम्भावना नहीं होती है।
• मात्रात्मक अनुसन्धान के अंतर्गत गहन या कम गहन परन्तु अधिकाधिक विषयों से सम्बंधित अधिक विस्तृत जानकारी प्राप्त होती है।	• गुणात्मक अनुसन्धान के अंतर्गत कुछ विषयों पर ज़्यादा विस्तृत जानकारी प्राप्त होती है।

• मात्रात्मक अनुसन्धान के अंतर्गत निश्चित प्रतिउत्तर का विकल्प होता है।	• गुणात्मक अनुसन्धान के अंतर्गत अनस्ट्रक्चर्ड और सेमी-स्ट्रक्चर्ड रिस्पांस के कारण उत्तर के विविध विकल्प होते हैं।
• मात्रात्मक अनुसन्धान के अंतर्गत शोध के परिणाम की वैधता और विश्वसनीयता प्रयुक्त तकनीक यंत्रों और मापक पर निर्भर करती है।	• गुणात्मक अनुसन्धान के अंतर्गत शोध के परिणाम की वैधता और विश्वसनीयता शोधकर्ता के प्रयास और परिश्रम पर निर्भर करती है।
• मात्रात्मक अनुसन्धान में परियोजना के स्तर पर अधिक समय की आवश्यकता होती है परन्तु विश्लेषण में कम समय की आवश्यकता होती है।	• गुणात्मका अनुसन्धान में परियोजना के स्तर पर कम समय की आवश्यकता होती है परन्तु विश्लेषण में अधिक समय की आवश्यकता होती है।
• मात्रात्मक अनुसन्धान में सामान्यीकरण की सम्भावना अधिक होती है।	• गुणात्मक अनुसन्धान में सामान्यीकरण की सम्भावना कम होती है।

गुणात्मक अनुसंधान का अर्थ (Meaning of Qualitative Research)

गुणात्मक अनुसन्धान गहनतापूर्वक किया जाने वाला एक ऐसा व्यस्थित प्रक्रियाओं वाला अनुसन्धान है जिसमें गुणात्मक प्रदत्त संकलन की विधियों का प्रयोग कर परिकल्पनात्मक निष्कर्षों को मात्रात्मक या गुणात्मक रूप में प्राप्त किया जाता है तथा जिसका सम्बन्ध वर्तमान गोचर से होता है।

गुणात्मक अनुसन्धान की विशेषतायें (Characteristics of Qualitative Research)

गुणात्मक अनुसन्धान के सम्बन्ध में उपरोक्त बातों से उसकी विशेषताओं को सरलता से जाना जा सकता है। प्रमुख विशेषतायें निम्न हैं:

1. गुणात्मक अनुसन्धान में आगमनात्मक (Inductive) उपागम का प्रयोग होता है।
2. इसमें शोधकर्ता या शोधकर्त्री की प्रमुख भूमिका होती है।
3. गुणात्मक अनुसंन्धान का केन्द्रबिन्दु विशिष्ट परिस्थिति, संस्थायें, समुदाय या मानव समूह होता है।
4. यह मात्रात्मक प्राप्ताकों, मापन तथा सांख्यिकीय विश्लेषण के स्थान पर निहित कारणों, व्याख्याओं और निहित अर्थों पर बल देता है।
5. यह संरचित उपकरणों के स्थान पर वैयक्तिक अनुभवों को ज़्यादा बल देता है।
6. यह कम घटनाओं या कम समूह या कम सदस्य संख्या पर आधारित होता है।
7. इसकी आधार सामग्रियों साक्षात्कार, प्रत्यक्ष प्रेक्षण तथा लिखित अभिलेख होते हैं।

8. इसमें संगठनात्मक प्रक्रियाओं का अध्ययन किया जाता है।
9. मात्रात्मक अनुसन्धान में जहाँ सार्वभौमिक सामान्यीकरण किया जाता है वहीं गुणात्मक अनुसन्धान विशिष्ट सन्दर्भ के साथ केन्द्रित रहता है।
10. गुणात्मक अनुसन्धान ज्ञान के विशिष्ट, सही या सत्य के मार्ग पर विश्वास नहीं करता, बल्कि परिस्थितिजन्य ज्ञान पर बल देता है।

गुणात्मक अनुसन्धान के उद्देश्य (Objectives of Qualitative Research)

गुणात्मक अनुसन्धान के उद्देश्यों को निम्न बिन्दुओं द्वारा समझा जा सकता है:

1. अभिवृत्ति, पूर्वाग्रह, पसंद, संगठनात्मक वातावरण आदि जैसे विस्तृत अर्थ वाले पदों के लिए गहन समझ विकसित करना।
2. ऐसे सन्दर्भों (Context) को समझना जिसमें कुछ व्यवहार अभिव्यक्त होते हैं या कुछ घटनायें घटित होती हैं।
3. एक प्रत्याशित घटना की पहचान करना।
4. किसी प्रक्रिया का समझना।
5. निमितीय (causal) व्याख्या विकसित करना।
6. विशिष्ट प्रकार के व्यवहार या विशिष्ट घटना को बढ़ाने वाले जिम्मेदार कारकों को जानने के लिये गहन अध्ययन करना।
7. किसी घटना या व्यवहार के लिये जिम्मेदार विभिन्न कारकों के मध्य के अन्त-सम्बन्धों का अध्ययन करना।

गुणात्मक अनुसन्धान के प्रसंग (Themes of the Qualitative Research)

गुर्णात्मक अनुसन्धान के प्रसंगों को पैटन (Patton) ने दस प्रसंगों के रूप में इंगित किया है। पैटन द्वारा बताये गये प्रसंग निम्नवत हैं:

1. नैसर्गिक अध्ययन (Naturalistic Inquiry): अर्थात पूर्व निर्धारित नियमों के आधार पर प्राप्त निष्कर्षों के बिना, बिना किसी नियन्त्रण या बाधा के बिना किसी हस्तक्षेप के वास्तविक सांसारिक परिस्थितियों में अनसुलझी प्रकृतिजन्य परिस्थितियों में अध्ययन।

2. आगमनात्मक विश्लेषण (Inductive Analysis): अर्थात सैद्धान्तिक आधार पर परिकल्पनाओं के निर्माण एवं जांच के स्थान पर खोज के लिये प्राप्त विस्तृत तथा विशिष्ट प्रदतों के महत्वपूर्ण वर्गों, विभागों तथा अन्तःसम्बन्धों को समझना।

3. समग्र परिप्रेक्ष्य (Holistic Perspective): अर्थात किसी घटना के अंशों या विवृत चरों के रेखीय या कार्य-कारण सम्बन्धों के स्थान पर अध्ययन विषय की सम्पूर्ण घटना (Whole phenomenon) को जटिल व्यवस्था के रूप में अध्ययन।

4. गुणात्मक प्रदत्त (Qualitative Data): अर्थात मानव के वैयक्तिक लेखों, अनुभवों, प्रत्यक्ष भाषणों, व्याख्याओं आदि का विस्तृत एवं गहन अध्ययन।

5. व्यक्तिगत सम्पर्क एवं अन्तर्दृष्टि (Personal contact and Insight): अर्थात शोधार्थी व्यक्तियों या घटनाओं के प्रत्यक्ष सम्पर्क में रहकर वैयक्तिक अनुभव एवं अन्तर्दृष्टि के आधार पर व्यक्तियों के व्यवहारों या घटना के प्रति समझ विकसित करता है।

6. अभिकल्पगत लचीलापन (Design Flexibility): अर्थात शोधार्थी के लिए शोध अभिकल्प का चुनाव करने में नम्यता रहती है। वह परिस्थिति के अनुसार अभिकल्पों का निर्माण एवं उनमें परिवर्तन कर सकता है।

7. तदनुभूतिजन्य तटस्थता (Empathic Neutrality): विषयवस्तु की आवश्यकतानुरूप शोधार्थी अपने व्यैक्तिक अनुभव एवं अन्तर्दृष्टि का प्रयोग अध्ययन में करता है। परन्तु वह व्यैक्तिक पूर्वाग्रहों या पूर्व निर्धारित धारणाओं को उससे अलग रखते हुए घटना का वस्तुनिष्ठ अध्ययन करता है:

8. सन्दर्भगत सूक्ष्मग्राहिता (Context Sensitivity): अर्थात् शोधार्थी स्थान एवं समय की दृष्टि से घटना या परिस्थितियों के सामाजिक, ऐतिहासिक एवं सांस्कृतिक पृष्ठभूमि के प्रति संवेदनशील होता है।

9. विशिष्ट व्याष्टि अभिमुखीकरण (Unique case Orientation): अर्थात् शोधार्थी व्यक्तिगत अध्ययन से शोध की तुलना कर प्रत्येक व्यक्ति को विशिष्ट तथा अद्वितीय मानता है।

10. गतिशील व्यवस्थायें (Dynamic System) अर्थात शोधार्थी प्रक्रिया के प्रति सावधान रहता है तथा सम्पूर्ण संस्कृति या एक व्यक्ति पर केन्द्रित रहते हुए परिवर्तनों को स्थिर मानकर कार्य करता है।

शैक्षिक क्षेत्र में गुणात्मक अनुसन्धान के शोध विषयक उदाहरण–

शिक्षा-क्षेत्र में गुणात्मक अनुसन्धान के शोध विषयों के कुछ उदाहरण निम्न प्रकार के हो सकते हैं:

1. मध्यान्ह भोजन योजना कैसी चल रही है?
2. शैक्षिक नीतियों को प्रभावित करने के लिये शिक्षक संगठन क्या युक्तियाँ प्रयोग में लाते हैं?
3. शैक्षिक गुणवत्ता उन्नयन की दृष्टि से शिक्षक-अभिभावक सहयोग को कैसे बढ़ाया जा सकता है?
4. विद्यालयों के प्रधानाचार्य किन कार्यों में अपना समय अधिक व्यतीत करते हैं?
5. शिक्षक परीक्षाओं के बारे में क्या सोचते हैं?
6. प्रधानाचार्यों की भूमिका के विषय में शिक्षक वर्ग क्या धारणायें रखते हैं?
7. प्राथमिक विद्यालय के शिक्षक अध्ययन-अध्यापन को प्रभावी बनाने के लिये क्या प्रयास करते हैं? आदि।

11

क्रियात्मक अनुसंधान
(Action Research)

महत्व तथा परिभाषा (Definition and Importance)

आज के युग में अनुसन्धान किसी प्रकार का रहस्य नहीं है। प्रत्येक क्षेत्र में विकास के लिए इच्छुक कार्यकर्ता अनवरत तथा अथक परिश्रम, लगन और धैर्य से अनुसंधानों में लगे हैं। इस प्रभाव से शिक्षा का क्षेत्र अछूता नहीं रहा है। शिक्षा के विभिन्न क्षेत्रों तथा स्तरों पर अनुसंधान कार्य चल रहा है। जैसा पहले कहा जा चुका है, शिक्षा के क्षेत्र में भी अन्य क्षेत्रों की भांति भारतवर्ष उन्नत देशों से कहीं पीछे है। यदि हम शिक्षा के स्तर की आलोचनाओं को तनिक भी तथ्यात्मक मान लें तो कहना पड़ेगा कि हमारा स्तर निरंतर गिरता चला जा रहा है। ऐसी दशा में अनुसंधान के महत्व को आंकना बहुत कठिन कार्य नहीं है।

क्रियात्मक अनुसंधान (Action Research) बीसवीं सदी की अमरीकी देन है। अनुसंधान की इस विधि का भारतीय इतिहास 70 वर्ष से भी कम पुराना है। इतने विशाल राष्ट्र में इसका प्रचार इतनी शीघ्रता से हो पाए कि भारत के कोने-कोने में शिक्षा के क्षेत्र में काम करने वाले इसे अपना लें, यह अपने में असाधारण बात होगी।

इस प्रणाली के अमरीकी शिक्षाविद स्टीफेन एम. कोरे 1960 के दशक में दिल्ली में थे। अपने भारत प्रवास के दौरान यह भारतीय शिक्षकों को बहुत कुछ बता गए। प्रस्तुत अध्याय उनके लेखन के आधार पर ही तैयार किया गया है।

हम जितने प्रकार के अनुसंधानों का पहले वर्णन कर आए हैं, उनसे क्रियात्मक अनुसंधान केवल कुछ ही बातों को लेकर अपने अलग व्यक्तित्व की घोषणा कर सकता है। हमारी कक्षा में नित्यप्रति के कार्यों में प्रभावोत्पादकता उत्पन्न करना तथा शिक्षण पद्धति में सुधार लाना क्रियात्मक अनुसंधान का मुख्य उद्देश्य यही है। वह हमारे सामान्य शिक्षणकाल में उत्पन्न कठिनाइयों को हल करने का एक तरीका है। कोई अध्यापक अपने कक्षा की किसी कठिनाई को दूर करने के लिए यदि उसी कक्षा तक सीमित अनुसंधान का कोई विषय चुन ले और हमारे पहले वर्णित सभी चरणों को अपनाकर किसी परिणाम पर पहुँच जाए जिससे उसकी कठिनाई दूर हो जाए या उसके दूर होने में उसकी खोजें सहायक सिद्ध हों तो वह क्रियात्मक अनुसंधान होगा। यह परिभाषा अपने आप में काफी व्यापक है, इसलिए इसके बारे में कुछ विस्तार से कहना चाहेंगे।

अन्य प्रकार के अनुसंधानों की भांति क्रियात्मक अनुसंधान कोई भी अध्यापक, प्राचार्य या शिक्षा का अधिकारी कर सकता है। अंतर केवल इतना है कि कक्षा या उसके बाहर आ रहे दैनिक व्यवधानों को उचित हल देने के लिए यह अनुसंधान किया जाता है। इसका उपयोग उसी व्यवधान को दूर करने मात्र के लिए किया जाता है। उसके पश्चात उस अनुसंधान का अपना महत्व समाप्त हो जाता है। इस अनुसंधान का क्षेत्र बड़ा ही सीमित रहता है। क्रियात्मक अनुसंधान एक कक्षा या मात्र कुछ छात्रों पर किसी प्रकार की उपाधि के लिए किया गया अनुसंधान नहीं, यह तो केवल किसी विशिष्ट कठिनाई को दूर करने के लिए किया जाता है।

अनुसंधान के पदों (Steps) या प्रणाली का जहां तक संबंध है, इसमें किसी प्रकार की कोई नवीनता नहीं। विषय-चयन, उसके क्षेत्र का निर्धारण, उपकल्पना की स्थापना, सामग्री को एकत्र करके उसको उचित अर्थ देना तथा परिणाम निकालना आदि यहां भी अन्य अनुसंधानों जैसे ही है। कहना न होगा कि क्रियात्मक अनुसंधान में भी वैयक्तिक पसंदों तथा पूर्वाग्रहों को कोई स्थान नहीं दिया जाता तथा सदैव एक वैज्ञानिक दृष्टिकोण अपनाया जाता है। अंतर केवल इतना है कि सामग्री का एकत्रीकरण सीमित क्षेत्र से किया जाता है और उसका सामान्यीकरण प्रत्येक परिस्थिति में लागू नहीं हो सकता। संक्षेप में, क्रियात्मक अनुसंधान के महत्व को इस प्रकार वर्णित किया जा सकता है:

आज के जनतंत्र के युग में तथा परिवर्तनशील समय में कुछ लोग ही सब कुछ नहीं कर सकते। इसलिए अनुसंधानों का केवल कुछ ही व्यक्तियों द्वारा किसी घिसी-पिटी प्रणाली पर करना बहुत लाभदायक सिद्ध नहीं हो सकता। शिक्षा एक ऐसा विषय है जिस पर अनंत प्रभाव पड़ते हैं, इसलिए किसी भी स्थान की समस्याएं दूसरे स्थान से सदैव ही भिन्न होंगी। कम से कम उनका व्यावहारिक पक्ष अवश्य कुछ भिन्न ही रहेगा। इसलिए क्रियात्मक अनुसंधान देश, स्थान, काल तथा विशिष्ट छात्रगत विशेषताओं को ध्यान में रखते हुए महत्वपूर्ण योग दे सकता है। इस प्रकार न केवल जनतंत्र की, वरन् परिवर्तनशील संसार की आवश्यकताओं को देखते हुए यह बड़ी ही महत्वपूर्ण अनुसंधान प्रणाली है।

विद्यालय, कक्षा तथा छात्रों की सर्वतोमुखी उन्नति के लिए क्रियात्मक अनुसंधान एक अच्छी विधि है जिसके द्वारा इन सबकी अनेक समस्याओं के समाधान किए जा सकते हैं। यह महत्व किसी प्रकार भी साधारण नहीं। किसी विद्यालय विशेष के संगठन में अन्य विद्यालयों के नियम आदि लागू नहीं होते तो क्रियात्मक अनुसंधान उसमें सहायक सिद्ध हो सकता है। उदाहरणार्थ, एक गंदी बस्ती में निर्धन तथा पिछड़े हुए लोगों के बीच वाले स्कूल की समस्याएं उसी नगर के अन्य विशेष रूप से संपन्न परिवारों वाले क्षेत्र के विद्यालय की समस्याओं से भिन्न होंगी। निश्चय ही जब एक नगर में ऐसी भिन्नता संभव है तो भारत जैसे राष्ट्र के अनंत विद्यालयों की समस्याओं का तो कहना ही क्या। अपने-अपने स्थान पर मूल समस्याओं को देखने का ढंग, प्रत्येक आचार्य, अध्यापक तथा निरीक्षक में जागृत होना चाहिए और यह कार्य क्रियात्मक अनुसंधान भलीभांति कर सकता है।

अन्य प्रकार के अनुसंधानों से भिन्नता (Difference from Other Researches)

इस प्रणाली में किसी प्रकार की भिन्नता न होने के कारण क्रिया अनुसंधान को अन्य अनसंधानों से भिन्न व्यक्तित्व दे पाना सरल कार्य नहीं। पाठकों की सुविधा के लिए हम भिन्नता स्थापित करने की चेष्टा करेंगे:

1. परम्परागत तथा क्रियात्मक अनुसंधान (Basic or Fundamental Research): हमारा परम्परागत अनुसंधान से अभिप्राय उन अनुसंधानों से है जिन्हें अपने क्षेत्र के विशेषज्ञ सैद्धांतिक या व्यावहारिक कार्य-कारणों के संबंध, इतिहास या अन्य प्रकार की जानकारी के लिए किया करते हैं और जिन्हें पीएच. डी. या डी. लिट. के लिए किसी विश्वविद्यालय में प्रस्तुत करते हैं। ज्ञानार्जन और चरम सत्य की खोज इस अनुसंधान के प्रमुख उद्देश्य होते हैं। किंतु क्रियात्मक अनुसंधान के लिए किसी विशेष प्रकार की योग्यता या विस्तार से खोज करने की आवश्यकता नहीं। इसका उद्देश्य तो विद्यालय की गतिविधियों में सुधार तथा प्रगति लाना मात्र है। फिर जबकि परंपरागत अनुसंधान का उपभोग सीमित रहता है। इसका कारण भी स्पष्ट ही है, जबकि परंपरागत अनुसंधान का न्यादर्श (Sample) वृहद होता है, क्रियात्मक अनुसंधान का सीमित। इसलिए दोनों के सामान्यीकरण भिन्न हो सकते हैं, कम से कम माना यही जाता है। फिर परंपरागत अनुसंधान का कर्ता अपने अनुसंधान का उपयोग कर स्वयं अपनी कार्यविधि पर प्रभाव नहीं डाल सकता। किंतु यह क्रियात्मक अनुसंधान के कर्ता के संबंध में सत्य नहीं है।

2. चालन अनुसंधान तथा क्रियात्मक अनुसंधान (Operational Research and Action Research): चालन अनुसंधान (Operational Research) की परिभाषा इस प्रकार की गई है:

किसी भी जीवित प्रणाली को नियंत्रित करने के लिए यह तथ्य ज्ञात करने का एक तरीका है। किसी भी प्रणाली से संबद्ध उसके नियंत्रण के लिए तथ्यों का ज्ञान करना चालन अनुसंधान होगा। वैसे इस परिभाषा के अंतर्गत क्रियात्मक अनुसंधान भी आ जाएगा, क्योंकि शिक्षा प्रणाली के व्यावहारिक स्वरूप से संबंधित जानकारी प्राप्त करना इस परिभाषा के बाहर नहीं है। किंतु आगे लिखे कारणों की पृष्ठभूमि में यह अंतर अधिक स्पष्ट हो जाना चाहिए।

चालन अनुसंधान का उद्देश्य यह पता करना होता है कि सारी परिस्थितियों, नियमों और सीमाओं को देखते हुए किस प्रकार वह प्रणाली अपने निर्धारित उद्देश्य प्राप्त कर सकती है।

चालन अनुसंधान का उद्देश्य यह ज्ञात करना है कि निर्धारित सीमाओं, नियमों तथा अवस्थाओं में प्रणाली-विशेष कैसे अच्छी प्रकार कार्य कर सकती है जिनके लिए उसे जन्म दिया गया था। फिर इस प्रणाली में अनुसंधान के उद्देश्यों की स्पष्ट पूर्वघोषणा कर दी जाती है और अनित्य कारणों (Variables) का पता लगाने के पश्चात उसे संख्यात्मक रूप में रखा जाता है। अनित्यों के पारस्परिक संबंधों की खोज भी इस अनुसंधान में की जाती है।

इस पृष्ठभूमि में पाठकों को स्पष्ट हो गया होगा कि चालन अनुसंधान किन अर्थों में क्रियात्मक अनुसंधानों से भिन्न है। क्रियात्मक अनुसंधान का प्रमुख उद्देश्य

किसी प्रणाली को भलीभांति करने के सिद्धान्तों को ज्ञात करना नहीं है और न अनित्यों के पारस्परिक संबंधों को ज्ञात करना ही है। वह तो किसी कक्षा या विद्यालय के विशेष कार्य में रुचि है जिसका किसी समस्या के समाधान के लिए उपयोग किया जाता है।

3. क्रियात्मक कार्यक्रम तथा क्रियात्मक अनुसंधान (Action Programme and Action Research): किसी कार्यक्रम योजना और क्रियात्मक अनुसंधान में एक मूल अंतर है। अनुसंधान में वैज्ञानिक विधि का प्रयोग होता है तथा अनुसंधान के सभी चरण प्रयुक्त होते हैं। कार्यक्रम में ऐसा नहीं होता विद्यालय या कक्षा की किसी विधि का सुधार या उन्नति कार्यक्रम का विषय भी हो सकता है किंतु चूंकि उसमें वैज्ञानिक विधि या अनुसंधान के चरणों का प्रयोग नहीं होगा, इसलिए विद्यालय की उन्नति कार्यक्रम का उद्देश्य होते हुए भी उसे अनुसंधान की संज्ञा से अभिहित नहीं किया जा सकता। फिर कार्यक्रम तथा अनुसंधान की योजनाएं भिन्न होंगी। अनुसंधान की व्यवस्था, योजना, कार्यविधि तथा सामान्यीकरण आदि पद कार्यक्रम से बिलकुल भिन्न होंगे। अनुसंधान के परिणामों को उपयोग में लाया जाएगा, वह परिणाम जिन्हें हमने वैज्ञानिक विधियों के प्रयोग करने के पश्चात प्राप्त किया है। किंतु कार्यक्रम में परिणाम ज्ञात नहीं करने होते, वहां तो यह पूर्व निश्चित है कि अमुक विधि के प्रयोग से किसी विशिष्ट सुधार की अपेक्षा की जा सकती है, इसलिए उस विधि या प्रणाली का उपयोग होना उचित है।

क्या क्रियात्मक अनुसंधान वास्तव में अनुसंधान है? (Is Action Research Really a Research?)

क्रियात्मक अनुसंधान को वास्तव में अनुसंधान न मानने वालों की संख्या काफी है। ऐसे व्यक्तियों का कथन है कि वैज्ञानिक विधियों का पूर्ण तथा पर्याप्त उपयोग क्रियात्मक अनुसंधान में नहीं किया जाता। सीमित न्यादर्श, कक्षा-विशेष आदि वे कारण हैं जिनके आधार पर क्रियात्मक अनुसंधान को वास्तविक (Real) अनुसंधान कहना उचित नहीं होगा। क्रियात्मक अनुसंधान के आलोचकों का कथन है कि क्रियात्मक अनुसंधान अनावश्यक रूप से अपने उद्देश्यों को संकुचित कर देते हैं, फलस्वरूप वैज्ञानिक समस्याएं और सतही समस्याओं का अंतर धूमिल पड़ जाता है और जो व्यावहारिक मूल्यों के कारण अनुसंधान करते हैं वह सतही समस्याओं में ही उलझ कर रह जाते हैं। ऐसे आलोचकों का कथन है कि जो अच्छे अनुसंधाता हो सकते थे, वे बेचारे व्यावहारिक कार्यों में ही लगे रह जाते हैं और बहुमूल्य अनुसंधान नहीं कर पाते। क्रियात्मक अनुसंधाता इस झूठे विश्वास में रहता है कि वह उचित कार्य कर रहा है तथा उसके उपकरण पूर्ण हैं। कहना न होगा कि इस प्रकार छात्रों में क्रियात्मक अनुसंधान के प्रति अनास्था पैदा होती है।

वस्तुस्थिति यह है कि यह परम्परागत अनुसंधाताओं तथा पेशेवर, उच्च स्थानापन्न अनुसंधाताओं द्वारा की गई आलोचना है, इसलिए क्रियात्मक अनुसंधाताओं की ओर से यह कहा जाता है कि इन आलोचनाओं का विशेष महत्व नहीं। कुछ लोग यह भी कहते हैं कि यह प्रश्न कि 'क्या क्रियात्मक अनुसंधान वास्तविक (Real) अनुसंधान है' अर्थहीन तथा अनुपयोगी है। वास्तव में हमें केवल

यह देखना तथा निर्धारित करना है कि अनुसंधान कब प्रारंभ होता है और उसकी क्या विशेषताएं होती हैं तथा क्रियात्मक अनुसंधान में अनुसंधान की कौन सी अवस्थाएं मिलती-जुलती हैं।

क्रियात्मक अनुसंधान तथा समस्या समाधान विधि (Action Research and Problem Solving Method)

डीवी के अनुसार इन दोनों में कम ही अंतर है। प्रत्येक समस्या के समाधान में हम अनुसंधान के पदों का उपयोग करते हैं। यह अलग बात है कि हम उस उपयोग के विषय में चेतन नहीं रहते हैं। यदि चेतन हों, और जानते हों, और जानते हुए समस्या समाधान विधि का विधिवत उपयोग करें तो हमें कहना पड़ेगा कि अनुसंधान हो रहा है। किन्तु यदि सब अनजाने में हुआ है तो यह कहा जा सकता है कि उत्तर केवल सहज बुद्धि से प्राप्त किया हुआ है। वह समाधान भी सदैव व्यर्थ नहीं होता। फिर चूंकि क्रियात्मक अनुसंधान में जान-बूझकर हम वैज्ञानिक विधियों का उपयोग करते हैं, इसलिए उसे वास्तविक अनुसंधान कहा जा सकता है।

वैसे तो क्रियात्मक अनुसंधान के भी अनेक प्रकार हैं किन्तु हमें इतने विस्तार में जाने की आवश्यकता नहीं।

क्रियात्मक अनुसंधान की प्रणाली (Process of Action Research)

हम ऊपर कई बार संकेत कर चुके हैं कि इस अनुसंधान की प्रणाली परंपरागत अनुसंधान की प्रणाली से भिन्न नहीं। उचित होगा कि क्रियात्मक अनुसंधान की प्रणाली का वर्णन इस प्रणाली के प्रणेता स्टीफेन एम. कोरे के अनुसार किया जाए। उनके अनुसार इस प्रणाली के 6 पद हैं:

1. समस्या-क्षेत्र का ज्ञान,
2. समस्या का चयन तथा उसका वर्णन,
3. उपकल्पना की स्थापना,
4. कार्य या प्रयोग का सावधानी से लिखना,
5. सामान्यीकरण,
6. परिणामों का बार-बार परीक्षण।

वस्तुतः इस प्रणाली में कोई मौलिकता नहीं है। यह केवल परंपरागत अनुसंधान की प्रणाली का ही दूसरे शब्दों में वर्णन हैं किंतु चूंकि क्रियात्मक अनुसंधान की परीक्षा, समाधानों आदि से संबंध है, इसलिए उसके क्रियात्मक पक्ष पर अधिक बल दिया जाता है। इसमें विश्लेषणात्मक पद्धति को अधिक मान्यता दी जाती है।

कहीं-कहीं क्रियात्मक अनुसंधान के निम्नलिखित 8 पद बताए गए हैं:

1. वर्तमान से असंतोष या वर्तमान में हो रहे किसी भी कार्य में त्रुटि दिखाई पड़ना, अर्थात परिवर्तन की आवश्यकता का अनुभव करना।
2. समस्या-क्षेत्र का चुनाव अर्थात यह पता लगाना कि समस्या-क्षेत्र कौन सा है। उदाहरणार्थ, यदि छात्र किसी कक्षा में अधिक शोर मचाते हैं तो

उसका कारण अनुशासनहीनता या विषय की अरुचि है या स्कूल की अपनी किसी अन्य व्यवस्था का परिणाम आदि हैं।

3. समस्या का विशेष चुनाव। छात्रों की रुचि तथा शोर में संबंध।
4. उपकल्पना की स्थापना तथा उसका मानसिक परीक्षण।
5. उपकल्पना का चुनाव।
6. उपकल्पना के प्रयोग की रूपरेखा तैयार करना।
7. प्रभावों का मूल्यांकन।
8. सामान्यीकरण।

भारतीय परिस्थितियां और क्रियात्मक अनुसंधान (Indian Scenario and Action Research)

भारतीय शिक्षा एक संक्रांति काल से होकर गुज़र रही है। वैसे तो संक्रांतिकाल सदैव ही रहता है किन्तु इतनी शीघ्रता से परिस्थितियों में व्यापक परिवर्तन होते नहीं देखे गए हैं। इसमें तनिक भी संदेह नहीं कि हमारी शिक्षा प्रणाली में सुधार अपेक्षित है, उसे आधुनिक बनाना है और उसके लिए साधन जुटाने होंगे। किंतु उससे पूर्व हमारे अध्यापकों, प्राचार्यों तथा निरीक्षकों के दृष्टिकोणों को बदलना चाहिए। उन्हें चाहिए कि वे यह स्मरण रखें कि परिवर्तन जीवन का क्रम है और परिवर्तनों को लाने के लिए कानून पारित नहीं हुआ करते। विशेष रूप से जनतांत्रिक वातावरण में परिवर्तन लाने के लिए प्रायः सभी लोगों को थोड़ा-बहुत योग देना पड़ता है। इसलिए यदि हम और कुछ नहीं कर सकते तो अपनी समस्याओं की वैज्ञानिक दृष्टिकोण से देखें तो कह सकते हैं और क्रियात्मक अनुसंधानों को समस्याओं के समाधान के लिए पद्धति रूप में अपना तो सकते हैं।

धिसी-पिटी बातें

अध्यापक की व्यस्तता, कम वेतन, समय का अभाव, प्राचार्यों का प्रोत्साहनविहीन दृष्टिकोण आदि कारण बताना मात्र आज पर्याप्त नहीं है। हमें इन परिस्थितियों से ऊपर उठकर कार्य करना है। यदि अध्यापक अपने पेशे को ईमानदारी से लेंगे तो कोई कारण नहीं कि समाज उनके प्रति अपना दृष्टिकोण न बदल दे।

एक उदाहरण

समस्या-क्षेत्र

कक्षा 9 के हस्तलेख में सुधार (छात्रों के हस्तलेख में खराबी होने के कारण उनके दसवें की परीक्षा पर उल्टा प्रभाव पड़ने की आशंका है।)

समस्याः

(1) कक्ष 9 के छात्रों को हिंदी के हस्तलेख में पर्याप्त सुधार की आवश्यकता।
(2) सुलेख तथा अच्छी गति से लिखना सीखने में सहायता करना।

उपकल्पनाएंः

(1) प्रारंभ में सुलेख का ज्ञान कराया जाना।

(2) अभ्यास की कमी।
(3) पेंसिल या पेन से लिखना।
(4) परीक्षा में सुलेख को महत्व न दिया जाना।
(5) गति के लिए सुलेख को खो बैठना
(6) खराब कागज़ का उपयोग करना।

उपकल्पना के प्रयोग की रूपरेखा:

(1) कक्षा में अध्यापक द्वारा सुलेख के महत्व पर भाषण,
(2) छात्रों से सुलेख के संबंध में वाद-विवाद प्रतियोगिता आयोजित करना,
(3) कक्षा में 4 सप्ताह तक 15 मिनट प्रतिदिन के हिसाब से अभ्यास करवाना,
(4) अन्य कक्षा के सुलेख वाले छात्रों की कापियां लाकर उनकी कक्षा 9 में प्रशंसा करना,
(5) पेंसिल और पेन का प्रयोग निषिद्ध कर देना।

मूल्यांकन:

इस प्रयोग से छात्रों के पहले के हस्तलेख से अब के हस्तलेख की तुलना करना।

सामान्यीकरण:

कारणों के संबंध में टिप्पणीस्वरूप एक लेख लिखना।

क्रियात्मक अनुसंधान की योजना को लिखने का एक और तरीका नीचे दिया जा रहा है।

क्रियात्मक अनुसंधान की योजना

समस्या: छात्रों के सुलेख में सुधार

संभावित कारण	*निराकरण*	*क्रम*
1. प्रारंभ में सुलेख का ज्ञान न कराया जाए	(1) सुलेख का ज्ञान कराया जाए (2) आदर्श सुलेख का अनुकरण (3) अध्यापक द्वारा आदर्श सुलेख कक्षा में लिखते रहना	1
2. अभ्यास की कमी	(1) छात्रों को निरंतर अभ्यास कराया जाए	3
3. पेंसिल या पेन से लिखना	(1) इनका प्रयोग वर्जित हो	2
4. परीक्षा में सुलेख को महत्व न दिया जाना	(1) सुलेख के अंक नियत हों	5
	(2) परीक्षा में लंबे उत्तर वाले प्रश्न रखे जाएं	
5. गति के लिए सुलेख को खो बैठना	(1) परीक्षा प्रणाली में सुधार	4
6. खराब कागज का उपयोग करना	(1) कागज अच्छा उपयोग में लाया जा सकता है।	6
7. मूल्यांकन		
8. टिप्पणी तथा सामान्यीकरण।		

12

सामग्री की व्याख्या और विश्लेषण
(Explanation and Analysis of Data)

आर. एम. हचिंस का कथन है:

> विश्वविद्यालय में उस अनुसंधान के लिए कोई स्थान नहीं है जो केवल सामग्री एकत्र करने के लिए किया जाए। विश्वविद्यालय में अनुसंधान विकास, विस्तार तथा सिद्धांतों के शुद्धिकरण के लिए उच्चतम कोटि का कार्य है। इसमें सामग्री का एकत्र करना तथा उसका प्रयोगात्मक स्वरूप ही महत्वपूर्ण होता है।

उद्देश्यः 'क' एक अन्वेषणकर्ता हैं। वे यह जानना चाहते हैं कि विद्यार्थियों की अपने शिक्षक के प्रति क्या मनोवृत्तियां हैं। इस अध्ययन के द्वारा वह यह ज्ञात करना चाहते हैं कि सामाजिक, आर्थिक स्थिति, आयु, लिंग, जाति, बुद्धि आदि विभिन्न अनित्यों (Variables) का उपयुक्त मनोवृत्तियों के निर्माण में कितना योगदान है। प्रश्नोतर विधि द्वारा उन्होंने सभी आवश्यक सूचनाएं भी एकत्र कर ली हैं। परंतु सूचनाएं इतनी असंबद्ध एवं बिखरी हुई थीं कि वह समस्या के किसी भी प्रश्न का उत्तर देने में असमर्थ थी। अब प्रश्न यह है कि 'क' इतने परिश्रम और निष्ठा से एकत्र की गई सामग्री का किस प्रकार उपयोग करें, ताकि वह उचित निष्कर्ष प्राप्त कर सकें।

वर्तमान अध्याय का उद्देश्य 'क' को उचित निष्कर्षों तक पहुँचा सकने में सहायता देना हैं। वास्तव में जो कठिनाई 'क' के समक्ष आती है वैसी ही कठिनाई प्रत्येक स्नातकोतर शोधार्थी के समक्ष आती है। अन्वेषण में सामग्री एकत्रीकरण का महत्वपूर्ण स्थान है। पर इससे भी अधिक महत्वपूर्ण कार्य इस सामग्री (Data) को अर्थजन्य बनाना है। सामग्री की अर्थजन्यता (Meaningfullness) मुख्य रूप से विश्लेषण और व्यवस्था पर निर्भर करती है।

व्याख्या (Explanation)

सामान्य रूप से व्याख्या वह मानसिक प्रक्रिया है जिसके द्वारा अन्वेषक, अपने अन्वेषण के उद्देश्यों को ध्यानगत कर प्राप्त सामग्री का सत्य एवं निष्पक्ष अर्थ प्रस्तुत करता है। वह सामग्री की वास्तविक महत्ता के विषय में समुचित प्रकाश

डालता है। व्याख्या के द्वारा ही प्राप्त निष्कर्षों को शिक्षा एवं मनोविज्ञान का अभिन्न अंग बनाया जा सकता है। भूतकालीन अध्ययनों का वर्तमान निष्कर्षों से तुलनात्मक अध्ययन किया जा सकता है। अध्ययनकर्ता प्रयास करता है कि कहाँ तक वर्तमान अनुभव भूतकालीन ज्ञान को प्रभावित करते हैं। प्राप्त निष्कर्षों का भावी अध्ययन पर क्या प्रभाव पड़ने की संभावना है? यदि निष्कर्ष सकारात्मक है तो क्या है? इस नकारात्मकता से विगत अध्ययनों पर क्या प्रभाव पड़ेगा? अन्वेषक अपने निष्कर्षों को उनकी महत्ता के अनुसार वर्गीकृत करता है। पुनः प्रत्येक का अन्वेषण विकास में क्या योग है, स्पष्ट करता है।

व्याख्या की त्रुटियां

सांख्यिकी की विधियों का समुचित प्रयोग न कर सकने के कारण प्रायः अन्वेषक त्रुटिपूर्ण निष्कर्ष निकाल लेते हैं। ऐसी त्रुटियां तब भी हो जाती हैं, जबकि इस बात का ध्यान नहीं रखा जाता कि सांख्यिकी की अपनी सीमाएं भी हैं। सीमाएं विशेषकर निम्नलिखित हैं:

1. *सामग्री (Data):* यह संख्यात्मक होनी चाहिए, गुणात्मक नहीं। ऐसी समस्याओं का सीधे सांख्यिकी द्वारा निराकरण नहीं किया जा सकता जिनमें विशेषताओं की माप संख्याओं में न हो। निर्धनता, बुद्धि, दो वर्गों की संस्कृति की तुलना सांख्यिकी द्वारा संभव नहीं, जब तक कि सामग्री (Data) संख्यात्मक रूप में न हों। हां, दो या अधिक गुण किसी वर्ग में एक-दूसरे से संबंधित है या नहीं, इसका हल अवश्य बिना उसकी माप के आंकड़ों में भी मिल सकता है, यदि हमें उनकी आवृत्ति का ज्ञान हो। इसका वर्णन 'कंटिजेंसी टेबल्स' के अन्तर्गत दिया जाएगा।

2. *औसत का दुरुपयोग (Misuse of Average):* प्रायः औसत संख्या द्वारा ही किसी सामग्री (Data) के बारे में संपूर्ण जानकारी देने का प्रयत्न किया जाता है। किंतु ऐसा अनुचित है, क्योंकि औसत की भी सीमाएं होती हैं। यदि किसी कक्षा में सौ विद्यार्थियों के पिताओं की औसत आय 40000 रु. प्रतिमास है तो यह निष्कर्ष अनुचित होगा कि उनके परिवार आर्थिक दृष्टि से संपन्न हैं, क्योंकि ऐसा हो सकता है कि अधिकांश परिवारों की आय 1000 रु. प्रति मास से भी कम है और दो-एक ऐसे विद्यार्थी हों जिनके यहां की आय 20000 रु. या इससे भी अधिक प्रतिमास है। अतः औसत से त्रुटिपूर्ण निष्कर्ष की संभावना रहती है, यदि हम उसकी सीमाओं को ध्यान में नहीं रखते।

3. *निदर्शन पद्धति (Sampling Method) में दोष:* किसी भी समुदाय के प्रत्येक व्यक्ति की सामग्री (Data) एकत्रित करना प्रायः संभव नहीं होता। उसमें समय एवं धन का अनावश्यक अपव्यय होता है। अतः सैंपल लेकर उसकी सामग्री एकत्र करना ही सुलभ होता है। सांख्यिकी के सिद्धांतों के आधार पर पूरी जनसंख्या के बारे में उसी के आधार पर निष्कर्ष निकाला जाता है। किंतु अन्वेषक को यह ध्यान में रखना चाहिए कि निदर्शन विधि (सैंपलिंग तकनीक) वैज्ञानिक ढंग की व दोषरहित हो। प्रायः दैव निदर्शन (Random Sampling) का

प्रयोग होता है। उसके लिए आवश्यक है कि सैंपल के लिए जिन व्यक्तियों का चुनाव किया जाता है व जो सामग्री ली जाती है, वह भ्रामक न हो। इसके अतिरिक्त यह बात भी ध्यान में रखने की है कि जनसंख्या के संबंध में जो भी परिणाम सैंपल के आधार पर निकाले जाते हैं उसमें कुछ भूलों का होना अवश्यंभावी है। किंतु सांख्यिकी के सिद्धांत उस भूल की मात्रा का बहुत कुछ ज्ञान करा देते हैं। यह भूल कुछ सीमा तक नियंत्रित भी की जाती है। इसका उत्तर भी हमें सांख्यिकी से ही मिलता है कि निश्चित मात्रा से अधिक भूल न हो। इसके लिए कितना बड़ा सैंपल लिया जाए और सैंपल लेने की कौनसी पद्धति अध्ययन के लिए उपयुक्त होगी।

4. *दोषपूर्ण तुलनाएं:* जब दो समुदायों या स्थानों की सामग्री की तुलना की जाती है तब यह ध्यान में रखना आवश्यक हो जाता है कि वह तुलना कहाँ तक उचित है और तुलना के आधार पर निकाले गए निष्कर्ष कहाँ तक सही हैं। मान लीजिए हमें सर्वेक्षण के आधार पर आगरे में मेंटली डेफिशिएट लोगों का प्रतिशत मेरठ से अधिक मिलता है। ऐसी स्थिति में कोई निष्कर्ष निकालने से पहले हमें यह सोच लेना चाहिए कि आगरे में मानसिक चिकित्सालय है व मेरठ में नहीं है। एक अन्वेषक ने यह पता लगाया कि एक वर्ग के बच्चे प्रिय शब्दों के बजाय अप्रिय शब्दों का अधिक प्रयोग करते हैं और यह निष्कर्ष निकाला कि वे अप्रिय शब्द अधिक सरलता से सीख लेते हैं। किंतु यह निष्कर्ष तभी वांछनीय होता, जब यह पता लगाया जाता कि जिस प्रकार के शब्द बच्चों ने सीखे, उनका उस प्रकार के शब्दों की संख्या से क्या अनुपात है, जिनको सीखने का अवसर उन्हें मिलता था।

5. *पारस्परिक संबंध (Correlation) का अनुचित प्रयोग:* किन्हीं दो विशेषताओं में आपस में संबंध हैं या नहीं, इसको जानने के लिए प्रायः अन्वेषक पारस्परिक संबंध निकालते हैं। किन्तु पारस्परिक संबंध की अनुचित व्याख्या भी बहुत अधिक की जाती है। अतः उसके प्रति सावधानी बरतना आवश्यक है। उदाहरण के लिए, यदि किसी कक्षा में बच्चों के पैर की नाप व सुलेख की स्वच्छता पर दिए गए अंकों में ऊंचा पारस्परिक संबंध निकलता है तो यह निष्कर्ष निकाल लेना कि पैरों की नाप का प्रभाव सुलेख पर पड़ता है, सर्वथा अनुचित न होगा। वास्तव में बड़े पैर वाले बच्चे प्रायः आयु में बड़े होंगे व उनका सुलेख स्वभावतः अच्छा होगा। यह समझना कि पारस्परिक संबंध अधिक होने से एक विशेषता दूसरी का कारण हो जाती है, अनुचित है। पारस्परिक संबंधों की व्याख्या में सतर्कता की बड़ी आवश्यकता है।

6. यह भी ध्यान में रखने की बात है कि सांख्यिकी द्वारा प्राप्त परिणाम किसी एक व्यक्ति के लिए लागू नहीं हो सकते। वह परिणाम पूरी जनसंख्या के लिए सामूहिक रूप से लागू होते हैं। किसी समुदाय में यदि व्यक्तियों की आय का अध्ययन सैंपल द्वारा किया गया है तो पूरे समुदाय की आय के बारे में तो सामूहिक रूप से बहुत कुछ जानकारी प्राप्त हो जाती है, किन्तु किसी एक व्यक्ति की आय के बारे में निश्चित रूप से कुछ कहना संभव नहीं होगा।

संख्यिकी की पद्धति द्वारा अन्वेषक अपने उद्देश्य को दृष्टिगत रखकर बहुत कुछ जानकारी प्राप्त कर सकते हैं। किन्तु जैसा कि उपर्युक्त विवरण से स्पष्ट है, इन पद्धतियों के प्रयोग में सावधानी की भी बड़ी आवश्यकता है। अन्वेषक का कार्य होता है ऐतिहासिक सामग्री (Data) को सही ढंग से एकत्र करना, विश्लेषण करना एवं उससे निष्कर्ष निकालना। इस प्रकार के अन्वेषण कार्य में मुख्यतः पांच सोपान होते हैं: (1) अनुसंधान का उद्देश्य और क्षेत्र (Purpose and Scope of Research) (2) सामग्री को संग्रह करना (Collection of data) (3) वर्गीकरण तथा सारणीयन (Classification and Tabulation) (4) संक्षिप्तीकरण [Summarization (Analysis of data)] (5) निष्कर्षों की आलोचनात्मक जांच (Interpretation of results)।

उद्देश्य और क्षेत्र (Objectives and Scope)

अनुसंधान कार्य का उद्देश्य क्या है, इसको दृष्टिगत रखकर ही सामग्री (डेटा) एकत्रित की जानी चाहिए। सामग्री इस प्रकार एकत्रित हो कि हमें अधिकाधिक जानकारी उससे प्राप्त हो सके। यह भी बात ध्यान में होनी चाहिए कि जिस सामग्री को एकत्र किया जाता है, उससे निकाले गए निष्कर्षों का क्षेत्र क्या है, उसी स्थान के लिए परिणाम लागू होंगे, अन्यत्र नहीं।

सामग्री का संग्रहण (Collection of Data)

दो प्रकार से सामग्री एकत्र की जा सकती है: (1) गणना विधि (2) निदर्शन विधि।

मान लीजिए हमें एक विद्यालय के छात्रों की आर्थिक स्थिति का उनके परीक्षाफल पर पड़ने वाले प्रभाव का अध्ययन करना है। यदि हम विद्यालय के सभी 3,000 छात्रों की आर्थिक स्थिति एवं परीक्षाफल की जानकारी प्राप्त कर लें तो यह गणना विधि का प्रयोग होगा। गणना विधि अधिक सही परिणाम देने वाली लगती है किंतु वास्तव में इसमें समय व धन का अपव्यय होता है और कभी-कभी सामग्री भी एकत्र नही हो पाती। निदर्शन विधि से संतोषजनक निष्कर्ष निकाले जा सकते हैं। प्रश्न उठता है कि किस प्रकार पूरे समूह से सैंपल लिया जाए। इसके भी अपने ढंग हैं। पर सांख्यिकी में एक प्रमाणित तथ्य है कि यदि सैंपल के लिए समुदाय से व्यक्ति एकाएक चुने गए तो सैंपल से निकाला हुआ निष्कर्ष पूरे समुदाय के लिए होगा और उसमें गलती की गुंजाइश बहुत कम होगी। सांख्यिकी के नियम इसका भी उत्तर हमें देते हैं कि निश्चित सीमा से अधिक भूल न हो या निर्धारित बजट से अधिक व्यय अनुसंधान में न हो, उसके लिए कितना सैंपल लेना आवश्यक होगा।

यहां हम केवल इतना बतलाएंगे कि सैंपल लेने के मुख्य प्रकार क्या हैं:

दैव निदर्शन (Random Sampling): यदि समुदाय एक से हैं तो यह सबसे अधिक उपयोगी होती है। सिद्धांत यह है कि समुदाय के प्रत्येक व्यक्ति की सैंपल में शामिल होने की संभावना है। यदि समुदाय में 200 व्यक्ति हैं और हमें 20 व्यक्तियों का एकाएक (Random) सैंपल लेना है तो हम सभी व्यक्तियों के लिए

एक-एक नंबर एक ही प्रकार की चिट पर लिखकर एक संदूक में भलीभांति लें, फिर उसमें से 20 चिट एक-एक करके निकाल लें। इस प्रकार 20 व्यक्तियों का एकाएक (Random) सैंपल लिया जाएगा। रैंडम की तालिकाएं भी उपलब्ध हैं जिनकी सहायता से सरलतापूर्वक रैंडम सैंपल खींचा जा सकता है।

स्तरबद्ध सैंपलिंग (Stratified Sampling): प्रायः पूरे समुदाय को भिन्न-भिन्न वर्गों में बांट लेना सुविधाजनक होता है, यह वांछनीय है कि एक स्तर (Strata) में जहां तक हो सके, एक ही समान व्यक्ति हों। फिर हर एक का सैंपल लेकर पूरे समुदाय का अध्ययन किया जाए। प्रायः जितने व्यक्ति किसी स्तर (Strata) के होते हैं, उसी के अनुपात में सैंपल लिया जाता है।

और भी कई ढंग से सैंपल लिया जा सकता हैं, पर उनका वर्णन यहां करना संभव नहीं है।

वर्गीकरण तथा सारणीयन (Classification and Tabulation)

सामग्री एकत्रित हो जाने पर यह आवश्यक होता है कि उसे सुचारू रूप एवं बोधगम्य ढंग से प्रस्तुत किया जाए। सामग्री को भलीभांति समझा जा सके, इसके लिए आवश्यक है कि उसका ठीक से वर्गीकरण करके सारणी के रूप में रखा जाए।

1. **गुणात्मक वर्गीकरण (Qualitative Classification):** यह सामग्री के वर्णनात्मक गुण या विशेषताओं के अनुसार किया जाता है। उदाहरण के लिए, किसी प्रदेश की जनसंख्या को स्त्री-पुरुष और फिर उनको शिक्षित-अशिक्षित तथा विवाहित- अविवाहित के आधार पर वर्गीकृत किया जा सकता है। धर्म, जाति रंग आदि के आधार पर अधिक वर्गों में भी उन्हें विभक्त किया जा सकता है।
2. **संख्यात्मक वर्गीकरण (Quantitative Classification):** बहुत से ऐसे गुण या लक्षण होते हैं जिन्हें अंकों में व्यक्त किया जा सकता है। जैसेः ऊंचाई, आयु, परीक्षा में प्राप्त अंक आदि। इन लक्षणों को चर या विचरण (Variable) कहा जाता है। चर भी दो प्रकार के होते हैं:
   (क) *सतत चरः* इनका किसी निश्चित विस्तार में कोई भी संख्यात्मक मान हो सकता है, जैसेः ऊंचाई, भार, आयु आदि।
   (ख) *असतत चरः* इनका मान किसी निश्चित विस्तार में केवल निश्चित संख्याएं ही हो सकती हैं। उदाहरण के लिए, कक्षा में विद्यार्थियों की संख्या या मकान में कमरों की संख्या केवल पूर्णांक ही हो सकते हैं, जैसेः 2, 3, 1,—ऐसे चर का मान 3 व 4 के बीच की कोई संख्या हो, यह असंभव है।

अब गुणात्मक वर्गीकरण का एक उदाहरण लीजिए। मान लीजिए अन्वेषक किसी विद्यालय के छात्रों के डॉक्टरी परीक्षण की रिपोर्टों को वर्गीकृत करना चाहता है। प्रश्नावली एवं परीक्षण द्वारा प्रत्येक छात्र के बारे में सूचना उपलब्ध हो जाने पर निम्न प्रकार की सारणी तैयार की जा सकती है:

सारणी: डॉक्टरी परीक्षण चार्ट

		कला		विज्ञान		वाणिज्य		
रोग	आयु	स्त्री	पुरुष	स्त्री	पुरुष	स्त्री	पुरुष	योग
हृदय रोग	14							
	16							
	18							
	20							
नेत्र रोग	14							
	16							
	18							
	20							

इसी प्रकार अनेक सारणियां तैयार की जा सकती हैं। उपर्युक्त सारणी से किसी आयु के कितने छात्र नेत्र रोग से पीड़ित हैं, तथा उनमें से कितने पुरुष हैं, इसका पता तुरंत चल जाता हैं। तुलना के लिए भी उपर्युक्त सारणी बहुत सहायक है।

वर्गीकरण में निम्नलिखित बातों का ध्यान रखना आवश्यक है:

1. वर्ग व्यापक हों। प्रत्येक इकाई को किसी न किसी वर्ग में अवश्य स्थान प्राप्त हो जाना चाहिए। यह भी आवश्यक है कि एक इकाई केवल एक ही में रखी जाए।
2. वर्ग इस प्रकार के बने हों कि उस वर्ग की विशेषता किसी दूसरे वर्ग में न मिले। किसी भी वर्ग में जितनी इकाइयां होंगी, वे किसी गुण की परिचायक होंगी और उस दृष्टि से आपस में समान होंगी।
3. अनुसंधान का जो लक्ष्य है उसी को दृष्टि में रखकर वर्गीकरण करना वांछनीय है। यदि किसी अनुसंधान कार्य में विभिन्न कक्षाओं के छात्रों में अंतर महत्वपूर्ण नहीं है तो उसे वर्गीकृत करना भी अनावश्यक है।
4. कुल वर्गों की संख्या का योग जनसंख्या के योग के समान होना चाहिए। संक्षेप में वर्गीकरण के उद्देश्य निम्नलिखित हैं:
   (क) सामग्री को बिना किसी कठिनाई के बोधगम्य कराना।
   (ख) अनावश्यक सूचनाओं को आवश्यक सूचनाओं से अलग करके प्रस्तुत करना।
   (ग) व्याख्या में एवं निष्कर्ष निकालने में सुविधा प्रदान करना।
   (घ) किन्हीं भी दो या अधिक गुणों की आपस में तुलना करना। विभिन्न वर्गों में जो संख्याएं हैं, वे इस तुलना में सहायक होती हैं।

यदि वर्गीकरण किन्हीं दो गुणों को लेकर किया गया है तो इस बात का पता लग सकता है कि वे गुण आपस में संबंधित हैं या नहीं। ऐसी सारणी, आवृत्ति सारणी कहलाती है, जिनका वर्णन प्रस्तुत है।

आवृत्ति सारणी (Frequency Distribution Table)

संख्यात्मक वर्गीकरण की जो सारणी हम तैयार करते हैं, उसे आवृत्ति सारणी कहते हैं, क्योंकि उसमें विचरण के विभिन्न विस्तार (Range) आवृत्ति का पता चलता है। यह आवश्यक है कि विचरण का मान अंकों में व्यक्त हो। ऐसा भी विचरण हो सकता है जिसका मान विभिन्न व्यक्तियों में भिन्न-भिन्न होता है, जैसे: शारीरिक बल, बुद्धि। किंतु संख्यात्मक वर्गीकरण में इतना पर्याप्त नहीं है। यह आवश्यक है कि किसी माप द्वारा उसे अंकों में व्यक्त किया जा सके, जैसे, बुद्धि के लिए हम किसी परीक्षा के अंकों को ले लें या बल के लिए उस भार को ले लें जो कि कोई व्यक्ति उठा सकता है।

अनुसंधान के लिए एकत्रित सामग्री में यदि अनेक व्यक्तियों की किसी भी विशेषता (Characteristic) का संख्यात्मक मान अलग-अलग दिया गया हो तो वह 'अवर्गित सामग्री' (ungrouped data) कहलाता है। इसी को वर्णित करने का प्रयास आवृत्ति सारणी में किया जाता है।

उदाहरणार्थ–मान लीजिए, किसी परीक्षा में 30 विद्यार्थियों के किसी विषय में प्राप्तांक निम्नलिखित हैं:

21, 25, 20, 17, 2, 19, 18, 27, 27, 19, 16, 3, 5, 29, 28, 15, 1, 13, 18, 14, 12, 6, 19, 30, 15, 20.

इन अंकों को हम सुविधानुसार 10 से 15 तक जितने चाहे बराबर वर्गों में रख सकते हैं। मान लीजिए हम 10 वर्ग बनाते हैं। सबसे छोटी संख्या 1 है और सबसे बड़ी संख्या 30 है। दोनों का अंतर 29 है, जिसे हम 10 बराबर भागों में बांटें तो वर्ग का विस्तार (Class Interval) तीन हो सकते हैं।

प्रत्येक वर्ग दो संख्याओं के बीच सीमित है। ये संख्याएं वर्ग सीमाएं (Class Limits) कहलाती हैं। छोटी संख्या 'आधार सीमा' (Lower Limits) तथा बड़ी संख्या उत्तर सीमा' (Upper Limit) कहलाती है। अवर्गित संख्याओं को एक-एक करके देखते हैं और जिस वर्ग में वह संख्या पड़ती है, अनुमिलन चिह्न (Tally Mark) लगा देते हैं। चार अनुमिलन चिह्न के बाद पांचवीं संख्या किसी वर्ग में आती है तो उसे काटकर (||||) इस प्रकार चिह्नित करते हैं जिससे गिनने में सुविधा हो। बाद में अनुमिलन चिह्न को जोड़कर प्रत्येक वर्ग की आवृत्ति मालूम कर लेते हैं। उपर्युक्त उदाहरण में 13-15 वर्ग में आवृत्ति 4 है। इसका अर्थ है कि कुल 30 छात्रों में 4 के अंक 13 और 15 के बीच हैं।

सारणी: आवृत्ति सारणी

वर्ग	*अनुमिलन*	*आवृत्ति*
1-3	|||	3
4-6	||	2
7-9	||	2
10-12	||	2

13–15	||||	4
16–19	~~||||~~ |||	8
20–22	|||	3
23–24		0
25–27	|||	3
28–30	|||	3
योग		30

आवृत्ति सारणी बनाने में निम्न बातों का ध्यान रखना चाहिए:

1. कुल वर्गों की संख्या 5 व 15 के बीच होना सुविधा की दृष्टि से अच्छा होता हैं। उसी के अनुसार वर्गांतर (क्लास इंटरवल) बनाना चाहिए।
2. कुल आवृत्तियों का योग वही होना चाहिए जो कि अवर्गित में कुल अंकों की संख्या है।
3. वर्ग इस प्रकार बनाए जाएं कि अंक को किस वर्ग में रखना है, इस विषय में कोई दुविधा न हो। सुविधा के लिए यह वांछनीय है कि दो वर्गों के बीच में अंतर न रहे। उपर्युक्त उदाहरण के वर्ग यदि इस प्रकार बनें, तो और अच्छा होगा:

वर्ग
0.5–3.5
3.5–6.5
6.5–9.5

चित्रमय प्रदर्शन (Diagramatic Representation)

प्राय: वर्गीकृत सामग्री से या सारणी से शीघ्र ही, एक ही दृष्टि में वे निष्कर्ष नहीं निकाले जा सकते हैं जो चित्रमय प्रदर्शन से निकाले जा सकते हैं। सांख्यिकीय चित्रों को देने की आवश्यकता इसलिए होती है, क्योंकि सामग्री को समझना सुविधापूर्ण हो जाता है। चित्र से भविष्य की परिस्थितियों का पूर्वाभास मिल जाता है। दो चित्रों से दो या दो से अधिक विषयों का तुलनात्मक अध्ययन भी सरल हो जाता है।

चित्रमय प्रदर्शन की परिसीमाएं भी हैं। उनमें परिमाणात्मक शुद्धता पूर्णतया नहीं आ पाती। चित्र केवल सीमित रूप से डेटा को समझने में सहायता दे सकते हैं। कभी चित्र भ्रमात्मक भी होते हैं और उनसे गलत धारणा सामग्री के बारे में बन सकती है। अत: उन्हें बनाने में सावधानी की आवश्यकता होती है।

चित्र अनेक प्रकार के बनाए जाते हैं, पर मुख्यत: निम्नलिखित चित्रों का अधिक प्रयोग होता है जो कि इस प्रकार के होते हैं:

सरल दंड चित्र (Simple Bar Diagrams): इसके द्वारा विभिन्न वर्गों के अंकों को या आवृत्ति को दंडों द्वारा चित्रित किया जाता है।

उदाहरण: किसी कालेज में परीक्षाफल इस प्रकार है:

परीक्षा	उत्तीर्ण विद्यार्थियों का प्रतिशत
बी.ए	55
बी.एस–सी	50
एम.ए.	70
एम.एस–सी.	64.

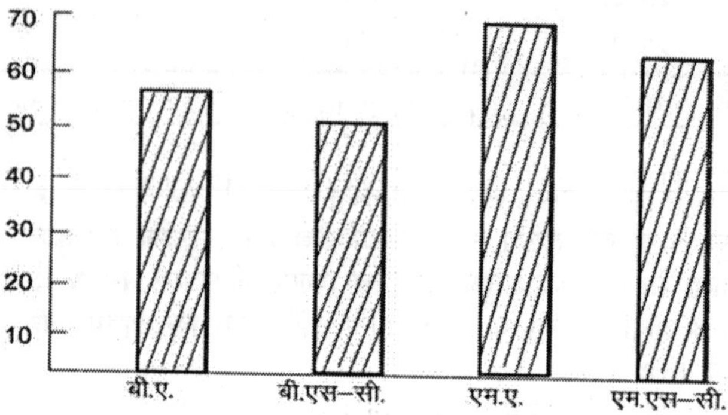

चित्र 12: सरल दंड

अंतर्विभक्त दण्ड चित्र (Sub-Divided Bar Diagrams): प्रत्येक वर्ग की राशियां दो या दो से अधिक भागों में विभक्त होती हैं, तो ऐसा चित्र बनाया जा सकता है।

उदाहरण: मान लीजिए उपर्युक्त उदाहरण में उत्तीर्ण प्रतिशत को प्रथम, द्वितीय एवं तृतीय श्रेणियों में विभक्त करने पर स्थिति यह रहती है:

परीक्षा	*संख्या (छ)*	*उत्तीर्ण परीक्षार्थियों की श्रेणियां*		
		प्रथम	*द्वितीय*	*तृतीय*
बी.ए.	55	10	30	60
बी.एस–सी.	50	40	20	40
एम.ए.	70	20	35	45
एम. एस–सी.	64	50	25	25

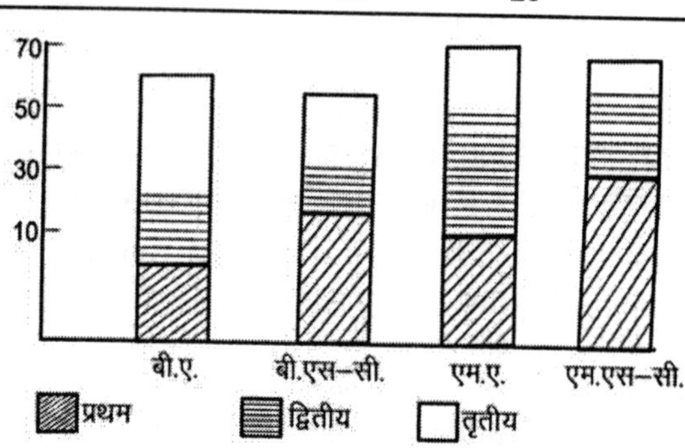

चित्र 13: अंतर्विभक्त दंड

सामग्री का विश्लेषण

सामग्री का अध्ययन करने के लिए अन्वेषक को सांख्यिकीय प्रत्ययों का उपयोग करना पड़ता है और उनका मान दिए हुए अंकों से या सारणी से निकालना पड़ता है। उन्हें मुख्यतः निम्नलिखित तीन भागों में विभक्त कर सकते हैं:

1. मेजर ऑफ लोकेशन एवरेजः ये सतत के अंकों का औसत मान बताने के लिए होते हैं।
2. मेजर ऑफ डिस्पर्शनः इससे पता चलता है कि संतत (Data) के अंकों का औसत मान के निकट कितनी सीमा तक केन्द्रित है, तथा उनका विस्तार कितना है।
3. सहसम्बंध (Corelation): दो विशेषताओं (Characteristics) के बीच कितना अंतर्संबंध है, इससे इसकी जानकारी मिलती है।

अब हम इन प्रत्ययों का अध्ययन कुछ विस्तार से करेंगे और इनका मान निकालने की विधियों का भी उल्लेख करेंगे।

13

सांख्यिकी के मूल तत्व

केन्द्रीय प्रवृत्ति के माप (Measures of Central Tendency)

सांख्यिकी वैज्ञानिक मध्यमान की एक महत्वपूर्ण पद्धति है तथा यह एक कला एवं विज्ञान है, जिसके अन्तर्गत प्रायः पूर्वनिश्चित लक्ष्य के आधार पर अमूर्त तथ्यों का संख्यात्मक मापन इस उद्देश्य से किया जाता है कि विभिन्न घटनाओं का अनुमानात्मक व तुलनात्मक ज्ञान सरल हो सके। अतः विस्तृत आंकड़ों को सार्थक एवं विश्लेषण योग्य बनाने के लिए उनकी केन्द्रीय प्रवृत्ति का पता लगाना भी आवश्यक होता है।

सांख्यिकीय आंकड़ों का भलीभांति वर्गीकरण करने के पश्चात भी विशाल तथ्यों की व्याख्या, उनका अंतर्संबंध तथा उनके विषय में अन्य सूचनाएं याद रखना सरल नहीं होता। केन्द्रीय प्रवृत्ति समस्त सामग्री का संक्षेप में प्रतिनिधित्व करने वाला स्पष्टीकरण है। प्रोफेसर बाउले ने इसकी परिभाषा करते हुए कहा है कि 'माध्य वे सांख्यिकीय सतत् हैं जिनके द्वारा हम पूर्ण की परिमाणिकता को एक बार में समझ लेते हैं।' अन्वेषण में इस के दो प्रमुख लाभ हैं : (1) यह सबसे सरल, संक्षिप्त और सीधी विधि है जिसके द्वारा सामग्री का विश्लेषण और विवेचन अत्यन्त शीघ्रता से हो सकता है। मानव मस्तिष्क इतना सामर्थ्यवान नहीं है कि कोई अन्वेषण प्राप्त प्रदत्तों की संख्याओं तथा इन सबके मध्य अंतर्संबंध को हर समय तथा पूर्ण रूप से याद रख सके। उपर्युक्त केन्द्रीय प्रवृत्ति के माप का चुनाव यह कठिनाई दूर करता है। (2) यह अपरोक्ष रूप से समूह की विशेषताओं के विषय में भी बहुत कुछ विश्वास के साथ निष्कर्ष निकाल सकता है। इनकी सहायता से न केवल समूह विशेष की विशेषताओं का पता लगता है वरन् वृहद समूह के विषय में भी बहुत कुछ जानकारी प्राप्त हो जाती है।

केन्द्रीय प्रवृत्ति के माप के प्रकार

यह निम्न प्रकार के होते हैं :

1. समांतर माध्य या मध्यमान (Mean)
2. मध्यांक (Median)
3. बहुलांक (Mode)
4. गुणोत्तर मध्यमान (Geometric Ratio)
5. हरात्मक मध्यमान (Harmonic Mean)

अन्वेषण में प्रथम तीन प्रकार के माध्य ही अधिक प्रयोग किए जाते हैं, अतः हम इन्हीं का विस्तारपूर्वक अध्ययन करेंगे।

समांतर माध्य या मध्यमान (Mean)

समांतर माध्य किसी माला के पदमानों के योग को पदों की संख्या से भाग देने पर प्राप्त होता है। प्रचलित भाषा में समांतर माध्य को मध्यमान भी कहते हैं।

अवक्ररीति : यदि $x_1, x_2, x_3, \ldots x_n$ किसी माला के n पदसंख्या हो तो उनका मध्यक M निम्न सूत्र से दिया जाएगा:

$$M = \frac{\Sigma X}{n}$$

अर्थात M = समांतर माध्य

ΣX = मापों का योग $x_1, x_2, x_3, \ldots x_n$

n = पद संख्या

एक आवृत्ति वितरण में यदि f_1, x_1 की आवृत्ति है तो समांतर माध्य निम्नलिखित सूत्र से ज्ञात किया जाएगा :

$$\text{M} = \frac{\Sigma fx}{\Sigma f}$$

जबकि M = समांतर माध्य

Σfx = कुल पदमानों और आवृत्तियों के गुणनफलों का योग

Σf = पदों की संख्या अर्थात आवृत्तियों का योग

लघु रीति : इस रीति से समय तथा श्रम की बचत हो जाती है, विशेषकर जब संख्या बड़ी होती हैं। इस रीति के अनुसार एक कल्पित माध्य लेकर पदमानों से उनका विचलन ज्ञात किया जाता है। विचलन लेते समय बीजगणित चिह्नों का ध्यान रखना चाहिए। इस रीति द्वारा मध्यमान निकालने का सूत्र यह है :

A. अवर्गीकृत आंकड़ों में लघु रीति से माध्य गणना

$$M = A + \frac{\Sigma d}{n}$$

जबकि M = समांतर माध्य

A = कल्पित माध्य

d = कल्पित माध्य से प्रत्येक पदमान का विचलन

$[d_1 = x_1 - A]$

N = पदों की संख्या

आवृत्ति वितरण से माध्य ज्ञात करने के लिए सूत्र नीचे दिया गया है :

B. वर्गीकृत आंकड़ों में लघुरीति से खण्डित शृंखला [Discrete Series) माध्य गणना

$$M = A + \frac{\Sigma fx}{\Sigma f}$$

ज्बकि M = समांतर माध्य
Σfx = आवृत्तियों और विचलन के गुणनफलों का योग
Σf = कुल पद संख्या
A = कल्पित माध्य

सामान्यतः कल्पित माध्य एक वर्गांतर का मध्य बिन्दु होता है।

उदाहरण 1: माध्य ज्ञात कीजिए :

180, 160, 151, 146, 143, 128, 113, 124, 112, 108, 110, 101, 102, 68, 85

समाधान (अवक्रीति)

Σx = 180 + 160 + 151 .... + 85 = 1831
N = 15

$$M = \frac{\Sigma x}{n} = \frac{1831}{15} = 122{\cdot}07 \text{ (लगभग)}$$

लघुरीति : मान लीजिए कल्पित माध्य 124 है। अतः $A = 124$

X	$d = X - A$	
180	56	
160	36	
151	27	164
146	22	
143	19	
128	4	
113	−11	
124	0	
112	− 12	
108	− 16	
110	− 14	−193
101	− 23	
102	− 22	
68	− 56	
85	− 39	
	$\Sigma d = 164 - 193 = -29$	

$$M = A + \frac{\Sigma d}{n}$$

$$= 124 + \frac{-29}{15}$$

$$= 124 - 1{\cdot}933$$

$$= 122{\cdot}067$$

$$= 122{\cdot}07 \text{ (लगभग)}$$

उदाहरण 2: निम्नलिखित प्रदत्तों का माध्य ज्ञात कीजिए (वर्गीकृत आंकड़े–खण्डित श्रृंखला)

अंक/माप	(X)	18	19	20	21	22	23	24
आवृत्ति	(f)	12	15	19	16	10	6	2

समाधान:

X	f	fx
18	12	216
19	15	285
20	18	360
21	16	336
22	10	220
23	6	138
24	2	48
	$\Sigma f = 79$	$\Sigma fx = 1603$

$$M = \frac{\Sigma fx}{\Sigma f}$$

$$= \frac{1603}{79} = 20{\cdot}29$$

$$= 20{\cdot}3 \text{ (लगभग)}$$

$$\text{माध्य} = 20{\cdot}3$$

सतत माला में माध्य (Mean in Continuous Interval)

सतत माला में समांतर माध्य निकालने के लिए वर्गांतरों के मध्य बिन्दु निकालने होते हैं। इसके पश्चात् पहले की तरह वक्र या अवक्र रीति द्वारा मध्यक निकाला जाता है। सूत्र भी वही है। किंतु जब वर्गांतरों से विचलन लिए जाते हैं तो निम्न

सूत्र से समांतर माध्य निकाला जाता है। यह लघु विधि का सूत्र कहलाता है। दीर्घ विधि का सूत्र निम्न प्रकार है :

$$M = A + \left(\frac{\Sigma fd}{\Sigma f}\right) i$$

यहां i = वर्गांतराल

शेष अक्षरों का अर्थ पहले की तरह समझा जा सकता है।

$$M = \frac{\Sigma fx}{\Sigma f}$$

x = वर्गान्तर का मध्य बिन्दु

शेष अक्षरों का अर्थ पहले की भांति है।

उदाहरण 3 : निम्नलिखित आवृत्ति सारणी में माध्य ज्ञात कीजिए :

वर्ष	0—10	10—20	20—30	30—40	40—50	50—60
व्यक्तियों की संख्या	15	17	19	27	19	12

समाधान

वर्गान्तर	*मध्यमान*	*f*	*fx*
0—10	5	15	75
10—20	15	17	255
20—30	25	19	475
30—40	35	27	945
40—50	45	19	855
50—60	55	12	660
		$\Sigma f = 109$	$\Sigma fx = 3265$

$$\text{मध्य} = \frac{\Sigma fx}{\Sigma f} = \frac{3265}{109}$$

$$= 29{\cdot}95 \text{ वर्ष (लगभग)}$$

लघुरीति : माना कल्पित माध्य 35 है। अतः $A = 3$

वर्गान्तर	*मध्यमान*	*f*	$d = \frac{x - A}{i}$	*fd*
0-10	5	15	–3	–45
10-20	15	17	–2	–34

20-30	25	19	–1	–19
30-40	35	27	0	0
40-50	45	19	1	19
50-60	55	12	2	24
		$\Sigma f = 109$		$\Sigma fd = -55$

इस विधि में $d = \frac{x - A}{i}$ है, यहां x प्रत्येक वर्गांतर का मध्य बिन्दु है तथा i वर्गांतराल है। इस प्रकार वर्गांतर 10–20 के लिए

$$d = \frac{15 - 35}{10} = \frac{-20}{10} = -2$$

$$M = A + \left(\frac{\Sigma fd}{\Sigma f}\right) i$$

$$= 35 + \left(\frac{-55}{109}\right) \times 10$$

$$35 + \left(\frac{-550}{109}\right) = 35 - 5.05$$

$$= 29.95$$ वर्ष (लगभग)

मध्यमान की विशेषताएं :

1. माध्य में सबसे अधिक स्थिरता होती है।
2. सांख्यिकी के नियमों और सिद्धांत की दृष्टि से माध्य ही सबसे अधिक उपयोगी सिद्ध हुआ है।
3. यदि समूह में वितरण बहुत अधिक विषम नहीं है, तब माध्य निकालना सबसे उचित है। इसीलिए मध्य मान का प्रयोग सबसे अधिक होता है। पर इसमें दोष यह है कि यह बहुत अधिक या बहुत कम मानों से प्रभावित हो जाता है।

मध्यांक (Median)

यदि किसी माला के सब पदों को परिमाण के अनुसार आरोही या अवरोही क्रम में लिखें तो मध्य के मान को मध्यांक कहते हैं। यह वह मान है जोकि आवृत्तियों को दो समान भागों में विभाजित करता है। एक भाग में कम मान वाले पद होते हैं और दूसरे भाग में उससे अधिक मान वाले पद। दोनों भागों में पदों की संख्या समान होती है।

उदाहरण 4: निम्नलिखित अंकों से मध्यांक ज्ञात कीजिए।

28 15 23 40, 27, 25, 23, 25, 20

समाधान के सोपान

1. सब पदों को आरोही या अवरोही क्रम से लिखेंगे :
   15, 20, 23, 23, 25, 25, 27, 28, 40
2. इसके पश्चात बीच का पद चुनेंगे—वही मध्यांक होगा।

अतः मध्यांक = 25

यदि पदों की संख्या सम हो तो बीच के दो पदों का साधारण माध्य निकाल कर मध्यांक ज्ञात करेंगे। उदाहरणतया—18, 19, 20, 21, 22, 23 में

$$\text{मध्यांक} = \frac{20+21}{2} = \frac{41}{2} = 20.5$$

खंडित या असतत माला में मध्यांक

उदाहरण 5: निम्नलिखित से मध्यांक ज्ञात करो :

परिवर्ती मान	*आवृत्ति*	*संचयी आवृत्ति*
5	1	1
7	2	1 + 2 = 3
9	7	3 + 7 = 10
11	9	10 + 9 = 19
13	11	19 + 11 = 30
15	8	30 + 8 = 38
17	5	38 + 5 = 43
19	4	43 + 4 = 47
	$n = 47$	

समाधान सोपान

1. $\frac{n}{2}$ ज्ञात करो
2. $\frac{n}{2}$ से अगली अधिक संचयी आवृति देखें।
3. उस संचयी आवृति के संगत परिवर्त्य पर निशान लगाओ, यही मध्यांक होगा।

ऊपर के उदाहरण में $\frac{n}{2} = 47/2 = 23.5$

संचयी आवृत्ति जो 23.5 से अधिक है = 30

इसके संगत परिवर्त्य = 13

अतः मध्यांक = 13

संतत माला में मध्यांक

संतत माला में मध्यांक निकालने का प्रचलित सूत्र निम्नलिखित है :

$$\text{मध्यांक (Md)} = l + \left(\frac{\frac{N}{2} - F}{f} \right) i$$

जबकि l = मध्यांक वाले वर्ग की निम्न सीमा

i = मध्यांक वाले वर्ग का अंतराल

f = मध्यांक वाले वर्ग की आवृत्ति

N = आवृत्तियों का योग

F = मध्यांक वाले वर्ग से पहले वर्ग की संचयी आवृत्ति

मध्यांक वर्ग ज्ञात करने के लिए वही विधि प्रयोग की जाती है जो कि असतत माला में लाई गई थी।

उदाहरण 6 : निम्नलिखित विवरण से मध्यांक ज्ञात कीजिए :

प्राप्तांक	*विद्यार्थियों की संख्या (f)*	*संचयी आवृत्ति*
0-10	15	15
10-20	20	35
20-30	25	60
30-40	24	84
40-50	12	96
50-60	31	127
60-70	71	198
70-80	52	250
	$\Sigma f = 250$	

समाधान : $\frac{N}{2} = \frac{250}{2} = 125$

$\frac{N}{2}$ से अगली अधिक संचयी आवृत्ति = 127

127 आवृत्ति वाला 50–60 वर्गांतर मध्यांक वर्ग है।

$$\text{मध्यांक (Md)} = 1 + \left(\frac{\frac{N}{2} - F}{f}\right) i$$

$$= 50 + \left(\frac{125 - 96}{31}\right) \times 10$$

$$= 50 + \frac{29}{31} \times 10$$

$$= 50 + \frac{290}{31}$$

$$= 50 + 9.35$$

$$= 59.35$$

मध्यांक की विशेषताएं

1. मध्यांक का मूल्य असाधारण तथा चरम विचरणों से प्रभावित नहीं होता है।
2. मध्यांक भूयिष्ठक से अधिक पूर्णता के साथ सामान्यतः निकाला जाता है।
3. मध्यांक का निर्धारण उस समय भी हो सकता है, जबकि श्रेणी के पदों को परिमाणात्मक रूप से नहीं मापा जा सकता है।
4. इसको आलेख द्वारा भी निकाला जा सकता है।
5. मध्यांक का मूल्य उस समय भी निकाला जा सकता है, जबकि आंकड़े अधूरे हों बषर्ते कि सभी इकाइयों की संख्या तथा स्थान मालूम हो तथा वितरण के मध्य मूल्यों के संबंध में पूर्ण सूचना प्राप्त हो।

मध्यांक के दोष

1. मध्यांक ज्ञात करने के लिए संख्याओं को आरोही अथवा अवरोही क्रम से लगाना आवष्यक हो जाता है।
2. इसका बीजगणितीय विवेचन नहीं हो सकता, जैसा कि समांतर माध्य का हो सकता है।
3. असतत माला में जहां पदों का मूल्य नियमित नहीं होता, उस मध्यांक से भ्रमपूर्ण निष्कर्ष निकाले जा सकते हैं। उदाहरण–एक क्रिकेट मैच में टीम के खिलाड़ियों के अंक ये हैं : 10, 20, 25, 60, 70, 68, 30, 60, 15, 18।
   यहां मध्यांक से औसत अंक 30 है जो कि भ्रमपूर्ण है, क्योंकि 60 सबसे अधिक खिलाड़ियों द्वारा बनाया गया है।
4. कभी–कभी मध्यांक माला में ऐसे बिन्दु पर निष्चित होता है जहां वास्तव में पदों की संख्या नहीं के बराबर हों।
5. सम पदों के संबंध में सही मध्यांक नहीं बताई जा सकती है। हम इसका केवल अनुमान लगा सकते हैं।

मध्यांक ज्ञात करना यद्यपि सरल है और इसमें पर्याप्त स्थिरता भी होती है तथा केवल मध्यम पद तथा उसके मूल्य को जान लेने से काम चल जाता है, तथापि अन्वेषक विश्वास के साथ प्रत्येक परिस्थिति में इसका उपयोग नहीं कर सकता। मध्यांक का उपयोग, व्याख्या और विवेचन सावधानीपूर्वक करना चाहिए। अनुभव यह बताता है कि मध्यांक का प्रयोग अमूर्त सामग्री, जैसे–बुद्धिलब्धि, चतुरता, ज्ञान, मजदूरी, ईमानदारी आदि में सफलतापूर्वक किया जा सकता है। असाधारण इकाइयों के प्रभाव को सफल करने में मध्यांक सर्वाधिक सहायक होती है।

भूयिष्ठक अथवा बहुलांक (Mode)

औसत और मध्यांक के अतिरिक्त किसी समष्टि की माध्य प्रवृत्तियों को ज्ञात करने में भूयिष्ठक अथवा बहुलांक समुचित योगदान करता है। प्रसिद्ध सांख्यिकी शास्त्री गिल्फर्ड के अनुसार किसी मात्रा का वह मूल्य जिस पर लिखी हुई इकाइयों की संख्या सबसे अधिक हो, भूयिष्ठक कहलाती है।

बहुलांक उस पद का मूल्य है जिसकी आवृत्ति सबसे अधिक हो। वह सबसे अधिक घनत्व का बिंदु होता है। निम्न उदाहरणों से बहुलांक की परिभाषा स्पष्ट हो जाती है :

1. भारतीय की औसत ऊंचाई 5 फुट 6 इंच है।
2. होस्टल में औसतन लड़का 75 रुपए प्रतिमास खर्च करता है।
3. एक औसत भारतीय नागरिक का प्रतिदिन का भोजन दो किलोग्राम है।
4. जूते बेचने वाली दुकान का औसत आकार 5 वर्गमीटर हैं

इन सब उदाहरणों में औसत से हमारा अभिप्राय बहुलांक से है। जब हम औसत मनुष्य या औसत आय के बारे में बात करते हैं तब हमारा अभिप्राय भूयिष्ठक मनुष्य तथा भूयिष्ठक आय से है।

भूयिष्ठक ज्ञात करना

सबसे अधिक आवृत्ति वाले पद का ही मूल्य भूयिष्ठक होता है, इसलिए भूयिष्ठक ज्ञात करने के लिए आवृति का जानना आवश्यक है। इसीलिए यदि व्यक्तिगत इकाइयों के मूल्य दिए हों तो उन्हें खंडित संतत श्रेणी में परिवर्तित कर लेना चाहिए।

उदाहरण 7 : निम्न समंकों का भूयिष्ठक ज्ञात करो:

7, 4, 5, 7, 8, 12, 5, 9, 9, 10, 11, 9, 6, 9.

समाधान

माप	आवृत्ति
4	1
5	2
6	1
7	2

8	1
9	4
10	1
11	1
12	1

यहां सबसे अधिक आवृत्ति 9 की है, अतः भूयिष्ठक 9 है।

ऊपर के उदाहरण में जितनी अधिक आवृत्ति 9 की है उतनी किसी और पद की नहीं है। परंतु कभी–कभी भूयिष्ठक पद इतना स्पष्ट नहीं होता, विशेषतः जब दो या अधिक पद ऐसे हों जिनकी उच्चतम आवृत्ति बराबर हों या लगभग बराबर हों या सर्वाधिक श्रेणी के बीच में न होकर उनके आरंभ या अंत में हो। ऐसी दशा में समूहीकरण (Grouping) की विधि अपनानी पड़ती है।

उदाहरण 8 : निम्न समंकों का भूयिष्ठक मालूम करो :

परिमाप : 10, 11, 12, 13, 14, 15, 16, 17, 18, 19
आवृत्ति : 1, 3, 2, 4, 6, 8, 7, 8, 5, 2.

समाधान

इस उदाहरण में सर्वाधिक आवृत्ति 8 दो पदों (15 और 17) की है : अतः भूयिष्ठक का मूल्य समूहीकरण द्वारा निम्न प्रकार से जाना जाता है :

आवृत्ति

परिवर्त्य	(1)	(2)	(3)	(4)	(5)	(6)
10	1	4		6		
11	3		5		9	
12	2	6				11
13	4		9	17		
14	5	13			20	
15	8		15			
16	7	15		20		
17	8		13		15	23
18	5	7				
19	2					

समूहीकरण की विधि

1. सबसे पहले पदों के मूल्य लिखकर उनकी आवृत्ति उनके सामने लिखो।
2. स्तंभ 2 में दो आवृत्तियों को जोड़ जोड़ कर लिखो। यदि अंत में एक आवृत्ति बच जाए तो उसे छोड़ दो।
3. स्तंम्भ 3 में पहली आवृत्ति को छोड़कर दो दो आवृत्तियों का जोड़ लिखों, जैसे : दूसरी + तीसरी, चौथी + पांचवीं, ...
4. स्तंभ 4. में तीन–तीन आवृत्तियों का जोड़ लिखों जैसे पहली + दूसरी + तीसरी, चौथी + पांचवी + छठी, ... यदि अंत में एक या दो आवृत्तियां रह जाए तो उन्हें छोड़ दो।
5. स्तंभ 5. में पहली आवृत्ति को छोड़कर शेष तीन–तीन आवृत्तियों का जोड़ लिखो।
6. स्तंभ 6. में पहली और दूसरी आवृत्तियों को छोड़कर शेष की तीन–तीन का जोड़ लिखो।

प्रत्येक कॉलम में अधिकतम आवृत्ति को रेखांकित करके इंगित करो। सबसे अधिक आवृत्ति वाले पदों को निम्न तालिका के रूप में व्यक्त किया जाता है। इसे विश्लेषण तालिका कहते हैं।

सारणी 1 : विश्लेषण तालिका
अधिकतम आवृत्ति देने वाली इकाइयां तथा उनके समूह

स्तम्भ					
1		15		17	
2			16	17	
3		15	16		
4			16	17	18
5	14	15	16		
6		15	16	17	
पदों की संख्या	1	4	5	4	1

अतः बहुलांक का मान 16 है।

समावेशी श्रेणी में भूयिष्ठक ज्ञात करना

समावेशी श्रेणी में भूयिष्ठक ज्ञात करने के लिए उसे सर्वप्रथम अपवर्जी श्रेणी में परिवर्तित करना पड़ता है।

तब सूत्र 1 अथवा 2 का प्रयोग करके भूयिष्ठक का मान निकाला जाता है,

उदाहरण 10 : निम्न वितरण का भूयिष्ठक ज्ञात करिए:

वर्ग	*आवृत्ति*
9.5–19.5	3
19.5–29.5	6

29.5—39.5	15
39.5—49.5	8
49.5—59.5	3

यहां सर्वाधिक आवृत्ति 15 है, अतः भूयिष्ठक वर्ग – 29.5—39.5 है।
अतः सूत्र 1 द्वारा

$$\text{Mode} = L + \frac{f_1 - f_0}{2f_1 - f_0 - f_2} \times i$$

L = Lower limit of the mode class.
f_1 = Frequency of the mode class.
f_0 = Frequency of the previous class of mode class.
f_2 = Frequency of next class of the mode class.
i = Class interval.

$$\text{भूयिष्ठक} = 29.5 + \frac{(15-6)}{30-6-8} X10$$

$$= 29.5 + \frac{90}{16}$$
$$= 29.5 + 5.625$$
$$= 35.125$$

जब माला में परिमित रूप से विषम वितरण हो तो निम्न सूत्र से भी भूयिष्ठक निकाला जा सकता है:

तृतीय सूत्र : भूयिष्ठक = 3 मध्यांक – 2 माध्य

भूयिष्ठक के गुण व दोष

गुण

(1) भूयिष्ठक मालूम करना अत्यंत सरल होता है। कभी—कभी तो सरसरी निगाह डालने से ही बिना किसी प्रकार की गणितीय क्रिया के इसका मूल्य निकाला जा सकता है।
(2) असाधारण मूल्यों तथा चरम सीमाओं के विचरण से इस पर कोई प्रभाव नहीं पड़ता।
(3) भूयिष्ठक साधारण व्यक्ति के मस्तिष्क को समूह का सर्वोतम रूप से प्रतिनिधित्व करता हुआ प्रतीत होता है, क्योंकि यह सर्वाधिक घनत्व का बिंदु होता है।
(4) इसका ग्राफ द्वारा निरूपण किया जा सकता है।

दोष

(1) इसका बीजगणितीय विवेचन नहीं हो सकता।

(2) अधिकतर भलीभांति परिभाषित अकेले भूयिष्ठक को ज्ञात करना कठिन होता है।

(3) भूयिष्ठक पर वर्ग–विस्तार का बहुत बड़ा असर पड़ता है। भिन्न–भिन्न वर्ग विस्तार के अनुसार वर्गीकरण करने पर भूयिष्ठक भी भिन्न आएगा।

चतुर्थक, दशमक, शतमक (Quartile, Decile, Percentile)

मध्यांक किसी श्रेणी के माध्य को प्रकट करती है परन्तु उससे समस्त श्रेणी का विभाजन स्पष्ट नहीं होता। इसके लिए चतुर्थक, दशमक, शतमक ज्ञात किए जाते हैं।

चतुर्थक : यदि किसी समूह को चार बराबर भागों में बांटा जाए तो प्रत्येक भाग की अंतिम इकाई चतुर्थक कहलाएगी। अतः प्रत्येक समूह में चार चतुर्थक होंगे। प्रथम चतुर्थक या अधर चतुर्थक, तृतीय चतुर्थक अथवा उत्तर चतुर्थक तथा चौथा चतुर्थक मूल्यों की अंतिम सीमा होगा। चतुर्थक ज्ञात करने के लिए निम्न सूत्र हैं :

$$\text{प्रथम चतुर्थक} = Q_1 = \frac{(N+1)}{4} \text{ वां अंक, जबकि}$$

अंक क्रमानुसार लिखे गये हैं

$$\text{तृतीय चतुर्थक} = Q_3 = \frac{3(N+1)}{4} \text{ वां अंक}$$

दशमक : यदि समूह को दस बराबर भागों में विभक्त किया जाए तो प्रत्येक भाग की अंतिम इकाई का मूल्य दशमक होगा– दशमक 10 होते हैं। पांचवां दशमक मध्यांक ही होता है। इनके निकालने का सूत्र निम्न है :

$$D_r = \text{..... वां दशमक } \frac{rXn}{10} \text{ वें पद का मान}$$

(r = 1,2,3 - .....9)

$$D_3 = \text{तीसरा दशमक} = \frac{3n}{10}$$

$$D_8 = \text{आठवां दशमक} = \frac{8n}{10} \text{ वें पद का मान}$$

शतमक : शतमक समूह को 100 बराबर भागों में विभाजित करते हैं। पचासवां शतमक मध्यांक, पच्चीसवां शतमक प्रथम चतुर्थक तथा पचहतरवां शतमक तृतीय चतुर्थक के बराबर होता है। विभिन्न शतमक निम्न प्रकार से जाने जाते हैं :

$$\text{........ वां शतमक } P_r = \frac{r \times n}{100} \text{ वें पद का मान}$$

(r = 1,2,3 - .....99)

$$P_1 = \text{प्रथम शतमक} = \frac{(n)}{100} \text{ वें पद का मान}$$

$$P_{47} = \text{संतालीसवा शतमक} = \left(\frac{47n}{100}\right) \text{ वें पद का मान}$$

संतत माला में चतुर्थक, दशमक, शतमक

संतत माला में चतुर्थक, दशमक अथवा शतमक निकालने की वही विधि है जो मध्यांक निकालने की है – पहले संचयी आवृत्ति निकाली जाती है।

.....वां चतुर्थक निकालने के लिए

$\frac{ixn}{4}$ निकाला जाता है, फिर $\frac{ixn}{4}$ से तुरंत अधिक संचयी आवृत्ति देखकर उसके सामने वाले वर्ग का अंक ज्ञात किया जाता है। इसी में वां चतुर्थक स्थित रहता है – इसका मूल्य निम्न सूत्र से निकाला जाता है :

$$Q_1 = L + \left(\frac{\frac{N}{4} - C}{F} \right) i$$

$$Q_3 = L + \left(\frac{\frac{3N}{4} - C}{F} \right) i$$

जबकि L = चतुर्थक वाले वर्ग की निम्न सीमा

F = चतुर्थक वाले वर्ग की आवृत्ति

C = पिछले वर्ग की संचयी आवृत्ति

N = कुल आवृत्ति

दशमक तथा शतमक भी इसी प्रकार निकाले जाते है। उनका सूत्र है :

$$D_r = \text{ वां दशमक } L + \frac{i}{F}\left(\frac{rxn}{10} - c\right)$$

$$P_r = \text{ वां दशमक } L + \frac{i}{F}\left(\frac{rxn}{100} - c\right)$$

उदाहरण 11 : निम्नलिखित प्रदत्तों से चतुर्थक, मध्यांक और दषमक ज्ञात कीजिए :

अंक	*विद्यार्थियों की संख्या*	*संचयी आवृत्ति*
0–10	15	15
10–20	20	35
20–30	25	60
30–40	24	84
40–50	12	96
50–60	31	127
60–70	71	198
70–80	52	250

समाधानः $\frac{N}{4} = \frac{250}{4} = 62.5$

वह संचयी आवृत्ति जो 62.5 से अधिक नहीं है वह है 84, अतः प्रथम चतुर्थक (30 – 40) वर्ग में स्थित है। उसका मान उपर्युक्त सूत्र द्वारा :

इसी प्रकार

$$Q_1 = 30 + \frac{10}{24}(62.5 - 60) = 31.4$$

$$\frac{3N}{4} = 3x62.5 = 187.5$$

$$Q_3 = 60 + \frac{10}{71}(187.5 - 127)$$
$$= 68.52$$

मध्यांक

$$Q_2 = 50 + \frac{10}{31}(125 - 96)$$
$$= 59.35$$

दशमक

$$\frac{7N}{10} = 7X25 = 175$$

$$D_7 = 60 + \frac{10}{71}(175 - 127) = 60 + \frac{480}{71} = 66.76$$

दशमक

$$\frac{48N}{100} = 48X2.5 = 120$$

$$P_{48} = 50 + \frac{10}{31}(120 - 96)$$
$$= 50 + \frac{240}{31} = 57.74$$

विचलन के माप (Measures of Variability)

आंकड़ों का माध्य निकालने से हमें उसका औसत मान तो ज्ञात हो जाता है परंतु आपस में कितना अंतर है, इसका पता नहीं चलता। माध्य से अंकों का अंतर किस सीमा तक है, इसकी जानकारी के लिए हमें 'विचलन' या 'अपकिरण' प्रयोग करना पड़ता है। यदि किसी कक्षा में सभी विद्यार्थी दस या बारह वर्ष के बीच हैं तो उनकी औसत आयु के विद्यार्थियों के किसी समूह में भी औसत आयु 11 वर्ष के लगभग हो सकती हैं। इस समूह में पहले की अपेक्षा विचलन कहीं अधिक होगा। विचलन कई प्रकार के होते हैं :

(i) विस्तार
(ii) चतुर्थक विचलन
(iii) माध्य विचलन
(iv) मानक विचलन

(i) ***विस्तार (Range)***: यह सबसे सरल विचलन है। यह आंकड़ों में सबसे अधिक एवं सबसे कम मानों का अंतर होता है। यदि आंकड़े 25, 12, 13, 27, 8 हैं तो विस्तार 27–8 = 19 होगा, क्योंकि विस्तार आंकड़ों में से केवल दो पर ही निर्भर होता है। यह एक उतम विचलन नहीं माना जाता।

(ii) ***चतुर्थक विचलन (Quartile Deviation)***: यदि आंकड़ों का प्रथम चतुर्थक Q_1 है और तृतीय चतुर्थक Q_3 है, तो अर्ध अंत चतुर्थक विस्तार का मान,

$$Q = \frac{Q_3 - Q_1}{2} \text{ होता है}$$

यह विचलन विस्तार से तो उतम माना जाता है, किंतु यह भी केवल दो बातों पर निर्भर होने के कारण अधिक सन्तोषजनक नहीं है।

(iii) ***माध्य विचलन (Mean Deviation)*** : इसमें सामग्री में दिए हुए सभी अंकों का मध्यक से अन्तर निकाल कर उन्हें धनात्मक मानते हुये उन अंतरों का समांतर माध्य निकाल लेते हैं। यदि अंक $x_1, x_2, \ldots x_n$ हैं और उसका मध्यक M है तो माध्य विचलन का सूत्र होगा :

$$\text{MD} = \frac{\Sigma|X - M|}{N}$$

X – M को | X – M | लिखने का अर्थ होता है कि उसका चिन्ह घनात्मक माना जाएगा। जैसे $5 - 7 = -2$ किंतु $|5 - 7| = 2$

उदाहरण 12 : मान लीजिए 6 लड़कों का भार (पौंड में) 80, 85, 72, 66, 90 और 75 है।

X	|X – M|
80	2
85	7
72	6
66	12
90	12
75	3

$$\text{इसलिए मध्यक भार} = \frac{80+85+72+66+90+75}{6}$$

$$= \frac{468}{6} = 78$$

$$\Sigma|X - M| = 42$$

$$\text{M D} = \frac{42}{6} = 7$$

यदि सामग्री आवृत्ति सारणी के रूप में है तो माध्य विचलन का मान निम्नलिखित सूत्र से निकाला जा सकता है :

$$\text{माध्य विचलन} = \frac{\Sigma f|X-M|}{N} = \frac{\Sigma F|d|}{N}$$

माध्य विचलन अंतर, मध्यक के लेने के बजाय कभी–कभी मध्यिका से भी लेते हैं। उसे मध्यिका का माध्य विचलन कहते हैं और इसका मान सदा मध्यिका के माध्य विचलक से कुछ कम होता है। यदि आंकड़ों की मध्यिका Md है तो

$$\text{मध्यिका का मान विचलन} = \frac{\Sigma f|x-Md|}{N}$$

जबकि Md = मध्यिका

N = आवृत्तियों की संख्या का योग।

(iv) ***मानक विचलन (Standard Deviation)*** : प्रथम माध्य से आंकड़े के सभी अंकों का अन्तर लेकर उनके वर्गों का योग निकाल लेते हैं। उसे अंकों की कुल संख्या से विभाजित कर उसका माध्य निकाल लेते हैं। इसके वर्गमूल को मानक विचलन कहते हैं, जिसे प्रायः σ से व्यक्त करते हैं।

यदि $X_1, X_2, \dots\dots\dots X_n$ हमारे अंक है और M इनका माध्य है, तो σ को निम्न सूत्र से निकालेंगे :

$$\sigma = \sqrt{\frac{\Sigma(X-M)^2}{N}}$$

σ के वर्ग σ^2 को प्रसरण या विक्षेपण कहते हैं।

उदाहरण 13. यदि विद्यार्थियों के किसी परीक्षा में अंक 12, 10, 9, 6, 13, 9, 2, 5 तथा 6 है, तो

$$M = \frac{12+10+9+6+13+9+2+5+6}{9} = \frac{72}{9} = 8$$

$$\sum\left(Xi-\bar{M}\right)^2 = (12-8)^2+(10-8)^2+\ldots+(5-8)^2+(6-8)^2$$

$$= 4^2+2^2+1^2+(-2)^2+5^2+1^2+(-6)^2+(-3)^2+(-2)^2 = 100$$

$$\sigma = \sqrt{\frac{1}{9}X100} = \frac{10}{3} = 3.33$$

यदि सामग्री आवृत्ति सारणी के रूप में दी हुई है तो σ के लिए निम्न सूत्र का प्रयोग कर सकते हैं :

$$\sigma = \sqrt{\frac{\Sigma f\left(X-M\right)^2}{N}}$$

सुविधा के लिए यदि कोई कल्पित माध्य (A) चुन लिया है, और प्रत्येक वर्ग के मध्य बिंदु (x) के लिए $d = \frac{x-A}{i}$ निकाल लिया है।

$$\sigma = i\sqrt{\frac{\sum fd^2}{N} - \left(\frac{\sum fd}{N}\right)^2}$$

उपर्युक्त सूत्रों में d, N, f आदि के स्पष्टीकरण के लिए माध्य विचलन के सूत्रों का स्पष्टीकरण, जो पहले दिया जा चुका है, देखिए।

1	2	3	4	5	6	7
वर्ग समूह	*मध्य बिंदु*	*आवृत्ति*	fx	fx^2	$\lvert X-M\rvert$	$f\lvert X-M\rvert$
0-10	5	15	75	375	24.95	374.25
10-20	15	17	255	3825	14.95	254.15
20-30	25	19	475	11875	4.95	94.05
30-40	35	27	945	33075	5.05	136.35
40-50	45	19	855	38475	15.05	285.95
50-60	55	12	660	36300	25.05	300.60
योग		109	3265	123925	-	1445.35

उदाहरण 14 : अब हम उदाहरण 3 में दी हुई आवृत्ति सारणी के आंकड़ों का माध्य विचलन और मानक विचलन निकालेंगे। इसके लिए पृष्ठ 164 के अनुसार सारणी 2 बना ली जाती है।

(i) $$\frac{\Sigma fx}{N} = \frac{3265}{109} = 29.95$$

$$\sigma = \sqrt{\frac{\Sigma fx^2}{N} - \left(\frac{\Sigma fx}{N}\right)^2}$$

$$= \sqrt{\frac{123925}{109} - \left(\frac{3265}{109}\right)^2}$$

$$= \sqrt{1136.93 - 897.00} = \sqrt{239.93} = 15.49$$

(ii) $$\text{MD} = \frac{1}{N}\Sigma f\left|X - M\right| = \frac{1445.35}{109} = 13.26$$

जैसा कि माध्य के लिए हम देख चुके हैं, लघु विधि अपनाना प्रायः सुविधापूर्वक होता हैं। उसके द्वारा माध्य विचलन और σ निकालने के लिए निम्न सारणी बनाएंगे। इसमें $A = 35$ लिया है।

मध्यबिंदु	$d=\frac{X-35}{10}$ f	fd	fd^2	$\lvert u-\bar{u}\rvert$	$f\lvert u-\bar{u}\rvert$	
1	2	3	4	5	6	7
5	-3	15	-45	135	2.4954	37.4310
15	-2	17	-34	68	1.4954	25.4218
25	-1	19	-19	19	.4954	.4126
35	0	27	0	0	.5046	13.6242
45	1	19	19	19	1.5046	28.5874
55	2	12	24	48	2.5046	30.0552
योग		109	-55	289	-	144.5322

$$(i)\ \bar{u} = A+\frac{i}{N}\sum fu = 35+\frac{10}{109}(-55) = 35-5.046 = 29.954$$

$$\sigma = i\sqrt{\frac{\Sigma fdx^2}{N}-\left(\frac{\Sigma fdx}{N}\right)^2}$$

$$=10\sqrt{\frac{289}{109}-\left(\frac{-55}{109}\right)}$$

$$=\frac{10}{109}\sqrt{289\times109-(-55)^2}$$

$$=\frac{10}{109}\sqrt{31501-3025}$$

$$=\frac{10}{109}\sqrt{28476}=\frac{10}{109}\times168.7=15.48$$

$$(ii)\ MD=\frac{i}{N}\left[\sum|ui-\bar{u}|\right]\frac{10}{109}X144.5322=13.26$$

$$\text{माध्य विचलन} = \frac{i}{N}\left[\sum f|u-\bar{u}|\right]=13.26$$

नोट : यदि केवल मानक विचलन ही निकालना है तो उपर्युक्त सारणियों में स्तंभ (6) और (7) बनाने की कोई आवश्यकता नहीं और यदि केवल माध्य विचलन ही निकालना है तो स्तंभ (5) बनाने की आवश्यकता नहीं है।

माध्य विचलन और मानक विचलन की विशेषताएं
(Characteristics of Mean Deviation and Standard Deviation)

1. माध्य विचलन और मानक विचलन दोनों के निकालने में सामग्री में सभी अंकों, राशियों का उपयोग होता है। विस्तार और चतुर्थक विचलन में ऐसी बात नहीं है।

2. साधारणत : किसी प्रदत्त के माध्य विचलन का मान मानक विचलन के मान का लगभग $\frac{4}{5}$ होता है। अर्थात् माध्य विचलन = $\frac{4}{5}$ मानक विचलन किंतु यह आवश्यक है कि आंकड़े सांख्यिकी के प्रख्यात साधारण नियम का पालन करते रहे हैं। इसके नियम में पालन करने वाले चरों में ऊचांई, भार, परीक्षा में प्राप्त अंक, आयु आदि अनेक चर आ जाते हैं।
3. सांख्यिकी के सिद्धांतों को दृष्टिगत रखते हुए मानक विचलन का महत्व माध्य विचलन से अधिक है। साधारण नियम को पालन करने वाले आंकड़ों के बारे में यह पाया जाता है कि -3σ और $+ 3\sigma$ के बीच करीब–करीब निन्यानवे प्रतिशत अंक आ जाते हैं। अतः मानक विचलन का ही प्रयोग अधिकतर विचलन के अध्ययन में किया जाता है।

विचरण गुणक (Coefficient of Variation)

ऊपर दिए हुए विचलन के माप से आंकड़ों में कितना विचरण है, इसका पता चल जाता है, किंतु इन मापों को इकाइयों में व्यक्त किया जाता है। (जैसे कि यदि प्रदत्तों में बच्चों का वजन पौंड में दिया हुआ है तो माध्य विचलन या मानक विचलन भी पौंड में व्यक्त किया जाएगा।) इसलिए दो या अधिक सामग्री के विचलनों की तुलना के लिए यह आवश्यक है कि विचलन के मान को एक अनुपात या अंक के रूप में व्यक्त किया जाए जिसकी कोई इकाई न हो।

इसके लिए विचरण गुणक निम्न सूत्र द्वारा निकाला जात है :

$$CV = \frac{SD}{M} \times 100$$

और इसे प्रतिशत में व्यक्त किया जाता है, क्योंकि मानक विचलन और माध्य की एक ही इकाइयां हैं। विचरण गुणक की कोई इकाई नहीं होगी।

उदाहरण 15 : उदाहरण 14 में दिए हुए प्रदत्त के लिए माध्य = 29.95 वर्ष और मानक विचलन 15.48 वर्ष है। अतः विचरण गुणक =

$$\frac{SD}{M} \times 100 = \frac{15.48}{29.95} \times 100 = 51.7\%$$

जैसा कि उपर्युक्त सूत्र से पता चलता है, विचरण गुणक विचलन का मध्यक अनुपात बताता है, अतः दो विभिन्न आंकड़ों में मध्यम की तुलना में विचलन एक सा है तो दोनों का विचरण गुणक समान होगा, अन्यथा नहीं। इसलिए विभिन्न सामग्रियों के विचलनों की तुलना के लिए विचरण गुणक का प्रयोग प्रायः अधिक उपयुक्त होता है।

सहसंबंध गुणांक (Correlation Coefficient)

प्रायः हमें दो गुणों के अलग–अलग आंकड़े अध्ययन करने के स्थान पर उसके सहसंबंध का अध्ययन करना पड़ता है। प्रत्येक व्यक्ति या पद के लिए दो या अधिक गुणों के अंक उपलब्ध होने पर हम सहसंबंध निकाल सकते हैं और उससे

यह जानकारी प्राप्त कर सकते हैं कि दो गुण परस्पर संबंधित हैं या नहीं अर्थात एक–दूसरे पर निर्भर है या एक–दूसरे पर कोई प्रभाव नहीं पड़ता और यदि निर्भर हैं तो किस सीमा तक। उदाहरण के लिए, हम यह जान सकते हैं कि बच्चों की गणित में योग्यता, उनकी संगीत में निपुणता परस्पर संबंधित हैं या नहीं। पिता की आय और बच्चों की कक्षा में योग्यता में क्या संबंध है? ऊंचाई और भार में परस्पर क्या संबंध है? या अन्न की पैदावार की वर्षा पर कितनी निर्भरता है, इत्यादि।

सहसंबंध गुणांक (r) का सूत्र देने से पहले हम बता दें कि उस अवस्था में, जबकि दो चरों में पूर्ण सहसंबंध है तो (r) का मान 1.00 होता है, यदि 100 विधार्थियों में प्रत्येक के गणित में प्राप्तांक और संगीत में प्राप्तांक का अनुपात एक सा है तो इन दोनों विषयों की योग्यता में शुद्ध सहसंबंध है और (r) का मान 1 होगा। किंतु यह तो एक आदर्श परिस्थिति हो गई। दोनों विषयों के अंकों में यदि सहसंबंध गुणांक .80 या .70 भी हैं तो उनका सहसंबंध बहुत अधिक माना जाता है। इसके विपरीत ऐसी भी परिस्थिति हो सकती है, जबकि विधार्थियों के जिनके गणित में प्रांप्तांक 40 हैं और संगीत में 0 से 100 सभी प्रकार के अंक हैं अर्थात एक विषय में योग्यता का दूसरे में कुछ भी प्रभाव नहीं पड़ रहा है। इस प्रकार की आदर्श परिस्थिति में $r = 0$ होगा। पर यदि r का मान शून्य के निकट भी है, जैसे .10, .20 तो हम दोनों चरों को स्वतंत्र मान सकते हैं।

एक और परिस्थिति संभव है, जबकि एक विषय में अच्छी योग्यता के साथ दूसरे विषय में कम योग्यता पाई जाए। उस अवस्था में सहसंबंध ऋणात्मक होगा। जब पूर्ण ऋणात्मक सहसंबंध होता है तो r का मान – 1 होता है। इन तीनों परिस्थितियों को निम्नलिखित कल्पित उदाहरणों से भलीभांति समझा जा सकता है:

सारणी – 4

I			*II*		*III*	
छात्र संख्या	*ग0*	*स0*	*ग0*	*स0*	*ग0*	*स0*
1	20	30	50	30	20	80
2	30	40	50	40	40	60
3	45	55	40	30	50	50
4	50	60	40	40	60	40
5	60	70	45	35	80	20
	r = 1		r = 0		r = -1	

1. सहसंबंध गुणांक का सूत्र : अवर्गित प्रदत्त

मान लीजिए छ व्यक्तियों के दो चरों का मान इस प्रकार दिया गया है :

व्यक्ति संख्या : 1 2..............N

$X : x_1\ x_2 \ldots\ldots\ldots x_n$

$Y : y_1, y_2 \ldots\ldots y_n$

उदाहरण के लिए, X व्यक्ति का भार हो सकता है और Y उसकी ऊंचाई। इसके लिए r, जिसे गुणनफल आघूर्ण सहसंबंध गुणांक भी कहते हैं, निम्नलिखित किसी भी सूत्र से निकाला जा सकता है :

$$r = \frac{\sum(X - Mx)(Y - My))}{\sqrt{\sum(X - Mx)^2 \sum(Y - My)^2}}$$

$$= \frac{\sum XY - NMxMy}{\sqrt{\left(\sum X^2 - NMx^2\right)\left(\sum Y^2 - NMy^2\right)}}$$

$$= \frac{N\sum XY - \sum X \sum Y}{\sqrt{\left[N\sum X^2 - \left(\sum X\right)^2\right]\left[N\sum Y^2 - \left(\sum Y\right)^2\right]}}$$

जबकि Mx = X सारणी का माध्य

My = Y सारणी का माध्य

यदि X के लिए कल्पित माध्य A और Y के लिए B मान लें और उसमें x = X – A और y = Y – B निकाल लें तो प्रायः r का मान निम्न सूत्र से और सरलतापूर्वक निकाला जा सकता है।

$$r = \frac{N\sum x'y' - \sum x' \sum y'}{\sqrt{\left[N\sum fx'2 - \left(\sum fx'\right)^2\right]\left[N\sum fy'^2 - \left(\sum fy'\right)^2\right]}}$$

2. वर्गीकृत सामग्री

दो चरों के लिए दी हुई सामग्री से भी उसी प्रकार आवृत्ति सारणी बनाई जा सकती है, जैसे कि एक चर के लिए। जबकि अंकों की संख्या अधिक होती है, इस प्रकार की सारणी बनाना अधिक उपयोगी होती है। ऐसी सारणी को सहसंबंध तालिका कहते हैं। सहसंबंध निकालने का सूत्र देने से पहले हम एक छोटे उदाहरण द्वारा ऐसी तालिका बनाने की विधि बताएंगे।

यद्यपि 20 प्रेक्षणों के लिए आवृत्ति सारणी बनाने की आवश्यकता साधारणतः नहीं होती, हम यह उदाहरणस्वरूप दे रहे हैं :

उदाहरण 16 : मान लीजिए 20 छात्रों के गणित और अंग्रेजी में निम्नलिखित अंक हैं :

अनुक्रम	*गणित*	*अंग्रेजी*
1	24	17
2	21	21
3	37	23
4	55	50

5	46	30
6	52	56
7	43	41
8	16	41
9	42	32
10	11	26
11	35	26
12	36	34
13	23	26
14	28	15
15	23	25
16	20	8
17	30	20
18	35	28
19	41	45
20	46	54
गणित के अंक = X		अंग्रेजी के अंक = Y

सारणी 5

$\frac{X \rightarrow}{\downarrow Y}$	9.5 – 19.5	19.5 29.5	29.5 – 39.5	39.5– 49.5	49.5 – 59.5
0.95		| (1)			
9.5-19.5		| | (2)			
19.5-29.5	| (1)	| | | (3)	| | | | (4)		
29.5-39.5			| (1)	| | (2)	
39.5 - 49.5	| (1)			| | (2)	
49.5 - 59.5				| (1)	| (1)

प्रत्येक (X,Y) के लिए उचित खाने में एक चिह्न (i) लगाया जाता है। जैसे सर्वप्रथम X=24, Y= 17 है, अतः X के (19.5-29.5) और Y के (09.5-19.5) के लिए जो खाने तालिका में है, उसमें एक अनुमिलन चिह्न लगाएंगे। बाद में प्रत्येक खाने के अनुमिलन चिह्न गिन लेंगे। यह उस खाने की आवृत्ति होगी। जैसे X के (19.5-25) और Y के (9.5-19.5) द्वारा जो वर्ग बनता है, उसमें आवृत्ति 1 है, जिनके और हैं कि 2 ऐसे व्यक्ति हैं जिनका X, (19.5-29.5) के बीच में है और Y, (9.5-19.5) के बीच में है।

मान लीजिए X के लिए m वर्ग है और Y के लिए वर्ग n हैं X_1, X के वर्ग का मध्य बिंदु और Y_1, Y के वर्ग का 1 X के वर्ग और Y के वर्ग से जो खाना बनता है, उसे हम (ij) खाना कह सकते हैं।

अब सहसंबंध गुणांक निकालने के लिए निम्न सूत्र प्रयोग में लाए जा सकते हैं :

$$r = \frac{\sum fxy(X-Mx)(Y-My)}{\sqrt{\sum fx(X-Mx)^2 \sum fy(Y-My)^2}} \qquad \ldots (i)$$

यहां fx के स्तम्भ की आवृत्तियों के योग हैं और fy, Y की पंक्ति की आवृत्तियों के योग हैं।

$$r = \frac{\sum fxy \times Y - NM_x M_y}{N(\sum f_x X^2 - NX^2)(\sum fyY^2 - NY^2)} \qquad \ldots (i)$$

$$= \frac{N\sum f_{xy} - (\sum f_x X)(\sum f_y Y)}{\sqrt{[N\sum f_x X^2 - (\sum_x X)^2][N\sum f_y Y^2 - (\sum f_y Y)^2]}} \qquad \ldots (iii)$$

$$= \frac{N\sum f_{xy} XY - \sum f_x X \sum f_y Y}{\sqrt{[N\sum f_x X^2 - (\sum f_x X)^2][N\sum f_y Y^2 - (\sum f_y Y)^2}}$$

यदि X और Y दोनों के लिए कोई कल्पित माध्य लेकर $u = \frac{X-A}{i}$ और $V = \frac{Y-B}{d}$ निकाल लें तो गणना और सरल हो जाएगी (यहां X का कल्पित माध्य A है और Y का B,X का वर्गांतर i और Y का d है) इस स्थिति में r का सूत्र निम्नलिखित होगा :

$$r = \frac{N\sum x'y' - \sum x' \sum y'}{\sqrt{[N\sum fx'^2 - (\sum fx')^2][N\sum fy'^2 - (\sum fy')^2]}}$$

सरलता के कारण ये सूत्र सर्वाधिक प्रयोग में लाए जाते हैं।

विधि

सारणी 6 में स्तंभ में X के वर्ग समूह और पंवित में Y के वर्गांतर दिए हैं। X

के आगे दिए हुए खानों में और Y के नीचे दिए हुए खानों में वर्ग के मध्य बिंदु हैं। X और Y दोनों के लिए कल्पित माध्य 25 मानकर x' और y' निकालने के लिए $y'=\frac{y-25}{10}$ और $x'=\frac{x-25}{10}$ का प्रयोग किया है। (दोनों का वर्गांतर 10 है) उदाहरण के लिए दूसरे स्तंभ में $x'=\frac{15-75}{10}=1$ है।

(1) से (5) तक की पंक्तियों का परिकलन :

पंक्ति (1) में प्रत्येक स्तंभ की आवृत्तियों के योग दिए गए हैं। जैसे–दूसरे स्तंभ में fx = 5 + 8+ 4 =17

पंक्ति (2) में f_x और x' के गुणनफल दिए गये हैं। जैसे (5) के स्तंभ के लिए $f_{x'}$ = 4 X 2 = 8 है।

पंक्ति (3) में पंक्ति (2) के अंकों और x' के गुणनफल हैं। जैसे प्रश्न स्तम्भ (यहां सारणी 6 : सहसंबंध सारणी आयेगी।) में fx'^2 = -4 X -2= 8 है।

पंक्ति (4) में दूसरे स्तंभ की आवृत्तियों और y' के गुणनफलों का मान दिया गया है। जैसे दूसरे स्तंभ के लिए Σy' = 5 X (-2) + 8 X -1 = 5 X - 2 + 8 X -1 + 4 X 0 = 18 है।

पंक्ति (5) में x' और पंक्ति 4 के अंकों के गुणनफलों दिये हैं। जैसे इस पंक्ति के प्रथम स्तंभ में Σ x' y' = - 2 X (- 4) = 8 है। इसी प्रकार (1) से (5) स्तंभ के परिकलन किए गए हैं। मोटी रेखा से घिरे हुए खानों में पंक्तियों व स्तंभो के योग दिए हुए हैं। गणना की सत्यता की जांच के लिए निम्न बातें ध्यान देने योग्य हैं :

(क) पंक्ति (2) का योग = स्तंभ (4) का योग
(ख) पंक्ति (4) का योग = स्तंभ (2) का योग
(ग) पंक्ति (5) का योग = स्तंभ (5) का योग

अब r के सूत्र में प्रयोग होने वाली राशियां इस प्रकार निकाली जाएंगी :

$$\sum x'y'=37$$
$$\sum fx'=-1, \sum fy'=-10$$
$$\sum fx'^2=53, \sum fy'^2=83$$

$$r=\frac{67X37-(-1)X(-10)}{\sqrt{[67\times 53-(-1)^2][67\times 86-(-10)^2]}}$$
$$=\frac{2469}{\sqrt{3550\times 5662}}=\frac{2469}{59.582\times 75.246=4483.21}=.55$$

सहसंबंध गुणांक की विशेषताएं (Characteristics of Correlation)

1. यह एक अनुपात है और इसकी कोई इकाई नहीं होती। इसका मान सदैव

+ 1 और + 1 के बीच रहता है। पूर्णात्मक सहसंबंध की दशा में गुणक का मान 1 और पूर्ण ऋणात्मक सहसंबंध की दशा में – 1 होता है। कोई सहसंबंध न होने पर r का मान शून्य होता है।

2. इसकी गणना में प्रदत्तों के सभी अंकों का प्रयोग होता है, अतः यह दो चरों में सहसंबंध का आदर्श माप है।
3. इससे दो समंक मालाओं के बीच सहसंबंध की मात्रा अवश्य मालूम हो जाती है किंतु यह नहीं मालूम होता कि दोनों मालाओं में कारण और प्रभाव का संबंध है या नहीं। सामान्य बुद्धि से ही जाना जा सकता है कि दो मालाओं मे सहसंबंध अधिक होते हुए भी वह निरर्थक है या कारण प्रभाव का द्योतक है। किसी स्थान पर कई वर्ष के प्रदत्तों (अध्यापकों की आय और मदिरा के विक्रय) में निकाला गया सहसंबंध बहुत अधिक पाया गया, पर यह कहना कि अध्यापक आय बढ़ने पर अधिक मदिरा सेवन करने लगे, अनुचित होगा। वास्तव में कुछ अन्य ही कारणों द्वारा दोनों में एक साथ वृद्धि या कमी हुई है, परस्पर प्रभाव एक–दूसरे पर कुछ भी नहीं है।
4. सहसंबंध जब धनात्मक होता है तो इस बात का द्योतक होता है कि एक चर में वृद्धि होने से दूसरे में भी वृद्धि होती है। इससे ऋणात्मक होने का अर्थ है कि यदि एक चर में वृद्धि होती है तो दूसरे में कमी अर्थात दोनों का विचरण विपरीत दिशा में है। उदाहरण के लिए, किसी वस्तु के मूल्य में वृद्धि होने से उसकी मांग प्रायः कम हो जाती है, अतः मूल्य और मांग में ऋणात्मक सहसंबंध होना चाहिए। इसी तरह बच्चों की ऊंचाई और भार में धनात्मक सहसंबंध होने की अपेक्षा की जाती है।
5. सहसंबंध केवल दो चरों के विचरण की दिशा ही नहीं बताता, बल्कि दोनों में विचरण की मात्रा पर भी प्रकाश डालता है।

सहसंबंध के नियम

किसी प्रदत्त के लिए (r) सहसंबंध का मूल्य निकालने के बाद प्रश्न उठता है कि उसका साधारण शब्दों में क्या अर्थ समझा जाए। उदाहरण के लिए, यदि r = 0.40 तो सहसंबंध 'अधिक' समझें या 'कम'। वास्तव में इस प्रश्न का उत्तर परिस्थिति विशेष पर निर्भर करता है किंतु शैक्षिक जांच या अन्य परीक्षणों के लिए निम्न मोटे–मोटे नियम प्रयोग में लाए जा सकते हैं:

1. यदि r, o और + .20 के बीच है तो संबंध नहीं या नाममात्र को है।
2. यदि r, + .20 और .40 के बीच है तो सहसंबंध है, पर बहुत कम मात्रा में।
3. यदि r, .40 और .70 के बीच है तो सहसंबंध पर्याप्त मात्रा में है।
4. यदि r, .70 और 1 के बीच है तो दोनों चरों में बहुत अधिक संबंध है।

(r) का धनात्मक या ऋणात्मक होना, जैसा कि बताया जा चुका है। यह सूचित करता है कि दोनों में विचरण समान दिशा में हे या विपरीत दिशा में।

सहसंबंध गुणांक के अर्थ निकालते समय ये बातें ध्यान में रखी जाएं :

1. दोनों चर किस प्रकार के हैं तथा r निकालने का उद्देश्य क्या है?
2. निरीक्षण की संख्या क्या है और समूह में विचरण कितना है?
3. परीक्षण की विश्वसनीयता क्या है?

संभावना सारणी

जब प्रदत्तों का गुणात्मक वर्गीकरण किया गया है तो प्रश्न आता है कि दो गुणों में संबंध हैं या नहीं, और हैं तो कितनी मात्रा में है? इसे जानने के लिए हम निम्नलिखित उदाहरण पर विचार करेंगे:

मान लीजिए समान आयु के बच्चों का वर्गीकरण बुद्धिलब्धि तथा जाति के अनुसार किया जाता है। व्याख्या द्वारा यह मालूम करना है कि दोनों बातें संबधित हैं या नहीं अर्थात जाति का प्रभाव बुद्धिलब्धि पर पड़ता है या नहीं। इसके लिए निम्न प्रकार की सारणी बनेगी :

जाति	81-90	91-100	101-110
ब्राह्मण	n_{11}	n_{12}	n_{13}
क्षत्रिय	n_{21}	n_{22}	n_{23}
शूद्र	n_{31}	n_{32}	n_{33}

इस उदाहरण के लिए सारिणी में n_{11} उन व्यक्तियों की संख्या है जो क्षत्रिय हैं और साथ ही साथ जिनकी बुद्धिलब्धि 81–90 के बीच में है।

यदि जाति का बुद्धिलब्धि पर कोई प्रभाव नहीं पड़ता है तो प्रत्येक जाति के लिए संस्थाओं का वितरण बुद्धिलब्धि के वर्गों में एक–सा होना चाहिए। यदि वितरण में असमानता है तो वह इस बात को सूचित करती है कि जाति का प्रभाव बुद्धिलब्धि पर पड़ता है। बुद्धिलब्धि जाति से कहां तक प्रभावित है, इसके लिए हम x^2 व संभावना गुणांक का मान निकालते हैं :

$$x^2 = \sum \frac{(f_o - f_e)^2}{fe}$$

f_0 = प्रेक्षित आवृत्ति
f_e = प्रत्याशित आवृत्ति

संभावना गुणांक

$$C = \sqrt{\frac{\chi^3}{\chi^1 + N}}$$

यदि जाति का प्रभाव बुद्धिलब्धि पर नहीं पड़ता है तो संभावना गुणांक आवृत्ति के निकट होगा।

उदाहरण 17 : निम्न तालिका में 100 पुत्रों और उनके पिताओं के रंगों की आवृत्तियां दी हैं:

पुत्र		*पिता*		*योग*
	गोरा	*गेहूंआ*	*काला*	
गोरा	10	15	5	30
गेहूंआ	5	20	25	50
काला	5	5	10	20
योग	20	40	40	100

इनके लिए,

$$x^2 = 100\left(\begin{array}{l}\frac{(10)^2}{30\times20}+\frac{(15)^2}{30\times40}+\frac{(5)^2}{30\times40}+\frac{(5)^2}{50\times20}+\frac{(20)^2}{50\times40}+\frac{(2.5)^2}{50\times40}+\\ \frac{(5)^2}{20\times20}+\frac{(5)^2}{20\times40}+\frac{(10)^2}{20\times40}-1\end{array}\right)$$

$$= 100\times\frac{21}{160} = 13.15$$

संभावना गुणांक

$$C = \sqrt{\frac{13.125}{13.125+100}} = .34$$

यह बताता है कि पिता और पुत्र के रंगो में संबंध तो है पर अधिक नहीं है।

समाश्रयण तथा पूर्वानुमान (Regression and Prediction)

यदि किसी कक्षा के विधार्थियों के अर्द्धवार्षिक और वार्षिक परीक्षाओं के अंक दिए हुए हैं तो उन दोनों के बीच सहसंबंध जाना जा सकता है। किंतु प्रायः यह समस्या भी आती है कि इन समंकों के आधार पर यदि किसी विद्यार्थी के अर्द्धवार्षिक परीक्षा के अंक लेकर उसके वार्षिक परीक्षा के अंकों को पूर्वानुमानित किया जाए। यहां हम एक विवरण द्वारा दूसरे का पूर्वानुमान लगाने की समस्या का अध्ययन करेंगे।

यदि विवरणों को X और Y द्वारा द्योतित किया जाए, तो दिए हुए अंकों द्वारा ऐसा समीकरण निकाला जा सकता है जिससे किसी भी X के लिए सबसे अधिक

उपयुक्त Y का मान निकाला जा सकता है। वास्तव में किसी भी X के लिए समंक में Y के अनेक मान संभव हो सकते हैं। इन संभव मानों का मध्यक ही उस X के सबसे उपयुक्त पूर्वानुमानित मान कहा जा सकता है। वह समीकरण जिससे किसी X के लिए Y के मान पूर्वानुमानित कर सकते हैं, Y और X की समाश्रयण रेखा का समीकरण कहलाती है। यदि X और Y समंक मालाओं के माध्य क्रमशः M_x और M_y हैं, उनके मानक विचलन क्रमशः σ_x और σ_y हैं तथा उनके बीच का सहसंबंध गुणांक r है, तो X और Y की समाश्रयण रेखा का निम्न समीकरण होता है :

$$X - M_x = r\frac{\sigma_x}{\sigma_y}(Y - M_y)$$

$$Y - M_y = r\cdot\frac{\sigma_y}{\sigma_x}(X - M_x)$$

जबकि Y का अर्थ है Y के ज्ञात मान के लिए Y का पूर्वानुमानित मान। इसी प्रकार यदि दिए हुए समंकों द्वारा किसी दिए हुए Y के लिए X का मान पूर्वानुमानित करना है तो X और Y की समाश्रयण रेखा के लिए निम्न समीकरण का प्रयोग करेंगे। उपर्युक्त समीकरण X और Y का समाश्रयण समीकरण है। X और Y के लिए एक समान समीकरण इस प्रकार हैं :

$$x - Mx = r\frac{\sigma_x}{\sigma_y}(Y - M_y)$$

उदाहरण 18 : मान लीजिए 100 लड़कों की आयु (X) और भार (Y) के प्रदत्त उपलब्ध हैं जिनमें निम्नलिखित मानों को निकाला गया है।

$Mx = 12.56$ वर्ष , $M_y = 74.5$ पौ0

$\sigma x = 3.2$ वर्ष, $\sigma_y = 2.12$ पौ0

$r = .85$

मान लीजिए एक 10 वर्ष के लड़के का भार और 70 पौंड भार वाले लड़के की आयु पूर्वानुमानित करनी हैं

भार पूर्वानुमानित करने के लिए Y की समाश्रयण रेखा का निम्न समीकरण प्रयोग करेंगे :

$$Y - 74.5 = .85 \times \frac{2.12}{3.2}(X - 12.56)$$

$$= 503(X - 12.56)$$

या Y = .563 X + 63.43

इसमें X = 10 रखने से Y = 73.06 पौंड आता है।

यही पूर्वानुमानित मान है।

इसी प्रकार आयु पूर्वानुमानित करने के लिए x की समाश्रयण रेखा का समीकरण प्रयोग करेंगे:

या

$$X - 12.56 = .85 \times \frac{3.2}{2.12}(Y - 74.5)$$
$$= 1.283(Y - 74.5)$$
$$X = 1.283Y - 83.02$$

इसमें Y = 70 रखने से उसके लिए X का पूर्वानूमानित मान 6.79 आता है।

समाश्रयण रेखा की विशेषताएं तथा परिसीमाएं

1. समाश्रयण रेखा की उपयोगिता किसी समूह से लिए गए समंकों के आधार पर उसके किसी व्यक्ति के लिए पूर्वानमान करने में है। पूरे समूह में एक हजार व्यक्ति हो सकते हैं – उनमें से कोई 100 चुने हुए व्यक्तियों की ऊंचाई और भार के समंक लेकर समाश्रयण रेखा के समीकरण निकाले जा सकते हैं। अब समूह के किसी व्यक्ति की ऊंचाई मालूम होने पर उसका भार समीकरण द्वारा पूर्वानुमानित किया जा सकता है। उस व्यक्ति का सही भार तो संभवतः नहीं होगा किंतु उस ऊंचाई के व्यक्तियों का उस समूह में जो औसत भार होना चाहिए, वह अवश्य इसके द्वारा व्यक्त होता है।
2. वर्ष के आरंभ में दिए परीक्षणों के आधार पर वर्ष के अंत में क्या परिणाम होगा, इसका पूर्वानुमान भी छात्र के लिए किया जा सकता है। इसके लिए किसी भी वर्ष में दोनों परीक्षाओं के बीच निकाले गए सहसंबंध के आधार पर प्रत्येक आगामी वर्ष में लिए पूर्वानुमान संभव है। व्यावसायिक निर्देशन से पेशे में सफलता का पूर्वानुमान अभिक्षमता परीक्षण से व्यक्ति के किसी व्यवसाय पेशे में सफलता का पूर्वानुमान और इस प्रकार के अनेक पूर्वानुमान की समस्याओं में समाश्रयण रेखा का महत्व है।
3. यदि दो चरो में सहसंबंध रेखिक रेखा द्वारा ठीक ठीक व्यक्त किया जाता है तो समाश्रयण रेखा अधिक महत्वपूर्ण नहीं होगी।
4. यदि समूह में परिस्थितिवश कोई परिवर्तन आ गया है तो उपलब्ध समाश्रयण रेखा द्वारा पूर्वानुमान वैध नहीं होगा। वर्ष के आरंभ में दिए गए परीक्षणों के आधार पर अंतिम परीक्षा के परिणाम तभी पूर्वानुमानित किए जा सकते हैं, जब समाश्रयण रेखा जिस वर्ष के लिए निकाली थी, उस वर्ष और वर्तमान वर्ष के शिक्षण की पद्धतियों या अन्य परिस्थितियों में कोई अंतर न पड़ा हो। इसी प्रकार यदि बच्चों की ऊंचाई से भार के पूर्वानुमान के लिए समाश्रयण रेखा निकाली है तो उसका प्रयोग वयस्कों के लिए नहीं किया जा सकता।

अनुमान का विभ्रम (Standard Error of Estimate)

यदि X और Y चरों के बीच समाश्रयण रेखा निकाली है तो उन समाश्रयण रेखाओं द्वारा प्राप्त किसी X के लिए Y का पूर्वानुमानित मान या आकल वास्तव में Y की उस X के लिए सर्वाधिक संभाव्य मान है। यह निश्चित है कि यह मान प्रदत्तों के अंकों पर निर्भर है। अतः प्रदत्तों में कुछ परिवर्तन होने से यह आकल भी बदल सकता है। प्रश्न उठता है कि आकल किस सीमा तक सही है और उस पर कितना विश्वास रखा जा सकता है? आकल की विश्वसनीयता के माप के लिए निम्न सूत्र द्वारा उसकी मानक अशुद्धि निकालते हैं:

$$\sigma(est.y) = \sigma_y \sqrt{1-r^2}$$

σy = S.D of y

r = X और Y का सहसंबंध गुणांक

उदाहरण 19 : उदाहरण 18 में 10 वर्ष की आयु के लड़के का भार का आकल 73.06 पौंड निकाला था। इस आकल की मानक अशुद्धि

$$2.12X\sqrt{1-(.85)^2} = 2.12\sqrt{0.2775}$$
$$= 1.115$$

विवेचना : जिस विद्यार्थी के हमने Y चर में 73.06 पौंड भार होने का पूर्वानुमान लगाया है, लगभग 68% स्थितियों में उसका भार 73.06 ± $1\sigma_{est}$ अर्थात, 73.06 ± 1.115 = 74.175 तथा 71.945 भार होने की प्रसंभाव्यता रहती है। 5% विश्वास के स्तर पर आकलित भार की सीमाएँ 73.06 ± $1.96\sigma_{est}$ होगी।

कोटि सहसंबंध (Rank Correlation)

कभी–कभी व्यक्तियों के किसी गुण को अंकों में नापना संभव नहीं होता, पर उन्हें श्रेणीवार इस गुण के अनुसार रखा जा सकता है। उदाहरण के लिए, व्यक्तियों को नैतिक चरित्र, कार्यकुशलता या किसी क्षेत्र में निपुणता की दृष्टि से श्रेणीबद्ध किया जा सकता है। किंतु इन विशेषताओं का ठीक माप प्रत्येक व्यक्ति से मालूम करना कठिन होगा। इसी तरह कक्षा के विद्यार्थियों को स्वास्थ्य या सफाई की दृष्टि के क्रमानुसार रखकर सभी की श्रेणी निर्धारित की जा सकती है। जब दो भिन्न गुणों के अनुसार यदि कुछ व्यक्तियों को दो श्रेणियों में रखा जाता है, तो उन गुणों के सहसंबंध का प्रश्न उठता है। यदि स्वास्थ्य की दृष्टि से कक्षा में अधिकतर छात्रों का वही नंबर है जो कि परीक्षाफल में, तो स्वास्थ्य और अध्ययन में सहसंबंध अधिक है।

कोटि सहसंबंध ऐसी ही श्रेणियों के बीच निकाले गए सहसंबंध को कहते हैं। यदि n व्यक्तियों की दो श्रेणियां दी हुई हैं और $d_1, d_2 ......, d_n$ इन व्यक्तियों की श्रेणियों के अंतर हैं तो सहसंबंध का सूत्र निम्नलिखित होगा :

$$\rho = 1 - \frac{6\sum d^2}{n(n^2-1)}$$

(इसे ग्रीक अक्षर ρ (rho) से प्रायः व्यक्त करते है।)

उदाहरण 20 : मान लीजिए 7 विद्यार्थियों के दो परीक्षाओं में निम्नलिखित अंक हैं:

	(1)	(2)	(3)	(4)	(5)	(6)	(7)
प्रथम परीक्षा	18	15	17	20	24	13	9
द्वितीय परीक्षा	19	16	28	15	22	11	10

कोटि सहसंबंध निकालने के लिए इन विद्यार्थियों को पहले प्रथम परीक्षा में अंकों के अनुसार श्रेणीवार रखेंगे, फिर इसी तरह द्वितीय परीक्षा के अंकों के अनुसार उन्हें श्रेणीवार रखेंगे। जैसे प्रथम परीक्षा में 5वें विद्यार्थी का प्रथम श्रेणी तथा चौथे की द्वितीय श्रेणी हैं। इस प्रकार निम्न परिणाम प्राप्त होंगे:

	(1)	(2)	(3)	(4)	(5)	(6)	(7)
ग की कोटियां	3	5	4	2	1	6	7
ल की कोटियां	3	4	1	5	2	6	7
अंतर क	0	1	3	-3	-1	0	0
क^2	0	1	9	9	1	0	0

$$\sum d^2\ 1 = 0+1+9+9+1+0+0=20$$

$$\rho = 1 - \frac{6 \times 20}{(7)^3 - 7} = 1 - \frac{120}{343-7} = 1 - \frac{120}{336}$$

$$= \frac{216}{336} = .64$$

नोट : यदि दो पदों के एक से ही अंक हैं तो उन्हें श्रेणीवार रखने की समस्या होती है। मान लीजिए उपर्युक्त उदाहरण में ग की श्रेणीमाला में दूसरे व छठे विद्यार्थी के अंक 15 हैं, उस समय दूसरे और छठे विद्यार्थी में प्रत्येक की श्रेणी 5.5 मानी जाएगी, और इसके बाद के विद्यार्थी की कोटि 6 के स्थान पर 7 मानी जाएगी। गणना उसी प्रकार d निकालकर की जाएगी, जैसा कि ऊपर उदाहरण में दिया गया है।

$$\frac{6+5}{2} = 5.5$$

कोटि सहसंबंध का भी मान सदैव + 1 और – 1 क बीच में रहता है और इसकी व्याख्या भी सहसंबंध की भांति की जाती है। हां, उस स्थिति में, जबकि प्रत्येक व्यक्ति के माप द्वारा प्राप्त ठीक–ठीक अंक उपलब्ध हैं, कोटि सहसंबंध निकालना उचित नहीं होता, क्योंकि वह साधारण सहसंबंध प्रोडक्ट मूवमेंट सहसंबंध से कम ठीक होता है।

आंशिक तथा बहुगुण सहसंबंध (Partial and Multiple Correlation)

यदि दो से अधिक चर होते हैं, तो उनमें परस्पर संबंध का अध्ययन करने के लिए हमें आंशिक सहसंबंध और बहुगुण सहसंबंध का प्रयोग करना पड़ता है। हमें बालकों की आयु, ऊंचाई, भार, शारीरिक शक्ति, सामान्य ज्ञान आदि चरों के समंक एक साथ उपलब्ध हो सकते हैं और प्रायः इनमें से किन्हीं दो के बीच निकाला गया सहसंबंध धनात्मक और अधिक होगा। किंतु आयु के साथ ही अन्य सभी का विकास होता है, अतः यदि आयु का प्रभाव घटाकर किन्हीं दो चरों में सहसंबंध निकालें तो संभवतः वह अधिक न होगा। उस स्थिति में क्या सहसंबंध होगा, यह जानने के लिए हम केवल समान आयु के बालक चुनें, तो उत्तर पाना संभव है, पर यह कर पाना कठिन है। आंशिक सहसंबंध द्वारा किसी भी अन्य चर का प्रभाव घटा कर दो चरों का सहसंबंध जाना जा सकता है।

किसी भी एक चर पर अन्य सभी चरों का प्रभाव पड़ सकता है, जैसे परीक्षाफल पर बालक के नित्य पढ़ने के समय, माता–पिता की आर्थिक स्थिति, आयु, बुद्धिलब्धि, स्वास्थ्य आदि अनेक चरों के प्रभाव पड़ सकते हैं। किसी चर पर अन्य चरों का सामूहिक रूप से प्रभाव किस सीमा तक पड़ता है, इसकी जानकारी बहुगुण सहसंबंध द्वारा प्राप्त की जा सकती है।

मान लीजिए यदि x, y और z तीन चरों की समंक मालाएं दी हुई हैं, तो x,y के बीच सहसंबंध r_{xy}, y, z के बीच सहसंबंध r_{yz} और z, x के बीच सहसंबंध r_{xz} निकाला जा सकता है।

x, y, z की समंक मालायें

क्रमांक	x	y	z
1	x_1	y_1	z_1
2	x_2	y_2	z_2
:	:	:	:
N	x_n	y_n	z_n

z का x और y पर प्रभाव हटाने के बाद x, y में क्या संबंध है, यह जानने के लिए निम्न सूत्र द्वारा सहसंबंध गुणांक निकालेंगे :

इसी प्रकार $$r_{xy\cdot z} = \frac{r_{xy} - r_{yz} - r_{zx}}{\sqrt{1-r^2_{zx}}\sqrt{1-r^2_{yz}}}$$

और $$r_{yz\cdot x} = \frac{r_{yz} - r_{zx} - r_{xy}}{\sqrt{1-r^2_{zx}}\sqrt{1-r^2_{xy}}}$$

$$r_{xz\cdot y} = \frac{r_{xz} - r_{xy} - r_{yz}}{\sqrt{1-r^2_{xy}}\sqrt{1-r^2_{yz}}}$$

इन सबका मान – 1 और + 1 के बीच कुछ भी हो सकता है। हम किन्हीं दो चरों के द्वारा तीसरे चर का पूर्वानुमान भी लगा सकते हैं। यदि x y और z की मध्यक क्रमशः M_x, M_y और M_z हैं तथा मानक विचलन σ_x, σ_y और σ_z हैं, तो दिये हुये y,z के लिये x का मान पूर्वानुमानित मान होगा, तो इसे निम्नलिखित z पर x के समाश्रयण समीकरण द्वारा निकाल सकते हैं :

$$(X - M_x) = b_{xy}(Y-M_y) = b_{xz}(Z-M_z)$$

इसमें $$b_{xy\cdot z} = \frac{\sigma_x\sqrt{1-r^2_{xz}}}{\sigma_y\sqrt{1-r^2_{yz}}}$$

और $$b_{xz\cdot y} = \frac{\sigma_x\sqrt{1-r^2_{xy}}}{\sigma_z\sqrt{1-r^2_{zy}}}$$

अब Y और Z के किस सीमा तक X पर प्रभाव पड़ता है, यह जानने के लिए हम X और Y, Z के बीच निम्न सूत्र द्वारा बहुगुण सहसंबंध गुणांक निकालेंगे :

$$R_{x\cdot yz} = \frac{\sqrt{r^2_{xy} + r^2_{xz} - 2r_{xy}r_{xz}r_{yz}}}{1-r^2_{yz}}$$

वास्तव में यह y और z द्वारा x की पूर्वानुमानित मान और x का समंक में दिए मान के बीच सहसंबंध गुणक है। इसका मान सदैव –1 और +1 के बीच ही होगा।

उदाहरण 21 : कुछ छात्रों की ऊंचाई (X), भार (Y) और आयु (Z) के बीच निकाले सहसंबंध ये हैं :

$$r_{xy} = .75, \quad r_{yz} = .54, \quad r_{xz} = .43$$

अतः X, Y के बीच आंशिक सहसंबंध गुणांक

$$r_{xy\cdot z} = \frac{.75 - .43 \times \cdot 54}{\sqrt{[1-(\cdot 43)^2][1-(.54)^2]}} = .681$$

यह सूचित करता है कि आयु के प्रभाव को हटाने के बाद ऊंचाई और भार में सहसंबंध केवल .68 रह जाता है। इसके अर्थ इस प्रकार भी लगाए जा सकते हैं कि यदि केवल समान आयु के छात्रों की ऊंचाई और भार के बीच सहसंबंध निकालें, तो वह .68 होगा :

यदि प्रदत्तों में $\bar{X} = 61$ इंच, $\bar{Y} = 82$ पौंड और $\bar{Z} = 12.8$ वर्ष और $\sigma_x = 2.8$ इंच, $\sigma_Y = 12$ पौंड और $\sigma_Z = 15$ वर्ष है तो X का YZ पर समाश्रयण समीकरण होगा।

$$X - 61 = b_{xyz}(Y - 82) + b_{xyz}(Z - 12.8)$$

$$r_{xz\cdot y} = \frac{\cdot 43 - \cdot 75 \times \cdot 54}{\sqrt{1 - (1\cdot 75)^2)(1 - (54)^2}} = .681$$

$$r_{yz\cdot x} = \frac{\cdot 54 - \cdot 75 \times \cdot 43}{\sqrt{|1 - (\cdot 75)^2 \,|1 - (\cdot 43)^2}} = .364$$

$$b_{xy\cdot z} = \frac{\cdot 681 \times 2.8\sqrt{1 - (.43)^2}}{\sqrt{1 - (.54)^2 \ldots\ldots\ldots\ldots\ldots\ldots}} = .681$$

$$b_{yz\cdot x} = \frac{\cdot 045 \times 2.8\sqrt{1 - (.75)^2}}{1.5\sqrt{1 - (.54)^2}} = .681$$

$$b_{xy\cdot z} = \frac{1.9068\sqrt{.8151}}{1^2\sqrt{.7084}} = \frac{1.72146}{9.9804} = .1725$$

$$b_{xy\cdot z} = \frac{\cdot 1260\sqrt{.4375}}{1.5\sqrt{.7084}} = \frac{.08208}{1.24755} = .0658$$

$$x = .1725y + .0658z + 38.433$$

इससे यदि 75 पौंड भार और 10 वर्ष आयु के बालक की ऊंचाई पूर्वानुमानित करनी है, तो उत्तर मिलेगा :

$$x = 1725 \text{ X } 75 + .658 \text{ X} 10 + 38.433$$

$$= 52.3 \text{ इंच}$$

इस उदाहरण में e और y, z के बीच बहुगुण सहसंबंध

$$R_{x(yz)} = \frac{\sqrt{(.75)^2 + (.43)^2 - 2(.75)(.43)(.45)}}{1 - (.54)^2}$$

$$= \sqrt{\frac{.3997}{.7084}} = .74$$

यह सूचित करता है कि भार और आयु का सम्मिलित प्रभाव ऊंचाई पर पर्याप्त पड़ता है। वास्तव में .74 दी हुई ऊंचाई और भार तथा आयु द्वारा पूर्वानुमानित ऊंचाई के बीच सहसंबंध है।

उपसंहार

पिछले अनुच्छेदों में हमने सांख्यिकी के कुछ प्रारम्भिक एवं अधिक प्रयोग में आने वाले सूत्रों और नियमों का वर्णन किया है। वास्तव में किसी भी अन्वेषण कार्य में सामग्री एकत्रित करके हमें उनके विश्लेषण द्वारा कुछ परिणाम निकालने होते हैं। मुख्यतः इन बातों की जानकारी हमारे लिए अधिक महत्वपूर्ण रहती है कि प्रदत्तों का 'औसत' मान क्या है। उनमें परिवर्तनशीलता कितनी मात्रा में है और यदि दो या अधिक विचरणों का अध्ययन किया गया तो उनका परस्पर सहसंबंध क्या है और एक को दूसरे के द्वारा किस प्रकार पूर्वानुमानित किया जा सकता है? हमने विशेष रूप से इन्हीं बातों का कुछ विस्तार में वर्णन किया है। किंतु प्रदत्तों से संबंधित अनेक प्रश्न भी उठ सकते हैं जिनका उत्तर सांख्यिकी के सिद्धांतों से मिल सकता है। उदाहरण के लिए, कुछ दूसरे प्रकार से सहसंबंध हैं : सार्थकता परीक्षण हैं जिनमें हम जान सकते हैं – हमारी निदर्शन सामग्री द्वारा प्राप्त माध्य मानक विचलन या सहसंबंध आदि किस मात्रा तक पूरे समूह के प्रतीक हैं, तथा संभावना सारणी में स्वतंत्र एवं समजातीय के काई स्क्वायर (Chi square) परीक्षण। इसी प्रकार बहुविचार विश्लेषण, गुणक विश्लेषण आदि विषय हैं जिनका अध्ययन यहां संभव नहीं हो सका है। इनके लिए पुस्तक सूची में दी हुई सांख्यिकी की पुस्तकों का अवलोकन करना अधिक उचित होगा। विशेषकर शैक्षणिक प्रदत्त से संबंधित सांख्यिकी की विधियों का वर्णन, गैरेट की "स्टैटिस्टिक्स इन साइकालजी एण्ड एजूकेशन" में और गिलफर्ड की "फंडामेंटल स्टैटिस्टिक्स इन साइकॉलोजी एण्ड एजूकेशन" में अच्छा दिया है।

अंत में हम इस बात का उल्लेख करते हुए यह पाठ समाप्त करते हैं कि आजकल वैज्ञानिक दृष्टि से किसी भी अनुसंधान कार्य में साख्यिकी की विधियों का अनिवार्य रूप से प्रयोग होता है। तभी निष्कर्षों को वास्तविक और विश्वासयोग्य बनाया जा सकता है। भविष्य के लिए अनुसंधान के परिणाम कहां तक लागू होंगे, इसका उत्तर भी सांख्यिकी के सिद्धांत देते हैं और परिणामों की उपयोगिता बहुत कुछ इन्हीं सिद्धांतों के प्रयोग पर निर्भर करती है। सामग्री एकत्रित करने से लेकर उनमें प्राप्त परिणामों की उपयोगिता प्रमाणित करने तक हमें सांख्यिकी विधियों पर निर्भर रहना पड़ता है। हमें इन विधियों को सतर्कता–पूर्वक हर कदम पर प्रयोग में लाना चाहिए जिससे अधिक से अधिक उपयोगी और विश्वसनीय परिणाम उपलब्ध हो सकें।

14

शोध प्रबंध का लेखन
(Writing of Research Report)

शोध प्रबंध किसी भी अनुसंधान का अंतिम किंतु महत्वपूर्ण पद है। किंतु है यह कठिन कार्य। तथ्य किस प्रकार लिखे जाएं? कौनसी सामग्री प्रस्तुत की जाए तथा कौनसी छोड़ दी जाए? शोध प्रबंध कितने पृष्ठों का होगा? आदि प्रश्न प्रारम्भिक अनुसंधाता को कष्ट देते हैं। वैसे शोध प्रबंध की एक स्वीकृत और वैज्ञानिक प्रविधि तथा प्रक्रिया है जिसके अनुसार मौलिक व्याख्या के साथ–साथ प्रमाणित पूरक सामग्री का उपयोग और उल्लेख भी अनिवार्य होता है।

वस्तुतः शोध प्रबंध का प्रमुख कार्य विषयवस्तु का स्पष्ट, ग्राह्य तथा सहज शैली में समझ में आने वाला प्रस्तुतीकरण है। 'व्याख्या तथा अनुसंधान की तकनीकी रपट का प्रमुख उद्देश्य उसके उपभोक्ता को सहज बोधगम्य होना है।

इसी संदर्भ में गुड तथा हाट महोदय का कथन है :

यह स्पष्ट है कि रपट का लिखना सरल हैं, क्योंकि इसमें उठाए गए प्रश्नों की व्याख्या होती है, उत्तर देने की तकनीक का प्रयोग होता है तथा वह उत्तर भी होते हैं जिन्हें विकसित किया गया है। वास्वत में यह बहुत ही कम होता है कि शोध के कई अंशों की रूपरेखा में परिवर्तन किया जाए तथा अन्य भाग छोड़ दिये जाएं। कभी ऐसा भी प्रतीत होता है कि अनेक तथ्यों की और आवश्यकता है जिनकी मूल में कल्पना नहीं की गई थी और कई ऐसे प्रश्न भी होते हैं जिनके विषय में यह लगता है कि इनके साधारण उत्तर संभव नहीं हैं। बहुत से ऐसे उत्तर भी होते हैं जिन्हें "संदेहात्मक" कोटि में रखना पड़ता है। जिनको न स्वीकारात्मक और न ही नकारात्मक कोटियों में रखा जा सकता है।

शोध प्रबंध का स्वीकृत प्रविधि में बंधा होना, ग्राह्य शैली में प्रस्तुतीकरण तथा वैज्ञानिक चिंतन का अनुशीलन आवश्यक है। रमेल के शब्दों में :

एक अच्छी रपट में स्पष्ट चिंतन का संबंध तर्कसंगत सामग्री के आयोजन, ठोस व्याख्या और प्रभावाशाली लेखन से प्रकट होना चाहिए।

संक्षेप में यही गुण एक अच्छे शोध प्रबंध की पहचान हैं।

मुनरो तथा एंजिलहार्ट का कथन है कि अच्छे शोध प्रबंध द्वारा एक बड़े अभाव की पूर्ति होती है। शोध प्रबंध से अनुसंधाता के चिंतन मे निखार आता है और उसे अपने कार्य को परखने का मौका मिलता है। इसलिए बढ़िया लेखन शोध का आवश्यक अंग है। शोध प्रबंध द्वारा पाठकों को शोध की समस्या का परिचय प्राप्त होता है, उसे नए तथ्यों तथा सामग्री की सीमाओं का ज्ञान होता है, तथा

उपकल्पना का प्रस्तुत सामग्री के सन्दर्भ में परखने का अवसर मिलता है। इस प्रकार शोध प्रबंध न केवल अनुसंधाता के लिए, वरन् पाठक के लिए भी बड़ा महत्वपूर्ण मानसिक योगदान है।

इसलिए यह आवश्यक है कि एक अनुसंधान को यदि एक और पांडित्यपूर्ण शैली से बचना चाहिए तो दूसरी ओर औपन्यासिक रोचकता के दुर्गुण से। उसका प्रमुख ध्येय तो तथ्यों को इस प्रकार प्रस्तुत करना है कि अभिप्रेत अर्थ के अलावा कोई और अर्थ न निकले। लैंग महोदय के शब्दों में :

एक वैज्ञानिक को अपनी रपट इस प्रकार स्पष्ट लिखनी चाहिए कि व्याख्या में किसी भी गलतफहमी की संभावना न रहे। उसे अपने प्रस्तुतीकरण में कोई रिक्त स्थान अथवा कमी नहीं छोड़नी चाहिए। किंतु इन प्रतिबंधों का यह बिलकुल भी अर्थ नहीं कि शोधकर्ता पाठक को अपनी शैली से प्रसन्न न करें, उसकी अभिरुचि को न बनाए रखें तथा उसका सम्मान अर्जित न करें।

जीवन के अन्य कार्यों की भांति शोध प्रबंध के लेखन में भी विभिन्न शैलियों, मान्यताओं आदि का पृष्ठभूमि में होना स्वाभाविक है। शोधप्रबंध की शैली अनुसंधान के क्षेत्र के अनुरूप ही होगी। विज्ञान या गणित के शोध प्रबंध का संक्षिप्त होना नितांत स्वाभाविक है। ठीक उसी प्रकार जैसा सामाजिक विषयों के अनुसंधान का विस्तृत होना, क्योंकि गणित में हम संक्षिप्त गणितीय भाषा का प्रयोग करते हैं और उसको केवल विशेषज्ञ पढ़ता है किन्तु शिक्षा या सामाजिक अनुसंधान में ऐसा नहीं होता। भाषा तथा शैली के अतिरिक्त अनुसंधान की अन्य निजी विशेषताएं होती हैं जो पूर्ण अनुसंधान में परिलक्षित होती हैं। यह अंतर भारतीय तथा पाश्चात्य अनुसंधानों में प्रायः देखा गया है। डा0 सावित्री सिन्हा के शब्दों में :

पाश्चात्य मान्यता में आलोचना और अनुसंधान में एक भेद हैं–तत्वपरक मौलिक आलोचना और व्याख्या का स्थान, उसमें अपेक्षाकृत गौण है। अनुसंधाता का मुख्य कर्तव्य कर्मसंबद्ध विषय पर प्राप्त संपूर्ण सामग्री को सम्यक् (Right) रूप में संकलित करके उसको मौलिक और सौष्ठवपूर्ण ढंग से प्रस्तुत करना होता है। उसमें मौलिकता कम विद्वत्ता अधिक होती है। भारतीय अनुसंधान की विशेषता अनुसंधाता की मौलिकता की भावना है। विस्तार में न जाकर हमें यही समझ लेना काफी होगा कि हमारे अनुसंधाता प्रायः शब्द चयन, विपुल सामग्री, विद्वतापूर्ण अनुसंधान के विषय का चुनाव आदि द्वारा विशेषता लाना चाहते हैं। वस्तुतः जीवन या विचार की किसी भी समस्या पर सामान्य वैज्ञानिक ढंग से कार्य करने पर जो हल प्राप्त होता है, वह अनुसंधान के लिए पर्याप्त है। हमारी मौलिकता की इच्छा अक्षम्य है।

अनुसंधान के लेखन में हमें कुछ सामान्य तथा असाधारण बातों का ध्यान रखना होता है। शोध प्रबंध लेखन के संबंध में आवश्यक बातें इस प्रकार हैं:

जैसा हम ऊपर कह आए है कि शोध प्रबंध की शैली को न तो इतिवृत्तात्मक ही रखना ठीक होगा और न कलात्मक ही। हमें इस संबंध में एक मध्यमार्ग अपनाना चाहिए। इस विषय में हाकेट महोदय का कथन है :

लेखन शैली तथा विषय में आपसी तालमेल होना चाहिए। किसी विषय में लेखन कौशल की आवश्यकता होती है, किसी में वर्णन की तथा किसी में व्याख्या

तथा तर्क की। कुछ लेखकों को अपने कार्यानुसार इन सभी कौशलों की आवश्यकता पड़ सकती है, क्योंकि लिखित इतिहास के आवश्यक गुण स्पष्टता, सुगमता तथा संक्षिप्ति हैं।

स्पष्ट है कि अनुसंधान में प्रयुक्त भाषा का स्वरूप उसकी संक्षिप्तता, उपयुक्तता या स्पष्टता ही नहीं होना चाहिए वरन् उसे विषय के सब प्रकार से अनुरूप होना चाहिए। यह सर्वांगीण शुद्धता तथा उपयुक्तता अनुभव तथा धैर्य के परिणाम हैं।

शोध प्रबन्ध को भागों में बांटना तथा उसके लिए उचित कागज़ आदि की छांट सामान्य ज्ञान की वस्तुएं हैं। प्रथम पृष्ठ साधारण रूप से इस प्रकार के हुआ करते हैं:

पढ़े–लिखों का डी.एल.एड. तथा बी.एड. डिग्री के प्रति दृष्टिकोण

निर्देशक का नाम

शोधकर्ता का नाम

शोधग्रंथ आगरा विश्वविद्यालय की एम.एड. परीक्षा की आवश्यकता पूर्ति के अनुरूप शैक्षिक सत्र में पेश किया गया।

यह देखा जाता है कि शीर्षक बड़े अक्षरों मे लिखा गया है या नहीं। लिखाई या टाइप में शब्दों के बीच में स्थान छोड़ा गया है या नहीं, तथा अध्याय सूची दी गई है या नहीं। तत्पश्चात सारणी तथा रेखाचित्रों के 5 भाग होते हैं: (1) प्रथम भाग या अध्याय होगा विषयप्रवेश। इसके द्वारा समस्या पर अनुसंधान करने की आवश्यकता तथा उपयोगिता पर विचार प्रकट किए जाते हैं और फिर (2) संबंधित सामग्री (Related Literature) तथा उस समस्या की ऐतिहासिक पृष्ठभूमि पर प्रकाश डाला जाता है। (3) तृतीय अध्याय में अनुसंधान की योजना तथा उसमें प्रयुक्त उपकरणों का वर्णन किया जाता है। (4) चतुर्थ अध्याय में सामग्री का एकत्रीकरण तथा उसका विश्लेषण आदि होता है। इस अध्याय में सारणी, रेखाचित्र आदि दिए जाते हैं, सामग्री का निर्वचन होता है, तथा अंत में (5) निष्कर्ष दिया जाता है। हम ऊपर कह आए हैं कि अनुसंधान की इस पंचपदी व्यवस्था से हमारे पूर्वज अनभिज्ञ नहीं थे। वैज्ञानिक चिंतन के यह स्वाभाविक परिणाम भी हैं।

प्रत्येक अनुसंधान किसी न किसी मात्रा में अन्य अनुसंधानों पर आधारित रहता है, इसलिए उद्धृत सामग्री या अनुसंधान के लेखन के प्रति कृतज्ञता प्रकट करना आवश्यक होता है। इसलिए पृष्ठ के नीचे लिखी पाद टिप्पणी बड़ी ही महत्वपूर्ण होती है। ध्यान रहे कि इस विषय में एक प्रमाणिक तरीका है:

लेखन का नाम, पुस्तक का नाम (भाग), पृष्ठ संख्या, प्रकाशन का नाम तथा प्रकाशन का वर्ष।

इस प्रकार उक्त टीका से अन्य लेखकों के प्रति कृतज्ञता प्रकट हो जाती है। अन्य लेखकों के विचारों या अन्य विषय सामग्री का ब्यौरा भी दिया जा सकता है, उदाहरणों, संख्या या अन्य वस्तुओं का उपयोग संभव हो जाता है। और उसी अनुसंधान के अन्य पृष्ठों से सीधा संबंध भी स्थापित हो जाता है। यह पाद–टिप्पणी (Footnote) पूरे वाक्यों या संक्षिप्त रूप में लिखी जा सकती है। पर स्मरण रहे कि यदि टिप्पणी तथा अनुसंधान के अंत में दी गई पुस्तक सूची में

अंतर होता है। इसके अतिरिक्त अंत में पुस्तक सूची (Bibliography) के रूप में वे सभी पुस्तकें जिनसे सहायता ली जाती हों, क्रमानुसार दी जाती है।

पत्रिकाओं के नाम आदि संक्षिप्त रूप में देने चाहिए तथा जो प्रसिद्ध न हों उनके प्रकाशन कार्यालय का पता भी देना चाहिए। वैसे यह तरीका साधारण रूप से ठीक है : जैसे–शिक्षा, अंक, वर्ष, पृष्ठ संख्या, लेखक तथा विषय।

टीपें (Notes) लेने के संबंध में अनुसंधाता को यह स्मरण रखना चाहिए कि केवल उतनी ही सामग्री पर टीपें ली जाएं जो प्रयुक्त हो सकें। सामान्य रूप से अधिक टीपें लेना अच्छा रहता है, क्योंकि इस प्रकार उनमें आवश्यकतानुसार कांट–छांट संभव है। इस कार्य के लिए तैयार कार्ड बाजार में मिल जाते हैं – यदि ऐसा न हो सके तो अलग कागज़ों पर टीपें लेनी चाहिए।

उदाहरण

4 इंच	6 इंच क्रम विषय या उपविषय सामग्री, उद्धरण आदि

लेखक, प्रकाशन वर्ष, पुस्तक, प्रकाशन, पृष्ठ संख्या.

मार्क्स, 'दि पावर्टी ऑफ फिलॉसफी', फारेन लैंगुएज पब्लिकेशन हाउस, मास्को, पृष्ठ संख्या 118, (फ्रेंच से अनूदित).

बिना सोचे–समझे या अर्थहीन टीपें लेना व्यर्थ तथा हानिकारक सिद्ध होता है। इस प्रकार असीमित समय, अपरिमित व्यय, असंबद्ध सामग्री का एकत्रीकरण तथा अनियमित स्वरूप का बन जाना साधारण बातें हैं। इससे सामग्री के प्रस्तुतीकरण, निर्वचन, संयोजन, संगठन तथा लेखन आदि सभी में व्यर्थ का कष्ट होता है।

विषयवस्तु के लेखन के संबंध में प्रायः कहा जाता है कि अनुसंधाता को अपने उद्देश्य का ज्ञान होना चाहिए। इस विषय में सहायक बात है :

1. उद्देश्य का एक या दो वाक्यों में लिख लेना।
2. विषय को बढ़ाकर वाक्यों तथा मुहावरों में इस प्रकार लिखना जिससे विषय के आदि तथा अंत दोनों ही अर्थसंगत तथा उपयुक्त दीख पड़ने लगें। कहना न होगा कि यह दोनों ही सलाहें तर्कसंगत तथा उचित हैं।

इस संबंध में एक और वस्तु उल्लेखनीय है : परिशिष्ट (Appendix) की बात। अनुसंधान के लेखन में यह महत्वपूर्ण भाग है जिसके तैयार करने में अधिकतम धैर्य तथा बुद्धि की आवश्यकता होती है। अनुसंधान में प्रयुक्त सामग्री के सहायतार्थ जिन प्रमाणों की आवश्यकता होती है और यदि वह अधिक मात्रा में हैं तो उन्हें परिशिष्ट में रखना चाहिए। जैसे–लंबी–लंबी संख्याओं से भरे सूची पत्र, प्रयोग किए गए। परीक्षा पत्र, पाठयक्रम के विषयों की सूची, संख्याएं आदि

परिशिष्ट अनुसंधान को मोटे तथा प्रभावशाली बनाने का साधन न होकर उससे अरोचकता तथा लंबे–लंबे उदाहरणों तथा तालिकाओं से बचाने का साधन है, इसलिए परिशिष्ट की सामग्री क्रम में होनी चाहिए तथा सम्मिलित सामग्री की एक तालिका, पृष्ठ संख्या आदि का दे देना लाभदायक होता है। टैवर्स का कथन है कि केवल उन्हीं संख्याओं का प्रयोग अनुसंधान की रिपोर्ट में समाविष्ट करना चाहिए जो उपकल्पना की परीक्षा के लिए अत्यन्त आवश्यक हों, अन्यथा शेष को परिशिष्ट में ले जाना चाहिए।

कागज़ इतना तथा इस प्रकार का होना चाहिए जो विश्वविद्यालय प्रयोग करते हों। अधिक मूल्य या कीमती कागज उचित नहीं। साइज भी एक प्रामाणिक प्रकार का होना चाहिए। टंकन (Type) पर अधिक व्यय तो नहीं करना चाहिए किंतु वह साफ हो तथा सिद्धहस्त व्यक्ति द्वारा किया गया हो, यह स्मरणीय है। डिजिटल कम्प्यूटर, लैपटाप, नोटबुक आदि ने टंकन को सरल, शुद्ध, आकर्षक बनाने के साथ–साथ व्यापक रूप से सुलभ बना दिया है। प्रस्तुतीकरण में रूप विधान का ध्यान रखना भी आवश्यक है। यह शाब्दिक तथा अशाब्दिक (सांख्यिकी, सारणी, ग्राफ आदि) सभी भागों पर लागू होता है।

अनुसंधान में सारणी, रेखाचित्र आदि ठीक उसी प्रकार के होने चाहिए जिनका वर्णन हम ऊपर कर आए हैं। संक्षेप में उपर्युक्त अध्यायों में वर्णित विषयों के अनुसार ही अनुसंधान के लेखन का कार्य होना चाहिए।

इस समय हम मानकर चले हैं कि अनुसंधाता ने अपनी रिपोर्ट अपने अध्यापक के कहने पर तथा उसकी अनुमति से बनाई है तथा उसे सामान्य ज्ञान की सभी बातें पता हैं। हम मानकर चलते हैं कि उसने बहुत से शोध प्रबंध देखे हैं। उसके आसपास एक अच्छा पुस्तकालय तथा इन्टरनेट है तथा काम करने की सुविधाएं हैं। उसे अपनी भाषा पर पर्याप्त अधिकार है। इसके अतिरिक्त वह समय का उपयोग जानता है। इन सब बातों को मानकर चलने पर ही संभव है कि वह इस पुस्तक में वर्णित बातों से लाभ उठा पाए।

4. संक्षिप्त भाषा का का प्रयोग करना भी अनुसंधाता की विशेषता होनी चाहिए, अन्यथा शोध प्रबंध अकथनीय रूप से भौंडा लगने लगेगा।

सामान्य रूप से संक्षिप्त भाषा के शब्द हैं :

अंग्रेज़ी शब्द संक्षिप्त रूप	*अंग्रेज़ी बृहत रूप*	*हिंदी पर्याय*
c.	Circa	लगभग
ef.	Compare	तुलना
ed.	edition	संस्करण
et al.	and others	तथा अन्य
ibid	Same reference	वही / तथैव
idem	Same person	वही / तथैव
infra	below	नीचे या आगे
op.cit.	Previously cited	पूर्व उद्धृत / पूर्वोद्धृत

sic.	thus	सत्य है
supra	above	ऊपर देखिए
vide	see	देखिए
vol.	volume	खण्ड
(...)	Omission in quoted matter up to one paragraph in length	एक अनुच्छेद तक के उद्धरण को छोड़ देने पर तथा आगे और पीछे के उद्धरण के बीच के रिक्त स्थान के लिए प्रयुक्त विधि

उपर्युक्त शब्दों में से कुछ के प्रयोग के उदाहरण लीजिए। लगभग (circa) का उपयोग तब किया जाता है जब किसी तिथि का एकदम ठीक निश्चित तो न हो किंतु लगभग पता हो। जैसे, लगभग 1600 ई0 में अकबर अपने उत्कर्ष की चरम सीमा पर था। अनुसंधाता यदि चाहता है कि किन्हीं तथ्यों की तुलना की जाए किंतु वह तुलना वह स्वयं नहीं करता तो वह 'पाद टिप्पणी में है' या 'तुलना' लिख देता है। जैसे, भारत की निर्धनता का वर्णन करते समय अमरीकी तथा स्पेनिश आंकड़ों की तुलना के लिए (ef.) संकेत दे देना। (sic.) प्रायः तब प्रयुक्त होता है जब तथ्य देखने में संदिग्ध लगे किंतु हो सत्य, जैसे : अमरीका जैसे धनी राष्ट्र में भी भिखमंगों की संख्या कुछ कम नहीं (sic.)। यदि एक पुस्तक के बहुत से लेखक हों तो पहले लेखक का नाम देकर 'तथा अन्य' लिख देना ठीक रहता है। इसी प्रकार किसी उद्धरण को वास्तव में न देकर उसका ज़िक्र मात्र किया जाए तो नीचे उसका स्रोत दे देना चाहिए (vide) लिख कर।

अनुसंधान में प्रयुक्त अप्रकाशित सामग्री या अन्य अनुसंधानों आदि का उद्धरण देने के पश्चात यह भी लिख देना चाहिए कि वह कहां से उपलब्ध की गई। साथ–साथ उसके उद्धरण की पाद–टिप्पणी में 'अप्रकाशित' शब्द का प्रयोग अवश्य करना चाहिए। इसी प्रकार किसी के पत्र का उद्धरण देते समय स्मरण रखना चाहिए कि वह पाने वाले की नहीं भेजने वाले की संपत्ति है। इसलिए उसकी विधिवत् आज्ञा से उद्धृत करना चाहिए।

उदाहरण

पत्र, राहुल सांकृत्यायन, मार्च 13,1961.

अन्य भाषाओं से भी उद्धरण इसी प्रकार देने चाहिए।

अंत में यह कहना आवश्यक है कि अनुसंधाता में अपनी अंतर्दृष्टि होनी चाहिए ताकि लेखन में वह उन बातों को अधिक स्पष्टता से रख पाए जिनकी ओर वह विशेष रूप से ध्यानाकर्षण करना चाहता है।

15

संदर्भ सूची और पुस्तक सूची बनाने की विधि

(Method of Preparing Reference List and Bibliography)

जब आप कोई शोध–कार्य करते हैं या फिर कोई पुस्तक या शोध–पत्र इत्यादि लिखते हैं तब आपके कार्य में प्रयुक्त सभी पुस्तकों, लेखों तथा अन्य प्रयुक्त संदर्भों इत्यादि की सूची को सम्मिलित करना महत्वपूर्ण हो जाता है। संदर्भ–सूची और पुस्तक सूची में अन्तर होता है। संदर्भ–सूची में हम केवल उन्हीं संदर्भों को सम्मिलित करते हैं जिन्हें हम अपने कार्य में प्रयुक्त करते हैं और उनका उल्लेख करते हैं। इसके विपरीत पुस्तक सूची में हम उन सभी संदर्भों को सम्मिलित करते हैं जिनका प्रयोग हमने अपने शोध–कार्य को पूर्ण करने में किया होता है।

संदर्भ ग्रंथों की सूची आमतौर पर निम्नलिखित तीन शैलियों की सहायता से तैयार की जाती है:

1. अमेरिकन साइकोलोजिकल एसोसिएशन शैली (American Psychological Association Style—APA)
2. मॉर्डन लेंगुएज एसोसियेशन शैली (Modern Language Association Style—MLA)
3. शिकागो शैली (Chicago Style)

शिक्षा और मनोविज्ञान के शोध कार्य में संदर्भ सूची और पुस्तक सूची बनाने में अत्यधिक APA शैली को ही आधार माना जाता है। आइए अब देखते हैं कि APA Style की मदद से किस तरह विभिन्न शोध–स्रोतों को लिखा जाता है और संदर्भ सूची तैयार की जाती है।

References for a Print Book

Structure:

Last, F. M.* (Year Published). *Book.* City, State: Publisher.

Examples:

- James, H. (1937). *The ambassadors*. New York, NY: Scribner.
- Rowling, J.K. (2001). *Harry Potter and the socerer's stone*. London: Bloomsburg Children's.

---

* Last name, First name, Middle name

References for an Online Book

Format:

Last, F. M. (Year Published). *Book.* Retrieved from URL

Examples:

- James, H. (2009). *The ambassadors*. Retrieved from http://books.google.com
- Porter, R. (1994). *London, a social history*. Retrieved from http://books.google.com

References for a Book from Database

Format:

Last, F. M. (Year Published). *Book.* Retrieved from URL

Examples:

- Morem, S. (2005). *101 tips for graduates*. Retrieved from http://www.infobasepublishing.com
- Bloom, H. (1986). *American women poets*. Retrieved from http://www.infobasepublishing.com

References for a Book Chapter

Format:

Last, F. M. (Year Published). Title of chapter In F. M. Last Editor (Ed.), *Title of book/anthology* (pp. Pages). Publisher City, State: Publisher.

Examples:

- Serviss, G. P. (1911). A trip of terror. In *A Columbus of space* (pp. 17-32). New York, NY: Appleton.
- Hemingway, E. (1999). The killers. In J. Updike & K. Kenison (Eds.), *The best American short stories of the century* (pp.78-80). Boston, MA: Houghton Mifflin.

References for an Online Book Chapter

Format:

Last, F. M. (Year Published). Section title. In F. M. Last (Ed.), *Book/anthology* [E-reader version, if used] (pp. Pages). doi:# or Retrieved from URL

Examples:

- Serviss, G. P. (1911). A trip of terror. *A Columbus of space*. Retrieved from http://books.google.com
- Bellow, S. (1999). A silver dish. In J. Updike & K. Kenison (Eds.), *The best american short stories of the century*. Retrieved from http://books.google.com

References for an Introduction, Preface or Afterword of a Book

Format:

Last, F. M. (Year Published). Section title [Section Type]. In F. M. Last & F. M. Last (Eds.),*Book/anthology* (pp. Pages). City, State: Publisher.

Examples:

- Sanders, S. R. (2007). [Introduction]. In L. Williford & M. Martone (Eds.), *Touchstone anthology of contemporary creative nonfiction: Work from 1970 to present* (pp. 148-151). New York, NY: Simon & Schuster.
- Masur, L. P. (2011). Preface. In *The Civil War: A concise history* (pp. Iv-Xii). Oxford, U.K.: Oxford University Press.

References for a Print Journal

Structure:

Last, F. M., & Last, F. M. (Year Published). Article title. *Journal Name, Volume* (Issue), pp. Pages.

Examples:

- Jacoby, W. G. (1994). Public attitudes toward government spending. *American Journal of Political Science, 38(2)*, 336-361.
- Fearon, J. D., & Laitin, D. D. (2003). Ethnicity, Insurgency, and Civil War. *American Political Science Review, 97(01)*, 75. doi: 10.1017/S0003055403000534

References for an Online Journal

Format:

Last, F. M. (Year Published). Article title. *Journal Name, Volume* (Issue), pp. Page(s). doi:# or Retrieved from URL

Example:

- Poiger, U. G. (1996). Rock 'n' roll, female sexuality, and the Cold War Battle over German Identities. *The Journal of Modern History, 68(3)*, 577. doi:10.1086/245343

How to Make References for a Journal on a Database

Format:

Last, F. M. (Year Published). Article title. *Journal Name, Volume* (Issue), pp. Page(s). Retrieved from URL

Examples:

- Jacoby, W. G. (1994). Public attitudes toward government spending. *American Journal of Political Science, 38(2)*, 336-361. Retrieved from http://www.jstor.org.
- Davis, E. (1932). New chapters in American history. *The Science News-Letter, 22(605)*, 306-307. doi: 10.2307/3907973

References for a Print Magazine

Structure:

Last, F. M. (Year, Month Published). Article title. *Magazine Title, volume* (issue), pp. Page(s).

Examples:

- Rothbart, D. (2008, October). How I caught up with dad. *Men's Health*, 108-113.
- Jaeger, J. (2010, August). Social media use in the financial industry. *Compliance Week*, 54.

References for an Online Magazine

Format:

Last, F. M. (Year, Month Date Published). Article title. *Magazine Title*, Page(s). Retrieved from URL

Examples:

- Rothbart, D. (2008, October). How I caught up with dad. *Men's Health*, 108-113. Retrieved from http://books.google.com
- Folger, T. Higgs: What causes the weight of the world." *Discover Magazine*, Retrieved from http://discovermagazine.com

References for a Magazine on a Database

Format:
Last, F. M. (Year, Month Published). Article title. *Magazine Title*. Retrieved from URL

Examples:

- China's export prospects: Fear of the dragon. (2010, January). *The Economist*. Retrieved from http://academic.lexisnexis.com
- Miley, M. (2008, December). Magazine's we'll miss. *Advertising Age*, 79(46), 19. Retrieved from http://connection.ebscohost.com/

References for a Magazine Published Directly Online

Format:
Last, F. M., & Last, F. M. (Year, Month Published). Article title. *Magazine Title*. Retrieved from URL

Examples:

- Nasar, S., & Gruber, D. (2006, August). Manifold destiny. *The New Yorker*. Retrieved from http://newyorker.com
- Bradley, K. (2012, December). The trick to tomatoes. *Green Lifestyle Magazine*. Retrieved from http://www.gmagazinecom.au/features/3530/trick-tomatoes

References for a Website

Structure:
Last, F. M. (Year, Month Date Published). *Article title*. Retrieved from URL

Example:

- Satalkar, B. (2010, July 15). *Water aerobics*. Retrieved from http://www.buzzle.com
- Cain, K. (2012, June 29). *The Negative effects of Facebook on communication.* Social Media Today RSS. Retrieved from http://socialmediatoday.com

References for a Blog

Structure:

Last, F. M. (Year Month Date Published). Article title [Type of blog post]. Retrieved from URL.

Example:

- Schonfeld, E. (2010, May 3). Google throws $38.8 million to the wind [Web log post]. Retrieved May 4, 2010, from http://techcrunch.com
- China, The American Press, and the State Department [Web log post]. (2013, January 3). Retrieved from Schonfeld, E. (2010, May 3). Google throws $38.8 million to the wind [Web log post]. Retrieved May 4, 2010, from http://techcrunch.com

References for a Print Encyclopedia

Structure:
Last, F. M., & Last, F. M. (Year Published). Article title. In *Encyclopedia Name.* (Vol.#, pp. Page(s)). City, State: Publisher.

Examples:

- McGhee, K., & McKay, G. (2007). Insects. In *Encyclopedia of Animals.* (pp. 170-171). Washington, DC: National Geographic Society.
- Bunson, M. R. (2012). Historical overview. In *Encyclopedia on Ancient Egypt.* (3rd ed., pp. Xii-Xv). New York, NY: Infobase Publishing.

References for an Online Encyclopedia

Format:
Last, F. M., & Last, F. M. (Year Published) Article title. In *Encyclopedia Name.* Retrieved from URL.

Examples:

- McGhee, K., & McKay, G. (2007). Insects. In *Encyclopedia of Animals.* Retrieved from http://books.google.com.
- Bunson, M. R. (2012). Historical Overview. In *Encyclopedia on Ancient Egypt.* (3rd ed., pp. Xii-Xv). Retrieved from http://www.infobase publishing.com/.

References for a Encyclopedia on a Database

Format:
Last, F. M. (Year Published). Article title. In F. M. Last (Ed.), *Encyclopedia Name.* (Vol. Volume, pp. Page(s)). City, State: Publisher. Retrieved Month Date, Year, from URL

Examples:

- Holmes, H. (2003). Advertising of food. In S. H. Katz (Ed.), "Advertising of Food" *Encyclopedia of Food and Culture.* Vol. 1, pp. 16-20). New York, NY: Scribner's. Retrieved July 2, 2010, from http://www.gale.cengage.com.
- Bunson, M. R. (2012). Historical Overview. In *Encyclopedia on Ancient Egypt.* (3rd ed., pp. Xii-Xv). New York, NY: Infobase Publishing. Retrieved January 3, 2013, from http://www.infobasepublishing.com

पारिभाषिक शब्दावली

अनुमिलन	Tally
अनुसंधाता	Researcher
अवक्र अथवा सीधी रीति	Direct Method
अवर्गित सामग्री	Ungrouped Data
अवरोहित	Descending
असंतत या खंडित चल	Discrete Variable
आंशिक सहसंबंध	Partial Correlation
टाकलन	Estimate
टारोहित	Ascending
आवृत्ति	Frequency
एकक, इकाई	Unit
क्रम, कोटि, श्रेणी	Rank
क्रियात्मक अनुसंधान	Action Research
गुणांक	Coefficient
गुणात्मक वर्गीकरण	Qualitative Classification
गुणोत्तर माध्य	Geometric Mean
चतुर्थक	Quartile
चतुर्थक विचलन	Quartile Deviation
चरम	Extreme
चर	Variable
चित्रमय प्रदर्शन	Diagramatic Representation
दशमक	Decile
दैव निदर्शन	Random Sampling
निदर्शन/निदर्शन सामग्री	Sampling
निर्वचन/व्याख्या	Interpretation
परिणात्मक वर्गीकरण	Quantitative Classification
परिशुद्धता	Accuracy
प्रश्नावली	Questionnaire
बहुगुण सहसंबंध	Multiple Correlation
बहुलांक	Mode
भूयिष्ठक	Mode
मध्यक, माध्य	Mean
मध्यांक	Median
मध्यबिंदु	Mid Point
मध्यमान	Mid Value
माध्य	Average

मानक	Standard
मानक विचलन	Standard Deviation
मिश्रित निदर्शन	Stratified Sampling
वर्ग सीमा	Class Limit
वर्गांतर	Class Interval
वर्गित सामग्री	Grouped Data
विचलन, अवकिरण	Dispersion
विचलन	Variability
विभ्रम	Standard Error
वस्तुनिष्ठता	Objectivity
विचरण गुणांक	Coefficient of Variation
विभ्रम निदर्शन	Error Sampling
विषम वितरण	Asymmetric Distribution
विस्तार	Range
शतमक	Percentile
श्रेणीमाला	Series
संख्यात्मक मान	Numerical Value
संचयी आवृत्ति	Cumulative Frequency
संतत चल	Continuous Variable
साध्यमान्यता	Hypothesis
संभावना सारणी	Contingency Table
संक्षिप्तीकरण	Summarisation
संभाव्य विभ्रम	Probable Error
समांतर विचलन	Mean Deviation
समाश्रयण रेखा	Regressive Line
समीकरण	Equation
सहसंबंध गुणोक	Coefficient of Correlation
सामग्री, समंक, आंकड़े	Data
सारणीयन	Tabulation
सूत्र	Formula
सारणीयन	Tabulation
स्तरबद्ध सैंपलिंग	Stratified sampling
स्वैच्छिक निदर्शन	Purposive Sampling
हरात्मक माध्य	Harmonic Mean

संदर्भ ग्रंथ सूची

अग्रवाल रश्मि (2013), रिसर्च मैथड्स : कान्सेप्ट प्रोसैस एंड प्रेक्टिस, शिप्रा पब्लिकेशन्स, दिल्ली.

आर.एम. हचिंस (1936), दि हायर लर्निंग इन अमरीका', न्यू हैवेन, येल युनिवर्सिटी, अमरीका।

आलपोर्ट, जी. डब्ल्यू. (1937), 'पर्सनेलिटी ए साइक्लॉजिकल इंटरप्रेटेशन', वाल्ट, न्यूयार्क–आइजेंक, एच.जे. (1958), 'दि डाइमेंशंस ऑफ पर्सनेलिटी', केगन पाल, लंदन,

'ए सर्वे ऑफ रिसर्च इन एजूकेशनः (सपा. एम.बी.बुच) एम.एस. यूनिवर्सिटी ऑफ बड़ौदा, 1974 में संकलित बी.के. पासी एवं एम.एस. पद्या का लेख 'एजूकेशन एण्ड एग्जामिनेशंस'.

ए.पी. स्लोन (जूनियर) (1940), ऐडवेंचर्र्स ऑफ ए ह्वाइट–कालर मैन', सैटर्डे ईवनिंग पोस्ट।

ए.बी. वुल्फ, कंजर्वेटिज्म, रैडिकलिज्म एण्ड साइंटिफिक मेथड'.

एल.ई.राबर्ट (सं.) (1969) एन्साइक्लोपीडिया आफ एजूकेशनल रिसर्च, फोर्थ एडीशन.

ऐकाफ, आर.एल. (1965), 'दि डिजाइन आफ सोशल रिसर्च', दि युनिवर्सिटी आफ शिकागो प्रेस.

ऐल्फ्रेड सी., किंसे एण्ड अदर्स (1953), 'दि सेक्सुअल बिहेवियर ऑफ ह्यूमन फीमेल', डब्ल्यू.बी. सैंडर्स एण्ड कंपनी, फिलाडेलफिया.

कंवरिया, विनोद कुमार (2018), एक्डैमिक राइटिंग, एंटी प्लेग्रिज़्म एंड साईटेशन्स शिप्रा पब्लिकेशन्स, दिल्ली.

कोहेन एण्ड नागेल, (1934) ऐन इंट्रोडक्शन टु लाजिक एण्ड साइंटिफिक मेथड', हारकोर्ट.

क्लिफोर्ड वुडी (1927), दि वैल्यूज ऑफ एजूकेशनल रिसर्च टू दि क्लासरूम टीचर, जर्नल ऑफ एजूकेशनल रिसर्च।

गुड, डब्ल्यू. जे. एण्ड हाट, पाल के (1952), 'मैथड्स इन सोशल रिसर्च', मेक्ग्राहिल, न्यूयार्क.

गुड, बार एण्ड स्केट्स (1953), 'दि मेथडालजी आफ एजुकेशनल रिसर्च', ऐपिल्टन सेंचुरी क्रोफ्ट.

गैरट, एच.ई., 'स्टेटिक्टिक्स इन साइकालजी एण्ड ऐजूकेशन', फोर्थ एडीशन, लांगमैंस एण्ड ग्रीन कं., न्यूयार्क.

चट्टोपाध्याय, डी.पी. (1955), 'लोकायत', पीपुल्स पब्लिशिंग हाउस.

चार्ल्स फ्राई (1945), 'टीचिंग एण्ड लर्निंग ऑफ इंग्लिश ऐज ए फोरेन लैंग्वेज', यूनिवर्सिटी ऑफ मिशीगन प्रेस, ऐन आर्बर.

जार्ज थांपसन (1941), 'एस्किलस एण्ड एथेंस' (सैकेन्ड एडीशन), लंदन. डी. पी. चट्टोपाध्याय द्वारा लोकायत ग्प्प् (पीपुल्स पब्लिशिंग हाउस, 1969) में उद्धृत.

जे.डब्ल्यू बेस्ट (1959) रिसर्च इन एजूकेशन, प्रेंटिंस हाल।

जोसेफ जैस्टर (1955), 'फायडः सेक्स एण्ड ड्रीम थिअरीज', न्यूयार्क.

ट्रैवर्स, आर.एम. डब्ल्यू. (1958), 'ऐन इंट्रोडक्शन आफ एजूकेशनल रिसर्च', दि मैकमिलन ऐण्ड कम्पनी, न्यूयार्क.

डब्ल्यू, सी. शुल्टर, (1926) हाउ टु डू रिसर्च वर्क, प्रेंटिस हाल, न्यूयार्क.

डा. राधाकृष्णन 'इंडियन फिलॉसफी', वाल्यूम प् , पृष्ठ 271–276.

डा. सावित्री सिन्हा, 'अनुसंधान और अध्यापक', साप्ताहिक हिंदुस्तान, 3 जून, 1962.

तुलनीय, रेडमैन एण्ड मोरीः 'देट सिस्टेमैटाइज्ड एफर्ट टु गेन नॉलेज वी काल्ड रिसर्च, इट हैज कम फ्रॉम अवर प्रोग्रेस इन मैटीरियल वेलफेयर,'

'दि हिंदुस्तान टाइम्स', 14 मई, 1962, 'ए मैटर ऑफ फ्यू वर्ड्स'.

नसीमा, सी (2011), रिसर्च मैथाडोलोज़ी इन एजूकेशन एंड एपलीकेशनस ऑफ स्टेटिक्स, शिप्रा पब्लिकेशन्स, दिल्ली.

नाइट, ई. डब्ल्यू (1934), 'एजूकेशन इन दि यूनाइटेड स्टेट्स', जिन एंड कम्पनी बेस्टन, पृष्ठ 38 (गुड, बार और स्केट्स द्वारा उद्धृत).

नायक, आबिद हुसैन ऐण्ड सैयद (1954), 'कंपलसरी एजूकेशन इन इंडिया, 'यूनेस्को. वोल, डब्ल्यू, 'एजूकेशन ऐण्ड मेंटल हैल्थ', यूनेस्को.

न्यूटन एडवर्ड्स, 'व्हेअर एंड हाउ फाइंड दि लॉ रिलेटिंग टू पब्लिक स्कूल एडमिनिस्ट्रेशन', एलिमंट्री स्कूल जरनल ग्ग्टप्प् (सितम्बर, 1926).

पी.वी. यंग तथा सी.एफ. किमिडः (1958) साइंटिफिक सोशल सर्वेज एण्ड रिसर्च, थर्ड एडीशन, प्रेंटिस हाल।

फ्रांज, आई.जी. (यंग द्वारा उद्धत) बेस्ट, पूर्वोद्धृत, पृ. 180.

बेस्ट, जे.डब्ल्यू. (1955), 'रिसर्च इन एजुकेशन', प्रेंटिस हाल.

मिल, जे. एस. (1873), 'ए सिस्टम ऑफ लॉजिक', हार्पर एण्ड ब्रदर्स, न्यूयार्क.

मैकाल, 'हाउ टु एक्सपेरिमेंट इन एजूकेशन' मैकमिलन कं., न्यूयार्क.

मैथड्स, टेक्नीक्स/टाइप्स ऑफ रिसर्च एण्ड डिवाइसेज सभी को विधियों की संबा देना ही ठीक होगा, क्योंकि गुड, बार और स्केट्स इसमें किसी प्रकार का अंतर नहीं चाहते, पृष्ठ 205.

यंग, पी.वी. (1951), 'साइंटिफिक सोशल सर्वे एण्ड रिसर्च', सेकेन्ड एडीशन, प्रेंटिस हाल.

रमेल, जे फ्रांसिस (1958), 'ऐन इंट्रोडक्शन टू रिसर्च–प्रोसीजर्स इन एजूकेशन', हार्पर एण्ड ब्रदर्स, न्यूयार्क.

रसेल, एल. ऐकाफ (1965), 'दि डिजाइन ऑफ सोशल रिसर्च', दि यूनिवर्सिटी ऑफ शिकागो प्रेस.

रसेल, बर्टेंड (1951), 'दि साइंटिफिक आउटलुक', फ्री प्रेस ग्लेंको, इलिनाय.

राव, वी.के. आर.वी. (1961), 'युनिवर्सिटी एजूकेशन एण्ड एप्लायमेंट', एशिया पब्लिशिंग हाउस.

रावत, डी.एस.,'शिक्षा मनोविज्ञान की नई रूपरेखा, 1960 पृ. 159.

लिंडक्विस्ट, इ. एफ.(1942), 'ए फर्स्ट कोर्स इन स्टैटिस्टिक्स', होग्टन मिफ्लिन कं बोस्टन.

वर्नन. पी. ई. (1952), 'दि टाइम्स एजूकेशन सप्लीमेंट', 1 सितंबर तथा 'आब्जर्वर', 21वां, 1960 भी.

'वेबस्टर्स डिक्शनरी'.

'वेबस्टर्स न्यू इंटरनेशनल डिक्शनरी ऑफ दि इंगलिश लैंग्वेज', 1956.

वेस्टवे, एफ. डब्ल्यू, 'साइंटिफिक मेथडः इट्स फिलासाफिकल बेसिस एंड इट्स मोड्स ऑफ एप्लीकेशन', न्यूयार्क.

व्हिटने, एफ.एल. (1950), 'दि एलीमेंट्स इन सोशल रिलेशन', प्रेंटिस हाल.

'शिक्षा' जुलाई 1961.

शेलिट्ज एण्ड अदर्स, (1959) रिसर्च मेथड इन सोशल रिलेशंस, हेनरी काल्ट एण्ड कंपनी, यू.एस.ए. पृ. 546–60.

सी. अल्मैक जान, (1930) रिसर्च ऐंड थीसिस राइटिंग', हौफ्टन एड मिफिन कं., बोस्टन.

सी.एफ. केटरिंग (1938), मोर म्यूजिक प्लीज कंपोजर्स, सैटर्डे ईवनिंग पोस्ट।

सेल्टिज एण्ड अदर्स (1959), 'रिसर्च मेथड्स इन सोशल रिलेशन', हेनरी कोल्ट ऐण्ड कम्पनी.

स्कमिट्ज (1958), 'प्रिपेयरिंग दि रिसर्च पेपर,' फोर्थ एडीशन, राइनहार्ट ऐण्ड क. न्यूयार्क.

हचिंस, आर. एस.: 'दि हायर लर्निंग इन अमेरिका', न्यू हैवेन, येल, 1930

हाकेट, एच.सी. (1955), 'दि क्रिटिकल मेथड इन हिस्टारिकल रिसर्च ऐण्ड राइटिंग', दि मैकमिलन एण्ड कम्पनी, न्यूयार्क.

हुक एण्ड गैवर (1953) 'दि रिसर्च पेपर', सेकेंड एडीशन, प्रेंटिस हाल.

होमर, मी हाकेट (1948), 'इंट्रोडक्शन टू रिसर्च इन अमेरिकन हिस्ट्री', मैकमिलन कंपनी, न्यूयार्क.